Ullstein KunstBuch

Marie E. P.
König

Am Anfang der Kultur

Die Zeichensprache des frühen Menschen

Ullstein KunstBuch

Ullstein KunstBuch
Ullstein Buch Nr. 36061
im Verlag Ullstein GmbH,
Frankfurt/M – Berlin – Wien

Ungekürzte Ausgabe

Umschlagentwurf:
Hansbernd Lindemann

Lizenzausgabe mit freundlicher
Genehmigung des Gebr. Mann Verlags,
Berlin

Printed in Germany 1981
Gesamtherstellung:
Ebner Ulm
ISBN 3 548 36061 0

Oktober 1981

CIP-Kurztitelaufnahme
der Deutschen Bibliothek

König, Marie E. P.:
Am Anfang der Kultur: d. Zeichensprache
d. frühen Menschen / Marie E. P. König. –
Ungekürzte Ausg. – Frankfurt/M; Berlin;
Wien: Ullstein, 1981.
(Ullstein-Buch; Nr. 36061:
Ullstein-Kunstbuch)
ISBN 3-548-36061-0
NE: GT

Diese Arbeit widme ich meinen Enkeln

THOMAS, ACHIM, BARBARA, STEFAN
UND ULRICH KÖNIG

Inhaltsverzeichnis

Vorwort

In meinem Buch »Das Weltbild des eiszeitlichen Menschen« (Marburg 1954) habe ich mich mit der Bedeutung der jungpaläolithischen Kulthöhlen auseinandergesetzt und dabei erkannt, daß die Menschen jener Zeit schon ein Kalendersystem besaßen. Es wurde inzwischen von A. Marshack bestätigt. Da es aber immer schwerfällt, alte Denkbahnen zu verlassen, so blieb man noch immer bei der These vom jagdmagischen, schamanistischen, totemistischen oder sexualmagischen Höhlenkult, obwohl das Apriori vom unwissenschaftlich denkenden Jäger der Frühzeit, auf dem diese Interpretationen basieren, eine schon lange widerlegte evolutionistische Spekulation ist.

Es mußte ein neuer Zugang zu den Denkformen der Frühzeit gesucht werden, wobei auch die Frage nach der geistigen Entwicklung während dieser Zeit Gewicht bekam, denn zweifellos blieb der Mensch während einer Zeitspanne von Jahrhunderttausenden nicht auf der gleichen geistigen Stufe stehen. Diese Arbeit erforderte Jahrzehnte. Es gab viele Probleme und auch die Schwierigkeit, die Denkformen der Frühzeit durch unsern heutigen Wortschatz einigermaßen verständlich wiederzugeben.

Mir wurde von vielen Seiten durch Rat und Tat beigestanden, und allen, auch den ungenannten Freunden, spreche ich meinen Dank aus. Als erster erkannte Ehrensenator Ministerialdirektor i. R. Willy Viehweg die Bedeutung meiner Untersuchungen und veranlaßte die Herausgabe meines ersten Buches. Wenn ich eine Frage hatte, konnte ich mich immer an Professor P. Wernert, Straßburg, wenden, der mir auch seine Bibliothek zur Verfügung stellte. Professor E. Zozza und Professor E. Voegelin waren bereit, sich für meine Arbeit einzusetzen. Dr. Schabert und Dr. H. Peters danke ich für die Revision eines Abschnittes meiner Arbeit über die Typologie als Spiegel der Genese des Geistes.

Sehr verbunden bin ich Professor J. L. Baudet, der mich in die Kulthöhlen der Île-de-France einführte, und J. Angelier †, der mir – z. T. selbstgefundene – Höhlen zeigte und mir den Nachlaß von G. Courty zur Verfügung stellte. Sein Gartenhaus diente uns als Forschungszentrum.

Ich danke R. Joffroy, Conservateur en Chef des Museums der Antiquités Nationales in Saint-Germain-en-Laye, der mir gestattete, dort Aufnahmen zu machen; und Professor O'Kelly, Irland, der mir erlaubte, Lichtbilder in Newgrange herzustellen, mir auch dabei behilflich war. Viel Unterstützung fand ich durch Professor E. Anati, Direktor des Studienzentrums in Capo di Ponte (Italien), und durch M. Roberti, Superintendent der Antichità della Lombardia, durch die Erlaubnis, die Felsbilder in Valcamonica aufnehmen zu dürfen.

Für die Eingliederung meiner Arbeit in die wissenschaftliche Symbolforschung danke ich Dr. J. Schwabe. Frau Cornelia Brunner, Zürich, vermittelte mir den Kontakt mit den Anhängern der tiefenpsychologischen Theorie von C. G. Jung. Für geologische Beratung bin ich Frau Dr. Kneuper und M. Klock zu Dank verpflichtet. Vor allem sei Dr. H. Peters Dank gesagt, der durch seinen persönlichen Einsatz die Herausgabe der Arbeit unterstützte, und dem Verlag Gebr. Mann, Berlin, der die Drucklegung übernahm und durch die Aufnahme zahlreicher Bilder das Verständnis erleichtern und vertiefen half. Beim Lesen der Korrektur unterstützten mich Oberstudienrat H. Schulz und Stefan König; auch ihnen sei an dieser Stelle gedankt.

Ganz besonders danke ich meinem Mann, der meine Arbeit von Anfang an gefördert hat, und meinen Söhnen, die mich auf den Exkursionen begleiteten und zahlreiche der beigefügten Aufnahmen gemacht haben.

Im Sommer 1972 Marie E. P. König

Kapitel I Grundbegriffe

1. Die Entwicklung des Menschenbildes in der Forschung

Im Jahre 1863 legte E. Lartet der Wissenschaft Knochenreste mit eingeritzten Tierbildern vor, die aus eiszeitlichen Schichten stammten. Die Zeichnungen waren klein und unscheinbar, und man stritt über ihre Echtheit. Dann wurden 1879 die großen farbigen Bildwerke in der Höhle von Altamira entdeckt. Sie überraschten durch ihre Farbigkeit und Schönheit, doch begegnete man ihnen mit Mißtrauen, denn man konnte sich nicht vorstellen, daß der Mensch vor so langer Zeit schon fähig gewesen sein sollte, derartige Kunstwerke zu schaffen. Wie ließ sich, von dieser willkürlichen Voraussetzung ausgehend, das Vorhandensein dieser Bilder erklären? Welche Bedeutung hatten sie besessen? Es soll versucht werden, in aller Kürze darzulegen, wie man sich mit den Problemen, die diese Bildfunde aufwarfen, auseinandersetzte, welche grundlegenden Irrtümer die Forschung dabei behinderten und welche Folgen sich daraus ergaben. Außerdem soll auf neue Erkenntnisse hingewiesen werden, die sich anbahnen.

Biblische Texte hatten die ersten Menschen im Vollbesitz ihrer geistigen Kräfte geschildert und das Alter der Menschheit auf ungefähr 6000 Jahre bestimmt. Dann aber wurden die Steinwerkzeuge als Dokumente menschlicher Existenz erkannt, und sie waren sehr viel älter. Man wußte nichts mehr von diesen frühen Menschen. Wie waren sie beschaffen, welches Bild sollte man sich von ihnen machen?

Es war um die Mitte des 19. Jahrhunderts, und die Wissenschaft stand im Zeichen des Entwicklungsgedankens. Ursprünglich war man von der biologischen Genese ausgegangen. Vorbereitet durch Goethe, Schelling, Hegel u. a., wurde die Entwicklungstheorie durch Darwin (1809–1882) zum Siege geführt. Leider wurde dann aber diese vom organischen Leben abgeleitete Theorie bedenkenlos auf alle Zweige der Geisteswissenschaft übertragen. »Entwicklung« – dieser Begriff schien der Schlüssel zu sein, um alle Rätsel zu lösen.

Wie kein anderer war Herbert Spencer (1820–1903) der Vertreter dieses »Zeitgeistes«. Darwin hatte die Entwicklung durch Auslese erklärt, indem das Zweckmäßige sich erhalten habe, während das Unzweckmäßige, dem Daseinskampf weniger Angepaßte, zugrunde gegangen sei. Spencer begann damit, den Fortschritt in Prädikaten auszudrücken. Das »Unzweckmäßige« war für ihn das Schlechte, und im »Zweckmäßigen« sah er das Bessere. Dadurch nistete sich im Entwicklungsgedanken das Bewertungsprinzip ein. Alles Frühe erschien demnach zwangsweise minderwertig. Es ergab sich der Schluß: Je älter, desto mangelhafter.

Spencer versuchte auch das menschliche Denken unter den entwicklungsgeschichtlichen Aspekt der organischen Genese zu stellen, indem er die geistige Entwicklung als eine Progression vom ungeistigen Frühmenschen zum logisch denkenden Vollmenschen schilderte. Das Ziel dieses Aufstieges habe erst der Mensch erreicht, der mit der Schrift die Geschichte einleitete. Damit geriet die gesamte vorhergehende Menschheit in den Geruch der geistigen Minderwertigkeit.

Unter diesen von der Philosophie entwickelten Voraussetzungen konstituierte sich die Urgeschichtsforschung, die ihrer damaligen Zielsetzung entsprechend zuerst »Vor«-Geschichte genannt wurde. Sie sammelte die Dokumente, die der Boden freigab, und lernte, sie zu sichten, zu ordnen und zu datieren. Die im Laufe der Zeit steigende Zweckmäßigkeit der immer spezifischer werdenden Geräte schien die Evolutionstheorie im Sinne Spencers zu bestätigen. Es ist deshalb verständlich, daß die Vorstellung übernommen wurde, der Mensch sei ursprünglich mit sehr dürftigen geistigen Fähigkeiten ausgerüstet gewesen.

In diesem Sinne suchte man nach einer Erklärung für die in steigender Zahl aufgefundenen Höhlenbilder, deren eiszeitliche Herkunft 1902 allgemein anerkannt wurde. Wohl gab es bei E. Piette u. a. Ansätze dazu, in ihnen den Ausdruck einer »primitiven« Religion zu sehen, doch wollte die Wissenschaft dem »ungeistigen« Frühmenschen weder eine Religion noch bewußte Kunstwerke zutrauen. Man suchte im Gegenteil, von dem evolutionistischen Apriori ausgehend, eine Erklärung für die Bilder zu finden. Dafür gab es viele Ansätze. Einige Forscher wollten die bekanntgewordenen Darstellungen lediglich als Zeugnis der spielerischen Aktivität von Menschen sehen, die, ohne nachzudenken, den Raum bekritzelt hätten. E. Adama van Scheltema setzte sich in seinem Buch »Die geistige Wiederholung« für eine eidetische Erklärung ein, d. h., daß er dem frühen Menschen die geistigen Fähigkeiten eines Kleinkindes zuschrieb, das ohne weiteres früher gemachte Wahrnehmungen in die Außenwelt projizieren konnte (1).

Diese Annahme wurde durch die damaligen Physiologen untermauert, denn auch die Erforscher der Lebensvorgänge waren zeitgebunden. M. Verworn ging von der Annahme eines denkunfähigen Bildschöpfers aus und sah in den Darstellungen nur unreflektierte Reproduktionen von Sinneseindrücken, die er als physioplastische Bilder bezeichnete. Stilistische Eigenheiten und Abänderungen von der naturgetreuen Wiedergabe wollte er durch Sichtstörungen bei der Bildaufnahme erklären. So könnte z. B. das hohe Gras die Hufe der Tiere verdeckt haben, so daß diese dann bei der Reproduktion fehlten (2).

Solche ungeistigen Bilder ließen sich auch im Sinne der damaligen psychologischen Forschung erklären. Diese nahm an, daß das Denken des Menschen auf Verknüpfung von Vorstellungen (Assoziationen) beruhe. Je entwickelter das Denken, in desto vielfältigerer Verknüpfung sollten die Vorstellungen untereinander stehen. Die Naturtreue der paläolithischen Bilder wollte man damit begründen, daß der Jäger noch keine Assoziationen gebildet hätte und diese sich deshalb nicht gegenseitig behindern könnten (3).

Auch andere Zweige der Wissenschaft bemühten sich, eine auf evolutionistischen Spekulationen basierende Erklärung für das Fundgut und seine Eigenart zu finden. Inzwischen wurden immer neue Höhlen mit eiszeitlichen Bildern entdeckt. Sie zeigten, daß die Darstellungen nicht die Wände des Wohn- oder Lebensraumes der eiszeitlichen Jäger bedeckten. Man fragte sich, weshalb der Mensch den oft gefährlichen Weg in das Dunkel der tiefen Grotten angetreten hätte, um dort die Bilder anzubringen. Es schien, als ob die Bilder darüber keine Auskunft geben wollten. Sie waren ohne erkennbare Regeln im Raum angebracht, oft übereinander gezeichnet und mit geometrischen Figuren durchsetzt. Den modernen Betrachter interessierte vor allem die Darstellung längst ausgestorbener Tiere, die zugleich das Alter der Bilder bestätigten.

Diese Bildwerke wollte jeder gern kennenlernen. In zahlreichen Publikationen wurden deshalb die »schönsten« und bildkräftigsten unter ihnen herausgesucht und die unverständlichen geometrischen Figuren nach Möglichkeit fortgelassen. Die Figuren wurden damit nach faktischen oder ästhetischen Gesichtspunkten gewertet, die Frage nach der Bedeutung spielte nur eine untergeordnete Rolle. Wenn aber die Höhle, aus der sie stammten, die Stätte einer religiösen Verehrung übersinnlicher Mächte war, so kam diesen Bildern, wie allen kultischen Dokumenten, eine symbolische Bedeutung zu. Die aus dem Zusammenhang mit der Höhle gelösten Bilder mußten sie verlieren.

Wie bedeutsam aber die innere Bindung von Bildern an den Kultraum ist, kann vielleicht am Beispiel der Taube erklärt werden. In der christlichen Kirche versteht jeder die Taube als Symbol des Heiligen Geistes. Außerhalb des Kultraumes verliert das gleiche Bild seine tiefere Bedeutung, es gibt dann nur noch den Vogel wieder. Auch die eiszeitlichen Bilder haben durch die Lösung von der wesensbestimmenden Stätte ihre Bedeutung verloren, sanken vom Jenseits ins Diesseits.

Als »Kunstwerke« traten sie den Weg in den Bücherwald an, der noch heute von Publikationen über »vorgeschichtliche Kunst« erfüllt ist. Als Fakten unterlagen die Kultbilder dem Zugriff der Positivisten.

Diese von A. Comte (1798–1857) in Frankreich begründete Richtung der Philosophie, die allerdings schon viele Vorläufer hatte, geht nur vom Positiven aus, d. h. vom Materiellen, das durch die Erfahrung bewiesen ist, und vermeidet metaphysische Erörterungen. Nur das wurde als wissenschaftlich anerkannt, was als empirische Tatsache bezeugt ist. Metaphysische Belange blieben ausgeschlossen. Die positivistisch orientierte Urgeschichtsforschung bewies an Hand von Speiseresten, daß die dargestellten Tiere auch gegessen wurden. Damit schien den Materialisten der Schluß erlaubt, daß im eiszeitlichen Bild nur die tägliche Nahrung gemeint sei. Es ergab sich das Zerrbild eines vom Hunger getriebenen eiszeitlichen Jägers, »der in der Darstellung des Fleisches schwelgte« (4). Die Forschung nach der tieferen Bedeutung der Bilder oder nach einem denkbaren religiösen Sinn wurde als unwissenschaftlich abgelehnt.

Inzwischen machten Reiseberichte auf eigenartige Zeremonien aufmerksam, die von primitiven Jägervölkern in fernen Erdteilen geübt wurden. Für diese merkwürdigen Bräuche fanden die Positivisten keine logische Erklärung. Sie kannten noch nicht die historische Betrachtungsweise der neueren ethnologischen Forschung, die in heutigen rituellen Handlungen eine uralte Kulturschöpfung erblickt, die zur sinnentleerten Routinehandlung abgesunken ist. Man glaubte im Gegenteil, daß die primitiven Jägervölker eine prälogische Denkart besäßen, die mit der Geistesart der Paläolithiker, wie man sie sich in evolutionistischer Sicht ausgemalt hatte, übereinstimmte. Man glaubte, damit Zugang zu der ältesten Geistesstufe gefunden zu haben, die bei den primitiven Jägervölkern sozusagen konserviert sei. Es kam also nur noch darauf an, äußerliche Ähnlichkeiten zu finden. Diese gab es in reichlichem Maße, so daß nicht nur eine, sondern viele Erklärungen der eiszeitlichen Höhlenbilder möglich waren. Hier können nur ganz kurz wenige Beispiele angeführt werden.

In manchen Teilen der Welt wurden sogenannte »Totemtiere« gefunden, und manche Ethnologen wollten in ihnen den Ausdruck der ältesten Religionsform sehen. So erhob sich die Frage, ob den paläolithischen Tierbildern vielleicht die gleiche Bedeutung zugekommen sei, und man sprach vom »Totemismus«. Da zugleich in diesen Kulturen auch anthropomorphe Gestalten vorkommen, die als sogenannte »Dema-Gottheiten« verehrt werden, versuchte man, in diesem Sinne das Vorhandensein solcher Figuren in den paläolithischen Bilderhöhlen zu erklären.

Andere Wege gingen die Erforscher der Eskimo-Kulturen. Sie untersuchten den Schamanenkult. Auch sie fanden Darstellungen, die, phänomenologisch gesehen, eiszeitlichen Bildern glichen. J. Ozols glaubt deshalb, daß in den jungpaläolithischen Bilderhöhlen eine »vorschamanistische Jagdmagie« ausgeübt wurde, wobei die Tierbilder dazu gedient hätten, die »Schattenseelen« der Tiere festzuhalten. Er glaubt annehmen zu dürfen, daß jungpaläolithische, anthropomorphe Gestalten gemäß der Tradition des späteren Schamanismus an »Seelenaufenthaltsbehälter« verstorbener mächtiger Magier denken lassen. Ein solcher Magierahne könnte z. B. sehr gut der »Magier« in der Höhle Trois Frères sein, der in der Unterwelt die Tierseelen für die Jäger seines Stammes einfängt (5).

Die weiteste Beachtung fand die Erklärung der Bilder des Jungpaläolithikums in Verbindung mit der Nahrungsbeschaffung, denn Hunger traute man auch dem Dümmsten zu. Dabei berief man sich gern auf L. Frobenius (6). Dieser schildert in seiner »Kulturgeschichte Afrikas«, wie die Pygmäen vor einer Jagd auf einer Berghöhe ein Tierbild in den Sand zeichneten und dann auf das Erscheinen der Sonne warteten. Im gleichen Augenblick, als der erste Sonnenstrahl auf das Tierbild fiel, hob eine Frau blitzschnell die Hände wie greifend zur Sonne, und ein Mann schoß einen Pfeil auf das Bild. Frobenius will den Pfeilschuß mit dem Sonnenstrahl gleichsetzen und die Handlung als »Lichtsymbolik« verstanden wissen. Er sah darin einen religiösen Brauch, zu dem die Mythe fehlt. Die Urgeschichtsforschung ging weder auf den Ort –

die Berghöhe – noch auf den Hinweis auf die Sonne ein. Sie nahm als gegeben an, daß der Pygmäe sozusagen durch einen Analogiezauber eine erfolgreiche Jagd herbeiführen wollte, indem er im Bild durch magischen Zwang das wirkliche Tier tötete. Pfeile waren auch auf jungpaläolithischen Tierbildern dargestellt, sie ließen sich als Ersatz für den wirklichen Pfeilschuß erklären. Da man außerdem Pygmäen und Jungpaläolithikern die gleiche Mentalität zuschrieb, ergab sich von diesem Apriori ausgehend der Schluß, daß die jungpaläolithischen Tierbilder dem gleichen Zweck entsprochen hätten, wie das Bild der rezenten Pygmäen. Nun sprach man vom Jagdzauber als Erklärung für die jungpaläolithischen Bildwerke.

Damit wurde Jagdzauber der Schlüssel zur Deutung aller Darstellungen in den jungpaläolithischen Bilderhöhlen. Die Pfeile auf den Tierbildern sollten Zauberpraktiken beweisen, in den geometrischen Figuren sah man Fallen und Jagdgeräte, die anthropomorphen Figuren bedeuteten jetzt die Zauberer.

Diese Interpretationen entsprachen sowohl der evolutionistischen als auch der positivistischen Theorie, denn sie gingen alle vom Apriori eines unintelligenten Menschen aus, der in den Bildern nur das wiedergab, was er haben wollte, das Wild. Deshalb übersah man gern stilistische und andere Eigenheiten der Bilder. Weshalb sollte man darauf eingehen, da im Bild doch nur die Nahrung gemeint war? Diese Erklärung war mühelos verständlich und mußte breiten Kreisen zusagen. Sie ist noch heute allgemein beliebt. Allerdings mehren sich die Stimmen, die an diesen Thesen zweifeln. Glyn Daniel sieht den Beweis für Zauberpraktiken nicht gegeben (7). Peter J. Ucko brachte ebenfalls viele Einwände dagegen vor. Er war auch nicht davon überzeugt, daß die Erklärung von A. Leroi-Gourhan stimme, der die eiszeitlichen Bilder für einen Ausdruck der Sexualmagie hält. Ucko sieht zugleich vier verschiedene Möglichkeiten, die gleichzeitig oder hintereinander als Motivation zur Dekoration der Höhlen beigetragen haben könnten. Das sind dekorative Absicht, kindliches Spiel, Sympathiezauber oder Veranschaulichung von Mythen. Außerdem läßt er die Möglichkeit offen, daß es noch andere, bis jetzt unbekannte Entstehungsgründe geben könnte (8).

Wir erkennen daran, wie unsicher man sich fühlte, und daß keine Interpretation restlos überzeugen konnte.

Da es nicht möglich schien, eine Erklärung für die Höhlenmalereien zu geben, der alle zustimmten, zogen sich viele Wissenschaftler auf den alten positivistischen Grundsatz zurück, nur noch Tatsachen zu registrieren und zu beurteilen. Diese Genügsamkeit öffnete streckenweise wilden Spekulationen Tür und Tor. Kein Wunder, daß sich auf das von der Forschung freiwillig verlassene Feld phantasiereiche Autoren, wie z. B. Erich von Däniken, begaben. Mit großem Geschick paßte er sich mit seinen Interpretationen der augenblicklichen Interessenlage, dem aktuellen Zeitalter der Raumfahrt, an. Da unsere Vorfahren ja angeblich stumpfsinnig waren, ließ er die Intelligenz von anderen Sternen erscheinen und führte damit das evolutionistische Apriori ad absurdum (9).

Der größte Nachteil von Erklärungen jungpaläolithischer Bilder durch eine vom Jägertum geprägte Grundhaltung ergab sich daraus, daß das Jagdbild und seine magische Hintergründigkeit mit dem Verlassen der Wirtschaftsstufe des Jägertums hätte verschwinden müssen. Danach hätte es keine Vor- und Nachstufen mehr geben können, keine geistige Kontinuität. Das Bauerntum sollte grundsätzlich mit Neuem begonnen haben. Die Urgeschichte unterteilte man deshalb in zusammenhanglose, von der Wirtschaftsweise bestimmte Epochen. So gliederte Gordon Childe 1952 sein Buch »Stufen der Kultur« im Sinne der fortschreitenden Wirtschaftsformen. Dabei faßte er das ganze Paläolithikum, also einen Zeitraum von Jahrhunderttausenden, unter dem Begriff des »Altsteinzeitlichen Wildendaseins« zusammen (10).

Die wirtschaftlichen Etappen wurden auch auf die geistige Genese übertragen, man glaubte an den geistigen Aufstieg vom unlogischen über das prälogische bis zum logischen Denken. Dementsprechend ging M. H. Baege vom urdummen Menschen aus, sah den ersten Fortschritt im jungpaläolithischen Zauberglauben und die anschließend »höhere« geistige Stufe der Entwicklung im neolithischen Geisterglauben. Erst der geschichtliche Mensch sei geistig vollwertig geworden und zum Götterglauben übergegangen (3). Diese Hypothese beruhte auf einer mechanistischen Addition von verschiedenen Denkformen. Da die Fortschrittsgläubigkeit in jeder nächsten Kulturstufe das »Bessere« sah und das Vorhergehende als das »Schlechtere« abtat, störte es wenig, daß jede Kulturstufe nach einer gewissen Zeit zu verlöschen schien.

Diese Ansicht fand wiederum Unterstützung in der Ideologie vom Zeitgeist. Seit der Mitte des optimistisch-fortschrittsgläubigen 19. Jahrhunderts begann eine dunkle Unterströmung, die neben dem Aufstieg den Abstieg sah und das Ende ahnte. Eine solche pessimistische Einstellung zeichnete sich schon in der Dichtung Heines, Lenaus, aber auch in den Dramen Grabbes, Büchners, Hebbels ab. Nietzsche schrieb, »daß der Himmel unserer europäischen Kultur, ihr Abendhimmel, glüht – vielleicht verglüht«. Derartige Gedanken übertrug Oswald Spengler auf die Abfolge der geschichtlichen Kulturen.

Wie schon Spencer vor ihm, so zeigte auch Oswald Spengler Parallelen zwischen dem biologischen Werden und der geistig-kulturellen Entwicklung auf. Jede Kultur sollte sozusagen die Altersstufen des einzelnen Menschen durchlaufen, also geboren werden, erblühen und sterben. Das Klima und die Bodenbeschaffenheit wurden als Ursachen für diesen Wechsel angesehen, denn von ihnen hing nicht zuletzt die Form der Wirtschaft ab (11). Nach dieser Theorie zeigte auch die Weltgeschichte keinen kontinuierlichen Verlauf, sondern das Aufeinanderfolgen unabhängiger Kulturen.

Solche Gedankengänge fielen bei der Urgeschichtsforschung auf fruchtbaren Boden. Es resultierte daraus die schon von Frobenius vorbereitete Kulturkreislehre. Sie wurde vor allem durch O. Menghin vertreten. Nach bewährtem Muster gliederte er noch 1953 in der Historia Mundi, die nach dem Willen ihres Herausgebers mit den Vorurteilen hätte brechen sollen, die Urgeschichte in solche von der Wirtschaftsform bestimmte Stufen oder Kulturkreise, die er bis zur Erreichung der Fähigkeit philosophisch-wissenschaftlichen Denkens führte (12). So verharrte auch die Kulturkreislehre bei dem unhistorischen, statischen Aufbau der Urgeschichte in unzusammenhängenden Kulturstufen. Es fehlte deshalb nicht an Kritikern. C. F. Bursch führte aus, Außenstehende, aber auch einige Urgeschichtsforscher selbst, hätten das starke Empfinden, daß sich die Urgeschichtsforschung auf falschem Wege befinde, daß ihr das richtige Bewußtsein des Historischen fehle (13).

Es ist vor allem die Wiener Schule gewesen, die sich um historische Sicht bemühte. Sie erkannte in der Geschichte ein einheitliches Kontinuum und setzte durch, daß ihr frühester Teil nicht mehr »Vor«-Geschichte, sondern »Ur«-Geschichte genannt wurde. Die Kulturgruppen sah Hoernes nur als Zustände empirischer Tatbestände an, die nicht den Denkvollzug ihrer Entwicklung verrieten, der doch das eigentliche Anliegen der Geschichtswissenschaft sei. Diese Denkbewegungen stellte E. Wahle in den Mittelpunkt seiner Untersuchungen. Nach ihm fanden sie in den fundarmen »Klüften« statt, die zwischen den Zeiten mit reichem Fundmaterial eingelagert sind. Er gliederte deshalb die Entwicklung in Nähr- und Zehrperioden und wollte auch nicht nur Fakten sammeln und typologische Reihen aufstellen, sondern Zusammenhänge nach »inneren Gesichtspunkten« schaffen. Danach sollte die Urgeschichte nicht mehr in zusammenhanglose Kulturen zerfallen, sondern eine von der geistigen Kontinuität getragene Einheit bilden (14).

Diese neue Sicht wurde von vielen Seiten angestrebt in der Erkenntnis, daß die Urgeschichtsforschung veränderter Methoden und anderer Kriterien bedürfe, um zu zeigen, wie sich aus vorgeschichtlichen Anfängen die Charakteristika der primären Hochkulturen entwickelt hätten. Auch die Philosophie wurde zur Mitarbeit aufgefordert. Helmut Pleßner begann den ersten Band der Propyläen-Weltgeschichte, die eine Universalgeschichte werden sollte, mit der Absage an den evolutionistischen Fortschrittsglauben, dann aber übernahm er selbst den auf deren Irrtümern basierenden Lehrbau der konventionellen Urgeschichtsforschung. Von diesen überholten Quellen ausgehend, konnte er natürlich die Urgeschichtsforschung nicht reformie- oder gar neue Maßstäbe setzen (15). So ist die »Urgeschichte« leider bis heute, wie A. Leroi-Gourhan definiert, ein »vager« Begriff geblieben. Man hat nur Berge von Dokumenten, ihre Aussage wurde jedoch nicht entschlüsselt. Sie sind vielmehr vergleichbar einer Schrift, die man nicht lesen kann.

Das, was zu finden ist, bleibt immer die äußerliche Folge und ist nicht die innere Ursache. Da es geistige Vorgänge sind, die zu den sichtbaren Resultaten führten, blieben weite Kreise der im Dinglichen etablierten Wissenschaft den historischen Untersuchungen abgeneigt. Diese positivistische Beschränkung einer Disziplin, die den stolzen Namen »Urgeschichtsforschung« trägt, muß abgebaut werden (in Frankreich heißt sie noch immer »Préhistoire«). Die geistige Barriere übernommener Vorurteile ist in jahrelanger Zielstrebigkeit, von vielen Seiten ausgehend, zertrümmert worden. Urgeschichtsforschung muß den neuen Erkenntnissen Rechnung tragen. Es ist unerläßlich, eine neue, historisch orientierte Sicht anzustreben, denn sie rechtfertigt und belohnt den Aufwand, die Mühe und den Schweiß der Spatenforschung.

Es darf nicht übersehen werden, daß schon J. G. Herder (1744–1803) die geschichtliche Entwicklung nicht mit Fortschritt gleichgesetzt hat. Er nahm, insbesondere in seinen »Ideen zur Philosophie der Geschichte der Menschheit«, durch seine historisch-genetische Betrachtungsweise grundlegende Anschauungen des 19. Jahrhunderts vorweg.

1883, zur Blütezeit evolutionistischer Strömungen, erhob Wilhelm Dilthey Einspruch gegen die Übertragung naturwissenschaftlicher Methoden auf die Geisteswissenschaft. Mit Henri Bergson (1859–1941) erreichte der Protest gegen den von der Naturwissenschaft bestimmten Fortschrittsglauben seinen Höhepunkt. Er machte das materialistisch-mechanistische Denken für alle falschen Problemstellungen in der Geisteswissenschaft verantwortlich.

Das Ende des ersten Weltkrieges leitete eine Neuorientierung ein, die auch in der Urgeschichtsforschung fällig war, sich zunächst aber nicht durchsetzte. Wohl sind, wie wir sahen, Ansätze dazu gemacht worden, aber es war schwer, diese Wissenschaft wieder aus der Sackgasse des Positivismus und Evolutionismus zu befreien, in die sie geraten war. L. R. Nougier stellte deshalb auf dem Kongreß der Société Préhistorique Française in Straßburg 1953 die Forderung auf: »Nous devons bannir les clichés anciens et les remplacer par des pensées nouvelles« (16).

Die Urgeschichtsforschung untersucht die Menschheitsgeschichte während eines ganzen Erdzeitalters. Sie steht dabei vor einer fast unübersehbaren Fülle von Problemen. Sie muß das Material suchen, bergen, sichten, ordnen, datieren und interpretieren. Vor allem soll sie auch auf die Frage nach dem Menschen antworten, seiner leiblichen und geistigen Genese, und nach Aufbau und Fortgang der Kultur, also nach seiner Geschichte. Diese umfassende Aufgabe kann nur in Zusammenarbeit mit vielen Einzelwissenschaften bewältigt werden, die je nach den verschiedenen theoretischen Gesichtspunkten und praktischen Bedürfnissen spezialisiert sind. In den meisten dieser Forschungen haben sich, nachdem sie vom alten Zwange philosophischer Vorurteile befreit waren und mit verfeinerten Methoden arbeiten konnten, neue Aspekte eröffnet. Diese Erkenntnisse müßten zur Neuorientierung beitragen. Hier können nur einzelne Beispiele angeführt werden.

Vor allem hatte die Anthropologie ein neues Bild vom Menschen entworfen. Es ist nicht mehr die Rede davon, daß der frühe Mensch auf dem Wege der wirtschaftlichen Etappen das logische Denken erreicht habe. C. Arambourg schrieb allen vergangenen Geschlechtern die gleichen geistigen Fähigkeiten und seelischen Nöte zu wie den heutigen. In seinem Buch »La Genèse de l'Humanité« (17) führte er aus: »... rien ne nous permet de séparer psychologiquement l'Homme moderne de ses lointains ancêtres, il ne s'en distingue ni par une supériorité de son intelligence, ni par ses instincts ... La Pensée moderne gravite autour des mêmes idées que la Pensée antique la plus reculée et n'est pas sortie du même cercle de concepts fondamentaux...«* Nach eingehenden Untersuchungen bestätigte auch H. V. Vallois, daß im letzten Abschnitt des Paläolithikums ein Menschentyp bestanden habe, der hochintelligent gewesen sein müsse.

Auch die moderne Biologie lehnt die Annahme, daß am Anfang ein brutaler, denkunfähiger Mensch lebte, entschieden ab. A. Portmann führte aus, daß es schon aus biologischen Gründen keinen Menschen geben konnte, der wirklich kulturlos gewesen wäre (18).

Da Leib und Seele des Menschen nicht zu trennen sind und das leibliche Werden auf das geistige Sein hin gesteuert ist, war die moderne Biologie gezwungen, ihre von der Naturwissenschaft gezogenen Grenzen zu überschreiten und sich auch eingehend mit geistigen Problemen zu beschäftigen. Portmann meint, daß der Kern der Wandlung, den wir heute erleben, die veränderte Bewertung des menschlichen Geistes darstellt. Fing man früher – so schreibt er – beim Nullpunkt der Denkfähigkeit des Menschen an und glaubte, daß die technische Intelligenz eine Art Ursprungsland des Geistigen gewesen sei, so ist man heute dabei, gehörig umzulernen; und der Sieg im Streit der Meinungen wird der Auffassung gehören, die dem Menschen von Anfang an eine volle und reiche geistige Tätigkeit zuerkennt.

Georg Siegmund führt aus, daß man früher an eine gleichförmige Entwicklung von Körper und Geist geglaubt habe, daß aber inzwischen der grundlegende Unterschied erkannt worden sei: Der Leib unterlag biologischen Gesetzen, der Geist entwickelte Ideen, die den nächsten Generationen weitergegeben wurden, die ihrerseits Neues hinzufügten. Die biologische Entwicklung war die Voraussetzung, die geistige eine Schöpfung des Menschen. Sie ermöglichte durch Tradition, daß der Mensch seine Kultur und damit zugleich seine Geschichte schrittweise aufbauen konnte (19).

Wie stark traditionsgebunden der Mensch beim Aufbau seiner Kultur blieb, bestätigte E. O. James. Er stellte fest, daß der Glaube im alten Ägypten sich nicht grundsätzlich vom Glauben im Paläolithikum unterschieden haben könne, da er in beinahe identischen Begräbnissitten seinen Ausdruck fand (20).

* ... nichts berechtigt uns dazu, den heutigen Menschen von seinen fernen Vorfahren, psychologisch gesehen, zu trennen; er unterscheidet sich von ihnen weder durch die Überlegenheit seiner Intelligenz, noch durch seine Instinkte ... das heutige Denken umkreist die gleichen Probleme wie das älteste Denken und hat den durch die Grundkonzeptionen festgelegten Kreis nicht verlassen.

James glaubt, auf eine »Himmelsreligion« schließen zu dürfen, wie schon vor ihm L. Frobenius, Ad. E. Jensen, M. Eliade u. a. auf den kosmischen Charakter aller Religionen hingewiesen haben.

Einen neuen Ansatz zum Verständnis der paläolithischen Felsbilder versuchte A. Leroi-Gourhan, indem er ihren symbolischen Charakter betonte. Er wollte in ihnen den Ausdruck einer Religion sehen, faßte aber den Begriff des Religiösen so eng, daß er in allen Zeichen und Bildern nur Fruchtbarkeitssymbole finden wollte (21). Carl Hentze hat aber schon früher ausführlich darauf hingewiesen, daß Fruchtbarkeitssymbolik an sich niemals eine Religionsform ist, sondern eine religiöse Teilerscheinung innerhalb einer Religion bildet. Er betonte zugleich, daß eine Religion ein Gesamtweltbild voraussetzt, denn Kulturerscheinungen seien niemals isoliert zu betrachten, es gehe immer darum, den Aspekt des Denkens von der Mitte aus zu gewinnen, also vom Weltbild ausgehend (22). Diese Ansicht wurde von anderen Forschern bestätigt, und es ließe sich vielleicht daraus folgern, daß die Entwicklung der Religion mit einem primären Weltbild begonnen hat.

Die Bestätigung dafür wollte die Autorin im paläolithischen Material finden. Sie untersuchte die Bildwerke der Höhlen und fand in ihnen, durch Zeichen und Bilder ausgedrückt, die Orientierung des Urmenschen im Raum und in der Zeit. Die Zeitordnung wurde vom Mondwechsel bestimmt, der zugleich das Problem vom Leben und Sterben berührte (23). Den Beweis dafür, daß der Jungpaläolithiker sich in der Zeit orientierte, erbrachte A. Marshack (24). Er stellte unter starker Vergrößerung auf jungpaläolithischen Fundstücken ein schon entwickeltes Kalendersystem fest, das sich nach dem Monde richtete.

In seinen kulturgeschichtlichen Untersuchungen zeigte L. Frobenius, daß alle Kulturelemente, auch die der Naturvölker, durch ein einheitliches Weltbild gesteuert werden. Er wies auch auf die lunarsymbolische Bedeutung der Stierbilder und ihre im Jungpaläolithikum einsetzende Überlieferung über Nordafrika bis nach Ägypten und den vorderen Orient hin. Er baute damit eine Brücke zwischen der Urgeschichte und der Geschichte (6). Ad. E. Jensen verfolgte in seinen religionswissenschaftlichen Untersuchungen die Spuren dieser uralten Kosmologie rund um die Erde (25). Von den Felsbildern Südafrikas ausgehend, stellte E. Holm fest, daß die noch überlieferten Mythen die ihnen zugrunde liegende lunarsymbolische Bedeutung erkennen lassen (26).

Damit tauchen immer wieder neue Fragen auf. Wie konnte ein Weltbild so lange erhalten bleiben und doch immer wieder neuen Ausdruck finden? Welche geistige Entwicklung steht hinter diesen Veränderungen? Worin besteht der »Fortschritt«? Waren bis jetzt die Untersuchungen im Sinne der Phänomenologie geführt worden, so zeichnet sich jetzt durch die Frage nach der Genese das historische Problem ab. Die Suche nach dem geistigen Weg ins Heute ist uralt. Sie beschäftigte schon die antiken Philosophen. Aristoteles hat die Frage nach der Ursache aller Dinge gestellt und meint, daß man sie leicht beantworten könnte, wenn man den Anfang wüßte. Platon lehrte, daß zur Erkenntnis des Seienden die Rückschau in die Vergangenheit nötig sei. Das stellte für die christlich gewordene Welt kein großes Problem dar. Man orientierte sich nach dem wörtlich genommenen Text der Bibel und sah den Anfang des Menschengeschlechtes im Paradies und das Ende am nahenden Jüngsten Tag (Augustin). Erst als durch weite Reisen die Blicke geschärft wurden und auch die antiken Kulturen wieder Beachtung fanden, genügte der christliche Glaubenssatz nicht mehr, es gab nun auch eine »vorchristliche« Geschichte, und die Zeit der ersten Kulturen wurde durch neue Entdeckungen immer weiter zurückgeschoben. Man verfolgte die Entwicklung, soweit die schriftlichen Quellen es gestatteten, dann aber stand man vor dem Rätsel des urgeschichtlichen Werdens.

J. J. Bachofen versuchte von einem neuen Standpunkt aus die geistigen Zusammenhänge zwischen der Antike und der Vorzeit zu finden. Er sah den historischen Verlauf in der Entwicklung der Ideen, aus denen sich Entwicklungsschichten bilden. Jede von ihnen, so nahm er an, besteht aus alten, traditionell überlieferten Gedanken und neuen, die hinzutreten. Damit bleibt jede Entwicklungsschicht mit der früheren und der späteren in Verbindung, so daß die Entwicklung nur im Geiste des Ganzen zu verstehen ist (27). Damit nähert sich Bachofen den Erkenntnissen der modernen Psychologie, die davon ausgeht, daß zuerst allgemeine, diffuse Begriffe entwickelt werden, bis dann im Bereich des Gegebenen das Genauere hinzutritt. So schreitet die geistige Entwicklung von wenigen weiten Begriffen zur steigenden Zahl von Differenzierungen fort. Das Denken wird nicht »anders«, sondern »genauer«.

Das Beibehalten älterer Begriffe, die Strukturteile vergangener Geistesschichten waren, ermöglichte ihr Nochvorhandensein in viel späterer Zeit. C. G. Jung bezeichnete sie als »Archetypen«. Als Beispiel führte er aus dem

Bereich der Zahlenwelt die Drei und die Vier an. Er hebt hervor, daß sie Maßstäbe gesetzt und das »Pattern of behaviour« beim Aufbau unserer Kultur gebildet hätten. Ihre Spuren seien noch heute fast überall zu finden, in der kulturellen Planung, in der religiösen und politischen Ordnung, vor allem in Sagen und Märchen. Bei diesen seien nicht die Fakten der Erzählung das Wesentliche, sondern die Überlieferung jener alten Ordnungsprinzipien. Er begründete damit eine tiefenpsychologische Sicht der menschlichen Geistesgeschichte (28).

Sah Bachofen das Gewordene als Exegese der ursprünglich in Symbolen ausgedrückten Erkenntnisse an, so suchte Julius Schwabe durch Synthese der in den Mythen festgehaltenen Denkinhalte auf den in eigener Gestalt erscheinenden Archetyp zu schließen. Er erkannte, daß der urgeschichtliche Mensch seine weiten Begriffe noch nicht in genauen Worten ausdrücken konnte, sondern dafür Sinnbilder fand, die alles in einem sagten. Damit gab Schwabe der Symbolforschung genetische Züge und neue Ziele (29).

Die Frage nach unserer geistigen Herkunft beschäftigt auch die heutigen Philosophen. K. Jaspers betont z. B. die grundsätzliche Bedeutung des vorgeschichtlichen Werdens, doch wendet er sich von der nur Fakten liefernden positivistischen Urgeschichtsforschung enttäuscht ab. Für ihn waren empirische Tatsachen wertlos, und er warnte deshalb die Historiker davor, die Frühzeit in ihre Untersuchungen mit einzubeziehen, von der nur Tatsachen übriggeblieben seien wie »die rohe Zweckmäßigkeit der Werkzeuge, dieser wortlosen Artefakte, die in ihrer Stummheit ohne Leben blieben« (30). Allerdings übersah Jaspers dabei, daß sich auch in der Urgeschichtsforschung der Fortschritt regte. Die »stummen« Werkzeuge hatten schon zu sprechen begonnen.

Durch vergleichend-experimentelle Untersuchungen hat E. Dennert schon 1929 erkannt, daß das Handeln der Menschen immer vom Denken bestimmt war. Jedes Werkzeug darf als Dokument eines Denkvollzuges verstanden werden. Es erlaubt deshalb einen Einblick in geistige Vorgänge. So mußte der Mensch, der einen Stein aufhob, um ihn zum Werkzeug umzugestalten, eben diesen Umgestaltungsvorgang wie auch sein Endprodukt bereits im Geiste vor sich sehen, ehe er zur manuellen Herstellung schreiten konnte. Im Denkakt sah Dennert den Organisator des Gegenständlichen und seiner Entwicklung (31).

Die Forschung schritt auf der Suche nach den geistigen Anliegen der Frühzeit fort. Wie R. Pittioni in seinem Werk »Vom geistigen Menschenbild der Urzeit« (32) ging man dabei von den Werkzeugtypen aus. Weltanschauliche Begriffe blieben leider von diesen Untersuchungen ausgeklammert. Diese Arbeit war versperrt durch die evolutionistischen Spekulationen. Und doch macht sich ein Wandel in der Auffassung vom Geist des frühen Menschen auch im Titel der Bücher bemerkbar. So lautet z. B. der Titel eines Buches von G. Kraft: »Der Urmensch als Schöpfer« (33).

In den vergangenen Jahrzehnten hat die Untersuchung des Geistigen im Menschen immer mehr Beachtung gefunden. Seit dem zweiten Weltkrieg, so schreibt Anati in der Zeitschrift »Archaeology« (34), hat die Forschung große Fortschritte gemacht. Verbesserte Untersuchungsmethoden und eine neue Art der Entzifferung und Interpretierung des alten Fundmaterials haben ganz neue Dimensionen eröffnet. Es ist eine Art Revolution, durch die ein tieferes Verständnis für die paläolithische Kunst und ihre Bedeutung für uns angestrebt wird.

Es ist verständlich, daß sich auch die Philosophie dann auf die Urgeschichte besinnt, wenn sie sich bemüht, aus den Differenzierungen unserer Kulturformen zur Einheit des Seins zurückzufinden. Diese undifferenzierten Formen liegen weit vor unserer heutigen Epoche. Während der Frühzeit empfing der Mensch die maßgebenden Impulse, fertig geprägt schuf er die Schriftdokumente. In die urgeschichtliche Zeit müssen wir also hinabsteigen, um – wie Wilhelm Szilasi einmal sagte – zur »Erfahrung der Erfahrungen«, zum Universalbegriff zurückzufinden, mit dem der Mensch reflektierend die Struktur der Welt erkannte.

Zusammenfassend läßt sich sagen, daß das Verständnis für geistige Schöpfungen immer entscheidend davon abhängen wird, welches Bild vom Menschen wir uns machen, wie Ad. E. Jensen in seinem Buch »Mythos und Kult bei Naturvölkern« ausführt (35). In den letzten Jahren hat sich durch Überwindung evolutionistischer und positivistischer Deutungen das Bild vom frühen Menschen erheblich gewandelt. Wir sehen ihn heute als Vollmenschen am Anfang eines langen Weges, den er, obwohl nur mit seinen Sinnen ausgerüstet, wachen Geistes betrat. Er fand die unberührte Natur vor. Welche geistigen Etappen führten ihn aber zum Aufbau der Kulturwelt? Es ist nötig, wie schon der Historiker F. Kern forderte, die im 19. Jahrhundert in vorgefaßter Meinung willkürlich arrangierten Entwicklungsetappen der Kulturgeschichte im Archiv überwundener Irrtümer zu begraben (36). Wir müssen eine Erklärung suchen, die vom authentischen Fundmaterial ausgeht, in ihm aber nicht im positivistischen Sinne nur Fakten sieht, sondern hinter den Darstellungen auch die Welt des Geistes, des Übernatürlichen, des Übersinnlichen erkennt, das Reich des Glaubens. Wenn wir den richtigen Weg wählten, muß er folgerichtig zu den Denkkategorien der Hochkulturen hinführen, deren reiches geistiges Leben uns durch Schriften und andere Dokumente überliefert wurde.

2. *Die Typologie als Spiegel der Genese des Geistes*

Die Vorstellung, daß der Frühmensch »dumm-primitiv« gewesen sei, ist überholt. Nach der Misere positivistisch-evolutionistischer Wissenschaft stellt sich erneut die Frage, wie die geistige Welt des Frühmenschen zu erschließen sei. Eine Antwort darf sich nicht wieder mit leeren Spekulationen begnügen. Sie soll theoretisch begründet und anhand authentischer Dokumente erarbeitet werden. Solche liegen in den von den Frühmenschen geschaffenen Werkzeugen und Felsbildern vor. Dieses Buch behandelt ausschließlich die in Höhlen und Felsen vom Frühmenschen hinterlassenen Zeichen, in denen er sein Weltbild symbolisch zu fassen suchte. Die parallele Entwicklung der Werkzeuge sei hier vorangestellt. Es hat sich allgemein die Erkenntnis durchgesetzt, daß Werkzeugen eine Idee, ein Plan zugrunde liegt. In ihrer Eigenschaft als Artefakte erhielten sie deshalb entsprechende Bezeichnungen. C. Hildebrand sprach von »formgewordenen Fähigkeiten, Materialisationen des Geistes«, G. Kraft von »Ur-Kunden«, A. Gehlen von »steinernen Begriffen«, R. Pittioni glaubte in diesen Werkzeugen einen »Ausdruck des Denkprozesses« zu sehen.

Um diese Geräte herzustellen, sammelte der Mensch geeignetes Material und entwickelte eine bestimmte Technik. Er muß also den logischen Zusammenhang von Ursache und Wirkung gekannt haben. Auch überlieferte er sein erworbenes Wissen, denn die gleichen Werkzeuge sind oft über eine lange Zeit hinweg hergestellt worden. Ferner kamen ständig neue Erfindungen hinzu und vermehrten die Anzahl der Modelle.

Diese Vielzahl ist aber keine willkürliche Anhäufung. Instrumente, die nach dem gleichen Plan angefertigt waren, wurden als »Typen« zusammengefaßt. Die Entwicklung dieser Typen läßt sich insofern verfolgen, als sie in einer Typologie festgehalten wurde. J. Böhm hat auf die Tatsache hingewiesen, daß diese typologische Ordnung möglich war, weil der Anfertigung einzelner Werkzeugtypen eine innere Gesetzmäßigkeit zugrunde liegt (37).

Diese Gesetzmäßigkeit ist von besonderer Bedeutung. Die Kenntnis der Regel, nach der die »steinernen Begriffe« entwickelt wurden, erlaubt uns Rückschlüsse auf die geistige Genese des Menschen zu ziehen und auf die Entwicklung der weltinterpretativen Begriffe, die seine Kultur bestimmen. Begriffe setzen Beobachtungen voraus, auf die sich die betreffende, begrifflich formulierte Vorstellung stützt. Diese Vielfalt von Beobachtungen ordnet der denkende Mensch, indem er sie zu Typen zusammenfaßt. Um ein Beispiel aus dem Alltag herauszugreifen: Wir sehen Eichen, Buchen, Tannen und erfassen daraus ein Modell, ein Strukturbild. Ein solches Strukturbild erlaubt uns, aus der Menge unterschiedlicher Gewächsarten eine Einheit zu bilden: den Begriff »Baum«.

Dieser umfassende Begriff ist ungenau, denn man kann darunter sowohl eine Eiche als auch eine Buche oder Tanne verstehen. Er kann zum Beispiel keine Details anzeigen wie »Nadeln« oder »Blätter«, denn diese würden ihn sofort auf eine bestimmte Art von Bäumen begrenzen. Je allgemeiner ein Begriff ist, desto mehr verliert er an Detaillierung; in diesem Fall muß sich der Begriff »Baum« auf Stamm und Krone beschränken.

Der Mensch begann seinen Weg mit solchen umfassenderen Begriffen. Wie Pittioni schreibt, waren die ältesten Werkzeuge Allzwecktypen, das heißt, sie waren für alle damals anfallenden Tätigkeiten geeignet (38). Sie setzten den allgemeinen Begriff des Werkens voraus, und die Form ist entsprechend schlicht.

Auch das Kleinkind beginnt mit allgemeinen Begriffen. Für viele Stadtkinder ist jedes größere vierbeinige Tier ein »Wau-Wau«. Sie lernen erst später Hund und Katze unterscheiden. Aber das Kind ist von Erwachsenen umgeben und erwirbt mit der Sprache den Begriffsschatz seiner Umwelt. Es hat es nicht nötig, die geistige Entwicklung von ganz vorne zu wiederholen. Elternhaus und Schule übermitteln ihm nach Möglichkeit das Wissen früherer Generationen.

Der frühe Mensch erhielt nicht diese Art bewußter Belehrung. Er mußte seine Begriffswelt selbst erwerben. Es war ein schöpferischer Akt, als er den Universalbegriff des Werkens ersann und ihn in Stein gestaltete. Mit ihm wurde die Voraussetzung für alle späteren Spezialwerkzeuge geschaffen, deren Denkmöglichkeit im ersten Begriff angelegt war.

Mit der primären Idee wurde ein Prinzip gefunden. Alle Spezialisierungen blieben im Wesen »Werkzeuge«. Das Prinzip wurde jedoch weiter überliefert. A. Rust schreibt, daß »schematisierte Standardtypen« über Jahrtausende und länger ausgeführt wurden (39). In diesen langen Zeiträumen haben sich Klima, Flora und Fauna geändert. Begriffe, in denen sich der Mensch mit seiner Umwelt auseinandersetzte, blieben dagegen unverändert.

Diese Tradition ermöglichte einen kulturellen Fortschritt. Nachdem man zu »werken« gelernt hatte, konnte weiter erkannt werden, daß sich diese Tätigkeit aus verschiedenartigen Arbeitsgängen zusammensetzt, aus Schaben, Schneiden, Schlagen. Jede besondere Arbeit erforderte den geeigneten Typ, es entstanden neue, entsprechende Spezialwerkzeuge.

Wenn im Bereich der Objektwelt detailliertere Entdeckungen gemacht werden, so kann sich in der allgemeinen geistigen Entwicklung eine prägnantere Stufe ausbilden. Am Beispiel des Baumes läßt sich wieder zeigen, wie der unklare Begriff »Baum« zu spezielleren Begriffen wie »Buche«, »Tanne« oder »Eiche« differenziert wurde. Zur instrumentellen Tätigkeit gehörte mit steigender Prägnanz begrifflichen Denkens entweder ein Schaber oder ein Messer ... – und doch blieb man immer am Werken. Die geistige Differenzierung erforderte genauere, engere Begriffe, um zu erfassen, was vorher in einem einzigen, umfassenden Begriff zusammengefaßt war.

Jede Spezialisierung setzt einen schöpferischen Akt voraus, eine »Erfindung«. Die Nadel ist z. B. mehr als nur ein Splitter vom Allzweckinstrument. G. Kraft schrieb, daß jede Erfindung keinem allmählichen Werden, sondern einem Sprung gleichkommt. Geistige Entwicklungsprozesse verlaufen nicht im Sinne allmählicher Veränderung, sondern bringen sprunghaft neue Formen hervor. Als man die Altsteinzeit nach den charakteristischen Werkzeugen in Abschnitte zerlegte, gliederte man sie unbewußt nach Entwicklungsstufen, die durch das Auftreten neuer Werkzeugtypen unterschieden sind. Nach A. Rust ist z. B. das Magdalénien durch seine besondere Klingenkultur gekennzeichnet. Die Klinge, ein vom Kernstück abgeschlagenes Gerät, gab es schon viel früher. Aus ihr wurden dann im Jungpaläolithikum, wie A. Rust schreibt, bis zu 30 Spezialwerkzeuge entwickelt. Auf diese gehen schließlich die Mikrolithen des Mesolithikums zurück. Die Gesetze der hier besprochenen geistigen Genese können in folgendem Schema wiedergegeben werden.

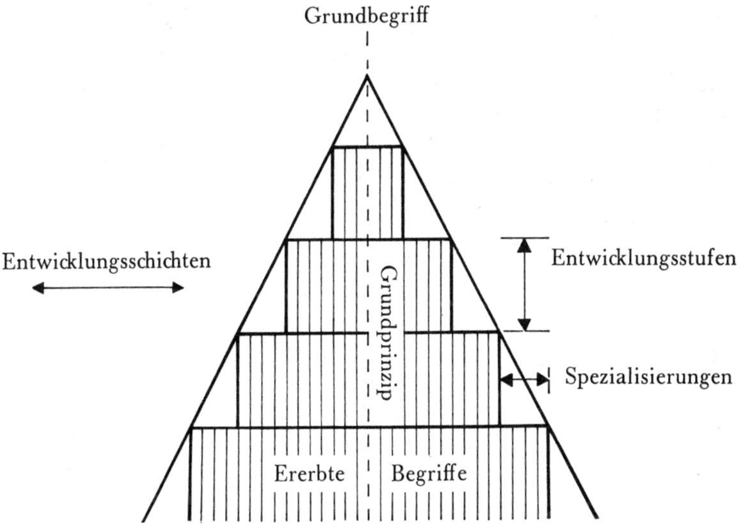

Am Anfang wurde ein Universalbegriff, ein Grundprinzip gefunden. Er erscheint hier als Spitze der Pyramide. Jede Kulturstufe übernahm die vorhandenen Begriffe und fügte neue Spezialisierungen hinzu. Dadurch gliederte sich die Entwicklung in Schichten, die hier durch Querschnitte angedeutet sind. Diese Abschnitte können in waagerechter Sicht als »Entwicklungsschichten« bezeichnet werden, in senkrechter Sicht als »Entwicklungsstufen«.

Die senkrechten Linien sollen die Tradition andeuten und den sich daraus ergebenden Zusammenhang der Entwicklungsschichten. Die geistigen Schöpfungen jeder Epoche vermehren den ererbten Begriffsschatz und erscheinen deshalb am Rande des Querschnittes. Damit wird veranschaulicht, daß jede Kulturschicht aus überlieferten und neu erworbenen Begriffen besteht. Wie wir sahen, implizierten alle Spezialisierungen weiterhin den Grundbegriff. Aus einem Werkzeug konnte ein Messer oder ein Schaber werden, aber es blieben immer Werkzeugtypen. Diese Übereinstimmung verbindet die verschiedenen Prägnanzstufen und ist durch eine gestrichelte Linie im Schema angedeutet. Der Grundbegriff bleibt im Zentrum und ist für das Verständnis der sich entwickelnden Einzelheiten unerläßlich, besonders dann, wenn es sich nicht um Werkzeuge, sondern um Symbole handelt, denen man ihre Bedeutung nicht ohne weiteres ansieht.

Das Schema soll einen anschaulichen Überblick über die innere Gesetzmäßigkeit der geistigen Entwicklung bieten. Diese innere Ordnung, die der Begriffsentwicklung zugrunde liegt, bildet ein festes Gerüst, von dem her die geistigen Prozesse eines ganzen Erdzeitalters untersucht werden können. Die schematische Darstellung berücksichtigt dabei nicht, daß die Entwicklung am Anfang gewiß viel langsamer verlaufen ist. Die Spitze der Pyramide müßte demnach weit ausgezogen sein. Auch gibt es noch keinen Beleg dafür, was das »erste« Werkzeug war. Da aber mit zunehmendem Alter die Zahl der Typen abnimmt, kann immerhin angenommen werden, daß die Entwicklung mit einem »Urtyp« begann.

Ein Fortschritt vollzieht sich nicht überall zur gleichen Zeit und in gleichem Maße. Erfindungen gelingen meist Einzelnen, sie verbreiten sich allmählich. Deshalb blieben Menschengruppen, die isoliert lebten, zeitweise davon ausgeschlossen. Es ergaben sich daraus Unterschiede im kulturellen Niveau, die zum Ausgleich drängten. L. Zotz erinnerte daran, daß in Europa altpaläolithische Typen in mesolithische übergehen konnten unter Überspringung des Jungpaläolithikums; und er wies auf das gelegentliche Weiterleben älterer Formen wie etwa der Pebble-Geräte (40) hin.

In Notzeiten konnte auch durch Mangel an Überlieferung ein Verlust an Wissen auftreten, der wiederum ein Absinken des kulturellen Niveaus bewirkte. Dabei spielten klimatische und wirtschaftliche Veränderungen, vielleicht auch Seuchen eine Rolle. Zwischen einzelnen »Kulturen« bestanden aber immer direkte oder indirekte Kontakte, das tradierte Wissen konnte an anderen Orten weiterentwickelt werden. Auf diese Weise verlagerten sich die Zentren der kulturellen Entwicklung.

Jedes Kulturobjekt konkretisiert einen Gedanken. Die Idee ist das Primäre. Sie bestimmt die Ausführung. Es liegt eine Übereinstimmung zwischen der geistigen Genese, die in der Begriffspyramide wiedergegeben wurde, und der Kulturentwicklung vor, die auch im Schema der Kulturpyramide dargestellt werden könnte. Von der fortschreitenden Kulturentwicklung zeugen die

Fundobjekte, so daß auch die Fundpyramide die Begriffsentwicklung widerspiegelt.

Die Begriffspyramide ist wegweisend für die Untersuchung kultureller Gegebenheiten. Wir können sie in gedachte Längs- und Querschnitte zerlegen. Die senkrechten Längsschnitte beginnen bei den älteren Grunderfahrungen und zeigen deren Überlieferung durch die verschiedenen Kulturschichten; die Querschnitte lassen die geistige Situation bestimmter Epochen, d. h. deren Begriffsschatz erkennen.

Empirische Tatsachen entsprechen dieser genetischen Stufenordnung und müssen als Teile davon verstanden werden. Auch die Frühzeit ist in verschiedene Kulturhorizonte gegliedert. An diesem Punkt möchte ich noch einige Überlegungen zu der Entwicklung weltinterpretativer Begriffe anknüpfen.

3. Die Grunderfahrung der Welt und ihre Manifestation in der Entwicklung

Alles, was der Mensch ergreifen konnte, verstand er auch zu begreifen. So wird er schon früh einen Begriff seiner physischen Existenzgrundlage im Kampf mit dem Hunger und der Kälte erworben haben. Die bewußte Auswahl des Rohstoffes und die Entwicklung der entsprechenden Technik zur Herstellung der Geräte und die Beherrschung des Feuers zeigen den logisch denkenden Jäger, der schon anfing, sich die Hilfsquellen der Natur zu erschließen.

Seine Augen trugen ihn aber über die Reichweite der Hände hinaus und zeigten ihm den Himmel und die Gestirne, zugleich stand er denkend vor dem Rätsel von Geburt und Tod. Die Gestirne konnte er beobachten und dabei Erkenntnisse sammeln, aber ihre Natur war ihm fremd. Er suchte auch dafür Erklärungen, die dem Stand seines Wissens entsprechend glaubhaft schienen. Außerdem muß er beobachtet haben, daß es im Kosmos Kräfte gab, die er nicht sehen, nicht fassen konnte und die doch gewaltig waren, z. B. der Wind. Sollte ihm die Erkenntnis gekommen sein, daß in der Welt eine Macht herrschte, die auch sein Schicksal bestimmte? Alle Beobachtungen und die daraus erworbenen Vorstellungen bildeten die Voraussetzung dafür, daß er einen diffusen Begriff seiner menschlichen Situation bilden konnte.

Am Anfang der geistigen Genese muß eine allgemeine Orientierung gestanden haben, aus der sich der universale Begriff ergab. Der umfassende Bereich, den er abdeckte, ermöglichte es, daß später viele genauere Einzelheiten gefunden und ausgedrückt werden konnten. Allgemeine Begriffe zeigen keine genaueren Merkmale, die ihre Bedeutung verraten, sie sind deshalb für uns nicht ohne weiteres verständlich. Wir sind gezwungen, anhand weniger Funde den Beginn so zu schildern, wie man annehmen kann, daß er verlaufen sein könnte.

Zum Gedankeninhalt des primären Weltbildes gehörte, wie ausgeführt, die ihm innewohnende Macht. Ihr fühlte sich der Mensch ausgeliefert. Daraus ergab sich ein Gefühl der Abhängigkeit, aber auch der Verbundenheit und der Verpflichtung. Die Begegnung mit dieser unsichtbaren Kraft erforderte ein besonderes Verhalten, den Kultus, und den von der alltäglichen Welt abgeschlossenen symbolischen Raum, den Kultraum. Um das Unsichtbare ansprechbar zu machen, es zu vergegenwärtigen, mußte es symbolisch dargestellt werden, als Kultbild. Auf der Suche nach weltinterpretativen Begriffen müssen kultische Dokumente besonders beachtet werden. Als Kultbilder können natürlich Objekte benutzt worden sein, denen man heute nicht mehr ansieht, was sie einst bedeuteten. Erst als der frühe Jäger dazu überging, die gewünschte Form planmäßig herzustellen, als er also Naturobjekte durch Kulturobjekte ersetzte, zeichneten sich diese im Fundmaterial ab. Die ältesten Fundgegenstände, die keine Werkzeuge waren und die Frage aufwerfen, ob sie kultischen Zwecken dienten, sind Sphäroide. Die ältesten stammen aus einer altsteinzeitlichen Kultur, dem Acheuléen, die vor etwa 300 000 Jahren begann. Sollten wir mit ihnen die früheste Objektivierung der weltinterpretativen Grunderfahrung gefunden haben? Wenn wir uns das Denkmodell der geistigen Genese vergegenwärtigen, könnten wir dann vielleicht sagen, daß wir mit ihnen die Spitze der Kulturpyramide in der Hand halten?

Die ältesten der in weiten Teilen der Welt gefundenen Sphäroide stammen, soweit sich bis jetzt feststellen läßt, aus Europa. Zufällig wurden im Aisne-Tal in Frankreich in Sandgruben drei sorgfältig rund zurechtgehauene Steine gefunden. Sie lagen unter tiefen Sandschichten auf der ursprünglichen Talsohle. Nach H. Jouillié stammen sie aus dem Acheuléen, einer Epoche der Altsteinzeit (41). Ihr Durchmesser beträgt 8,9–10,5 cm, sie waren in der Größe der Hand angepaßt. Wahrscheinlich sind sie aus einem ursprünglichen Zusammenhang verrollt.

Dagegen lagen in einer Lehmgrube bei Achenheim Sphäroide, die aus

Abb. 1. Versinterte Lößkugeln aus dem Altpaläolithikum aus Achenheim, Elsaß. Sie lagen unter 18 m hohen Deckschichten. (P. Wernert). 3–5 cm Durchmesser. Photo Joseph Bruner.

Löß gebildet waren, noch in der ursprünglichen Anordnung. Sie wurden unter 18 m hohen Deckschichten zusammen mit ortsfremden Geröllen und Lößkindeln gefunden. Auch diese Löß-Sphäroide stammen aus dem Acheuléen. Wenn man die Funde überblickt, entsprechen alle dem gleichen Typ, den man als »rundlich« bezeichnen kann. Es ist kaum anzunehmen, daß in dieser Frühzeit, die nur unklare Begriffe kannte, zum Ausdruck der Rundung die Prägnanz der Kugel erforderlich war (*Abb. 1*) (42).

Es sind noch weitere Sphäroide aufgefallen. Fritz Berckhemer berichtet in seiner Arbeit »Der Sauerwasserkalk von Untertürkheim und seine Fossileinschlüsse« (S. 24), daß in der erdigen Schicht des Hyänenhorstes der Grube

Biedermann in einem begrenzten Raum von 40 zu 140 cm Fläche eine Stapelung von etwa 40 Kieseln gefunden wurde. Sie waren alle von gleicher Größe und mit Absicht durch Abschläge auf den gleichen Durchmesser gebracht worden. Diese Genauigkeit der Form erregte mit Recht Interesse an den Funden.

Kiesel, die ursprünglich schon die geforderten Dimensionen besaßen, brauchten nicht bearbeitet zu werden. So sind wahrscheinlich oft Naturgestalten benutzt worden, denen man einen bestimmten Sinn beilegte. Sie sind für uns nur durch den Zusammenhang zu erkennen.

Der frühe Mensch war Sammler, er wird sich, seinen allgemeinen, unklaren Begriffen entsprechend, mit vorhandenen Typen begnügt haben.

Das Sphäroid war die ideale Gestalt für den noch undifferenzierten Grundbegriff, denn es ist die einzige vollkommen einheitliche Figur. Zugleich bestätigte sich darin die Beobachtung vom Lauf der Gestirne, die im Bogen über den Himmel zogen und diesen damit als Wölbung erscheinen ließen. Alle späteren Kulturen gingen noch von der Idee des kugelförmigen Kosmos aus und konnten ihn auch in der Gestalt der Kugel darstellen.

Es war gewiß mühevoll, einen Stein sorgfältig zur Kugel zurechtzuhauen. Da aber nur der Typ »rund« gemeint war, mußte er nicht unbedingt aus Stein geformt werden. Es konnten, wie sich in Achenheim zeigt, auch andere rundliche Objekte gesucht werden, die dann als Sinnbilder dienten. Dazu gehörte vor allem der menschliche Schädel. Er brachte zugleich die Denkverbindung mit dem menschlichen Dasein. Durch die ihm beigelegte Bedeutung kann er eine Sonderstellung unter allen Teilen des Skeletts erworben haben, die sich sehr früh im Fundmaterial abzeichnet.

Bekannte Anthropologen sehen in der relativ häufigen Erhaltung von Schädelresten einen Hinweis darauf, daß der Kopf sorgfältiger behandelt wurde als die anderen menschlichen Gebeine. Das zeigt sich schon in den Höhlen von Chau-K'ou-tien in China, wo sehr alte, aber unklar datierte Reste von mehr als einem Dutzend Menschen gefunden wurden, die fast nur aus Schädelfragmenten bestanden. Die dominierende Bedeutung des Schädels ist auch durch die Funde aus der Grotte du Lazaret bei Nizza belegt. H. de Lumley legte dort im Höhlenraum Reste aus der Zeit des Acheuléen frei. Sie gehörten zu einem Zelt, das durch Trockenmäuerchen unterteilt und gestützt war. An menschlichen Knochenresten enthielt die Anlage nur Schädelfragmente (43).

Aus der gleichen Frühzeit stammen wahrscheinlich Funde aus Weimar-Ehringsdorf, Bez. Erfurt. Es sind Teile menschlicher Schädel, die an sieben Stellen im unteren Travertin entdeckt wurden. Es wird vermutet, daß dort einst Wasser stand und die Schädel hineingelegt worden sind. Solche Deponierungen können üblich gewesen sein, nur daß sich kaum noch Spuren davon erhalten haben. Eine Ausnahme macht ein Fund aus Lehringen in Niedersachsen. Unter dem bekannten Waldelefantenskelett lagen dort drei Bisonschädel, die der Mensch vom Tierkörper abgetrennt und in Ufernähe ins Wasser versenkt hatte. Ihre Erhaltung ist nur der Tatsache zu verdanken, daß sie in einer kühltemperierten Torfschicht lagerten. A. Rust schreibt, daß wir auf eine Opferzeremonie schließen können (44). Solche Opferteiche sind aus allen folgenden Epochen bekannt, sie alle anzugeben würde zu weit führen. Aus dem Jungpaläolithikum stammt z. B. der einst im Wasser liegende Opferplatz bei Ahrensburg nahe Hamburg, den A. Rust entdeckte. Die gleiche Sitte läßt sich bis zur Christianisierung verfolgen, und wir verdanken ihr die Erhaltung wertvoller Funde. Das gilt z. B. für die Opferstätte im Neuenburger See, Schweiz, bei Latène, die der ganzen Kultur die Bezeichnung Latène-Kultur verliehen hat (ungefähr seit 500 v. Chr., zweite Eisenzeit). Wenn wir über 100 000 Jahre den gleichen Ritus zurückverfolgen können, so läßt sich daraus folgern, daß der Glaube an unterirdische Mächte durch alle diese Zeiten bestanden hat. Sie forderten gleichfalls Opfer. Da das Jenseits immer im Wasser liegend gedacht wurde, nahmen die Gaben diesen Weg.

Dieser Opferritus zeigt, daß der Kosmos nicht mehr als Einheit gedacht wurde. Es gab jetzt ein Oben und ein Unten, ein Diesseits und ein Jenseits. Damit wurde das Bekannte genauer gegliedert, und es war ein Schritt zur steigenden Prägnanz des universalen Begriffs.

Die Idee der polar gegliederten Welt ließ sich nicht mehr allein durch das Sphäroid darstellen, sie verlangte, in eigener Form sichtbar gemacht zu werden. Vielleicht fand der Jäger einen Vergleich beim Anblick der Muschel, die mit den beiden gegenständigen Schalen diesem Prinzip zu entsprechen schien. Daraus könnte sich die Rolle erklären, die später die Muscheln im Kult und bei den Bestattungen gespielt haben, die sie auch dazu befähigten, als Amulett verwendet zu werden. Sie fanden jedenfalls schon sehr früh Beachtung, und der Jäger hat sie im Acheuléen auf weiten Wanderzügen mitgenommen, obwohl sie weder als Werkzeug noch als Nahrung Verwendung fanden.

In der Höhle du Lazaret bei Nizza ist z. B. eine Littorina abtusa gefunden worden, die heute zur Fauna des Atlantik und des Ärmelkanals gehört.

Aus dem Altpaläolithikum sind nur wenige Relikte gefunden worden, die kultische Bedeutung besessen haben können, und auch diese wurden nur durch Zufall entdeckt. Die Menschheit war damals nicht sehr zahlreich, und die meisten Spuren sind inzwischen vernichtet worden. Außerdem war der Mensch jener Zeit Sammler. Er konnte das Sphäroid in der Gestalt der Geröllkugel sehen. In allen Zeiten wurden solche Naturformen als Symbole verwendet, z. B. benutzten die Etrusker beim Bau ihrer Steinkistengräber in Marzabotto, 25 km südlich von Bologna, als Omphalos auf der Steinkiste vom Wasser rund geschliffene Steinkugeln. In diesem Fall zweifelt niemand an ihrer Bedeutung, wenn aber runde Gerölle in altpaläolithischen Kulturschichten gefunden werden, ist kaum festzustellen, ob ihnen besondere Bedeutung beigelegt wurde. So ging wahrscheinlich viel Material unerkannt verloren.

Es gab auch noch eine andere Möglichkeit der Begriffsübermittlung: die Geste. Das Handbild hat im paläolithischen Kult zweifellos eine Rolle gespielt, das beweisen die Darstellungen in den jungpaläolithischen Kulthöhlen. Zur Faust geballt, zeigte es die Rundung. Die Geste hat den Vorteil, daß sie einen Begriff veranschaulicht, ohne ihn definieren zu müssen, und an Worten dafür hat es in der Frühzeit sicher gemangelt. Leider hinterlassen Gesten keine bleibenden Spuren. Es ist aber anzunehmen, daß die kümmerlichen Reste kultischer Dokumentation in einen weiten Rahmen hineingehören. Wenn die gefundenen Dinge nichts bedeutet hätten, wären sie verschollen. Ihre Überlieferung bezeugt das Gewicht der Aussage. Die spätere Dokumentation bringt dann nähere Angaben über den weiten Denkinhalt der ersten Symbole, die im Altpaläolithikum noch nicht spezialisiert gedacht und ausgedrückt werden konnten. Und doch sind diese wenigen Reste von besonderer Bedeutung, bestätigen sie doch durch ihren einheitlichen Typ die theoretische Annahme von dem unspezialisierten Grundbegriff.

Wie ein Grundakkord sind gewisse Gedanken im Altpaläolithikum angeschlagen worden, die der Mittelpaläolithiker aufnahm und ausbaute. Nach A. Rust entwickelte sich das Mittelpaläolithikum etwa vor 150 000 und endete vor ungefähr 50 000 Jahren. Der Beginn zeichnete sich durch neue Industriekomplexe ab, in denen sich eine geistige Entwicklungsstufe zu erkennen gab. Diese Epoche wird auch mittlere Altsteinzeit oder Moustérien genannt und kann, weil der Neandertaler in ihr lebte, auch als Neandertalerzeit bezeichnet werden.

Die ältere Symbolik wurde übernommen. Sphäroide sind im ganzen Bereich der Besiedlung festgestellt worden, d. h. im westlichen Europa, im vorderen Orient und in Afrika. P. Wernert bezeichnet diese Kugeln als typische Kulturelemente der mittleren Altsteinzeit.

Auch der Schädel verlor nicht seine hintergründige Bedeutung. Oft ist er vom Körper abgetrennt und sorgfältig aufbewahrt worden. In der Veternica-Höhle (Bez. Zagreb in Kroatien) lagen z. B. unter einer Steinplatte drei menschliche Schädel nebeneinander. Es gibt noch andere solcher Schädelaufsetzungen, manchmal deckte sie die Erde. Es wird dann von einer »Schädelbestattung« gesprochen. In der Erde konnten gewisse Zusammenhänge mit anderen Objekten gewahrt bleiben, die in Verbindung stehend gedacht werden müssen. Auf den gemeinsamen Denkbereich von Schädel und Sphäroid deutet ein Fund aus La Quina, Dép. Charente, wo Henri Martin neben einem Schädel eine aus Stein sorgfältig zurechtgehauene Kugel entdeckte.

Auch der schon beobachtete Zusammenhang zwischen kultischen Handlungen und dem Wasser zeichnet sich im Moustérien ab. M. Gruet machte in El Guettar bei Gaza in Nordafrika einen Depotfund. Er bestand aus einer Anhäufung von etwa 60 kugelförmig bearbeiteten Kalksteinen mit einem Durchmesser von 4–18 cm. Sie lagen 7 m unter dem heutigen Boden in der Nähe einer Quelle. Gruet sieht in ihnen Opfergaben (45).

Das Wasser entsprang der Tiefe, und noch viele Generationen verehrten Quellen als Tor zur Unterwelt. Wenn es aber in seinen unterirdischen Kanälen versiegte oder seinen Lauf änderte, konnte man in das Jenseits eindringen. Solche ehemaligen Flußbetten sind die Höhlen bei Arcy-sur-Cure, Dép. Yonne. Tief im Inneren, im unbewohnten Teil der Hyänenhöhle, fand A. Leroi-Gourhan ein Dutzend Kalksteinkugeln, die aus dem Moustérien stammen. Sah man in ihnen die Manifestation des Numen, der im Kosmos herrschenden Macht, die noch nicht isoliert denkbar war? War die Höhle der vom Alltag getrennte Kultbereich (46)?

Damit begann der Höhlenkult, von dem wir aus der gleichen Zeit ein ungestörtes Beispiel haben. Bei der Anlage eines Kellers an der Steilküste des Monte Circeo, Prov. Latina, stießen Arbeiter auf den Eingang zu einer Höhle, die seit der Neandertalerzeit verschlossen gewesen war (47). Diese sogenannte »Grotta Guattari« besteht aus zwei Teilen. Der erste bildet den Eingang.

Hier liegen Steine, die alle mit einer eigenartigen Versinterung bedeckt sind. Diese Kalkablagerung kann sich in den trockenen Räumen nicht gebildet haben. Die Steine wurden an anderen Orten gesammelt und hier deponiert. Dadurch wurde der Eingang allmählich zugesetzt und der hintere Höhlenraum verschlossen.

Das läßt erkennen, daß der innere, tief im Berg gelegene Raum wenig betreten wurde und wahrscheinlich der eigentlich sakrale Ort war. Er war viel breiter als der Zugang und ungefähr gerundet. In der Mitte lag, umgeben von Geröllen, ein Schädel aus der Neandertalerzeit. Er wurde entfernt, und seinen Platz nimmt jetzt ein Abguß ein, der in der gleichen Position aufgestellt ist. Wenn man den Raum betritt, und das ist immer nur an der gleichen Stelle möglich gewesen, so erblickt man das Hinterhaupt des Schädels, das die Form einer Kugel hat. Jeder kann sich noch heute davon überzeugen.

Tiefe Stille herrscht im Höhlenraum. Es ist eine vom Lebensbereich getrennte Sphäre, in welcher der Schädel aufgestellt worden ist, ein Kultraum. Ein solcher Ort wurde einst planmäßig gesucht, er mußte bestimmten Voraussetzungen entsprechen. Wenn der Schädel als Kultbild diente, ist vielleicht auch die Form der Höhle kultisch bedingt gewesen. Jaspers hat schon darauf hingewiesen, daß das primäre unmittelbare Weltbild in doppelter Sicht denkbar war (48). Erstens konnte man sich das All in objektiver Sicht vorstellen, das heißt sozusagen von außen her gesehen. Dann erscheint der Kosmos rund wie eine Kugel. Diesem Typ entsprachen die Sphäroide, die Schädel.

Zweitens war es auch möglich, sich die Welt in subjektiver Sicht zu vergegenwärtigen, also von innen her gesehen. Dann bildet der Beschauer selbst den Mittelpunkt und die Welt ist hohl, umschließt ihn wie ein Gehäuse, er steht im Weltraum. Der Schädel war rund und hohl zugleich, er war geeignet zur universalen Sicht der Welt.

In subjektiver Sicht konnte der Höhlenraum das Gleichnis für den Weltraum ergeben. Der Polarität entsprechend, gab es den oberirdischen Weltraum und das Gegenstück im unterirdischen. Hier war zugleich die vom Alltäglichen getrennte Sphäre, im Glauben der Menschen der Ort, an dem die Begegnung mit dem Numen stattfand, dessen Epiphanie sich im Kultbild vollzog. Aus dem Zusammenhang von objektiver und subjektiver Weltsicht ergab sich die bedeutungsvolle Äquivalenz zwischen Kultbild und Kultraum.

Das Symbol »Schädel« war nicht unbedingt an das menschliche Relikt gebunden. Der Frühmensch hatte nur allgemeine Denkkategorien und konnte jeden Schädel als Sinnbild nehmen. Deshalb wurden wohl auch verschiedenartige Schädel am gleichen Ort aufgestellt. M. Malez fand in der Veternica-Höhle bei Zagreb in Kroatien, in Nischen unter Steinplatten gruppiert, Bären-, Wolfs- und Menschenschädel. Diese Abgeschlossenheit vom Lebensraum zeigt wieder das Bestreben, dem Kultbild die ihm entsprechende Sphäre zu verschaffen.

Die Bestattungen aus dem Moustérien lassen erkennen, daß der Kopf, auch wenn er am Leib verblieb, mit besonderer Sorgfalt behandelt wurde. In der Höhle La-Chapelle-aux-Saints, Dép. Corrèze, war das Haupt eines nach Westen orientierten Toten von großen Knochenplatten umgeben. Es lag auf einem Pflaster aus Silexstücken zusammen mit ausgesuchten Jaspis-, Quarz- und Ockerstücken. Der Hinterbliebene sah also schon die Schönheit des Materials und dachte, wie beim Ocker, an symbolische Bedeutung, die ihn später dazu veranlaßte, die Toten ganz mit Ocker zu bedecken. Wurde seine Phantasie nicht vielleicht durch die oft bizarren Formen der Silexknollen angeregt, in die sich Gesichter hineinsehen ließen? Schon viele Forscher sind beim Anblick solcher »Figurensteine« stutzig geworden, und auch J. Schwabe hat sich mit diesem Problem beschäftigt (49). W. Matthes will solche leicht bearbeiteten Plastiken in alten Schichten gefunden haben (50).

Den Symbolgehalt des Schädels bezeugen Funde aus allen folgenden Epochen, und auch »Kopfsteine« wurden noch später hergestellt. In der frühneolithischen Siedlung Lepenski Vir am Eisernen Tor in Jugoslawien wurden meist ungefähr fußballgroße Rollsteine gefunden, die Gesichtsskulpturen tragen. Die natürlichen Gegebenheiten der Steinform sind kaum verändert worden. Manche dieser Steine haben geometrische Zeichen wie Ansätze zu Spiral- oder Mäanderformen, hakenkreuzähnliche oder gewellte Linien. In einzelnen Wohnanlagen sind die skulptierten Steine durch unbearbeitete Rollsteine ersetzt. Das zeigt wohl an, daß die runde Form die wesentliche Aussage brachte, auch ohne zusätzliche Symbolik. Diese bearbeiteten Steine besitzen künstlerische Qualität, die den abgeschnittenen Köpfen völlig abging – wir empfinden sie im Gegenteil als abstoßend. Es läßt sich aber daraus nicht der Rückschluß ziehen, daß der Neandertaler ein rohes Gemüt besaß. Die Bestattungen bezeugen im Gegenteil seine liebevolle Fürsorge selbst für die kleinsten Kinder. Wie sorgsam ist z. B. der Abgeschiedene ins Grab gelegt worden, den R. Solecki in Shanadir an der türkischen Grenze im Irak ausgrub (51). Durch genaue Pollenuntersuchungen stellte er fest, daß der Tote vor mehr als 50000 Jahren ganz in Blumen gebettet wurde. Es brauchte also nicht die Achtung vor dem Toten zu mindern, wenn man in seinem Kopf zugleich ein religiöses Symbol sah.

Der Mittelpaläolithiker war aber nicht nur Sammler, er griff auch formend in seine Umwelt ein. Er hat Steine rund bearbeitet und nicht nur Muschelschalen als Symbol verwendet, sondern auch kleine Schalen in Steine vertieft. D. Perony fand einen solchen bearbeiteten Stein im Abri von La Ferrassie, Dép. Dordogne. Es ist ein dreieckiger Felsblock von ungefähr 80 cm Länge und 15 cm Höhe. Er deckte einen Kinderschädel. Auf seiner Unterseite befanden sich eine größere und verschiedene kleinere eingeschlagene Vertiefungen, sogenannte Schälchen. Sie stehen sich paarweise gegenüber, vier sind im Geviert angeordnet. F. M. Bergounioux schreibt, daß man hier schon von einem graphischen Ausdruck sprechen könnte (52).

Bis heute sind die in La Ferrassie, Dép. Dordogne, gefundenen Schälchen die ältesten Exemplare. Dem hohen Alter entsprechend, aus dem dieses Sinnbild ursprünglich stammt, gab es sicher einen sehr weiten Begriff wieder. Ausgehend vom Kosmos als Kugel konnte damit der untere Teil, die Unterwelt, vielleicht das Jenseits gemeint sein. Der Wechsel der Wirtschaftsform störte nicht die Überlieferung. Sowohl Jäger als auch Bauern suchten Hilfe durch die Anrufung der Unterirdischen, auch als die Erinnerung an die ursprüngliche Bedeutung erloschen war und man sich noch immer der Schälchen bediente, um »Glück« zu erflehen. Solche Schälchen sind in allen Kulturkreisen zu finden und wurden auch noch im Mittelalter hergestellt. Das beweist das Portal von San Zeno in Verona, auf dessen romanischen Reliefs kleine Gruben eingeschliffen sind. Es darf deshalb hier auch ein Beispiel aus der heutigen Zeit angeführt werden. Im Idarwald im Hunsrück liegt ein alter Schalenstein. Wenn die Kinder zum Beerensuchen gingen, zerquetschten sie regelmäßig die ersten Beeren in den Schälchen, damit die Feen ihnen Glück beim Suchen bringen sollten. Vielleicht war schon mit dem ersten Schälchen u. a. eine Bitte, ein Gebet verbunden worden. Ferner berichtete Z. le Rouzic 1927, daß die Fischer aus der Bretagne in den zu viert angeordneten Schälchen auf den Megalithbauten die vier Kardinalpunkte sehen. Solche Ideen haben Ewigkeitswert. Diese Grundlegung der Weltordnung kann schon beim Neandertaler begonnen haben, denn er kannte die Ost-Westrichtung, wie seine georteten Grablegungen verraten.

Das setzt die genaue Beobachtung der Gestirne voraus, besonders die der Sonne. Sie geht an der einen Seite des Himmels auf und an der anderen unter. Dabei verschieben sich im Laufe des Jahres der Auf- und der Untergangspunkt um je einen Mittelpunkt, den sogenannten Kardinalpunkt. Zwischen beiden Seiten des Himmels oder, genauer gesehen, zwischen den beiden Kardinalpunkten konnte man sich eine Verbindungslinie denken. Es ist eine Weltachse. Sie bildet ein uns noch heute geläufiges Ordnungsschema. Ihre Entdeckung muß in der Geschichte der Kultur eine Sternstunde bedeutet haben. Es war ein ganz großer Fortschritt, als die bis dahin einheitlich gedachte Wölbung des Kosmos durch eine Achse eine straffe Gliederung erhielt.

Die Weltachse ist nicht anschaulich, ihr wesentliches Merkmal ist die gerade Richtung. Sie ließ sich nicht durch die Kugel oder Schale wiedergeben, sondern mußte einen eigenen Ausdruck erhalten. Im Prinzip entsprach der Langknochen diesem Gedanken, der im Kult eine Rolle zu spielen begann. Obwohl er das begehrte Mark enthielt, ist er unzerbrochen in Kulträumen gefunden worden.

Genauer als das natürliche Objekt fixiert die Hand einen Gedanken. Es gibt Langknochen aus dieser frühen Zeit, auf denen graphische Zeichen eingeritzt sind. So lag neben einer georteten Bestattung in La Ferrassie, Dép. Dordogne, das Stück eines Langknochens mit eingeritzten geraden Linien. G. Kraft lehnt die Annahme ab, daß diese durch das Abschaben des Fleisches zufällig entstanden sein könnten. Ähnliche Ritzungen wurden auch an anderen Orten gefunden, die ältesten stammen aus Wyhlen in Baden. Es sind Strichreihungen und Einkerbungen auf dem Bruchstück eines Mammutstoßzahnes, der vom Beginn der Riß-Eiszeit stammt. Auffallend ist besonders ein eingeschlagenes Schrägkreuz.

Diese Ritzungen könnten die graphische Dokumentation eines Begriffs darstellen, aber noch waren diese Anfänge zu ungenau, die Hand noch ungeübt, der Gedanke noch nicht klar genug, um von uns ohne Vorbehalt aufgenommen und verstanden zu werden. Aber es war ein Anfang, der Mensch begann zu »schreiben«.

Ein neues, für viele überraschendes Zeugnis für den Geist der Frühzeit fand L. Vértes 1964 in einer mittelpaläolithischen Travertin-Siedlung bei der Stadt Tata in Ungarn. Es ist ein Nummulites perforatus von 2,1 cm Durchmesser. Dieses einzellige Gehäuse ist schwach gerundet und ist geschliffen worden. Auf der so vorbereiteten Oberfläche wurden zwei gerade Linien, die sich fast genau im rechten Winkel schneiden, scharf eingeritzt *(Abb. 2)*. Der Fund stammt nach L. Vértes aus dem archaischen Moustérienmaterial, und er sieht in ihm die Bestätigung dafür, daß der Mensch dieser Zeit nicht nur zwei, sondern vier Himmelsrichtungen kannte (53).

Das Linienkreuz kannten alle folgenden Zeiten, und wir finden es in den Kultplätzen. Es ist eine Chiffre. Sie setzt die Erkenntnis des Kosmos voraus und seine Teilung durch die Weltachse. Zugleich mußte der graphische Aus-

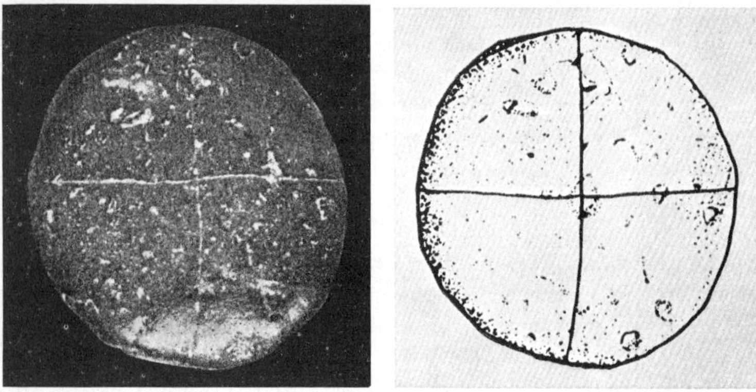

Abb. 2. Ein Nummulites perforatus, schwach geschliffen und mit einem Linienkreuz versehen. Er stammt aus der Travertin-Siedlung aus Tata, Ungarn. Moustérien. 2,1 cm Durchmesser. (L. Vértes).

druck bekannt sein. Die Ost-Westachse, die die Welt halbierte, ergab sich aus der Beobachtung der Gestirne. Es war dagegen ein reiner Denkakt, der den Menschen die prägnantere Weltordnung, die Teilung in Viertel finden ließ und ihren Ausdruck im Linienkreuz. Dieses so schlichte Zeichen ist nicht aus der allmählichen Ableitung von der Kugel zu erklären. Es setzt das Ordnungsschema der Linie voraus, nur daß nun zwei Linien senkrecht aufeinandergestellt wurden. Es war ein schöpferischer Einfall, der die für alle Zeiten bindende Grundstruktur der geordneten, kultivierten Welt finden ließ. Es war ein Impuls gegeben, dessen steigende Prägnanz sich im Fundmaterial verfolgen läßt.

Dieses Schema brachte eine ganz besonders wichtige Erkenntnis; die Welt erhielt einen Mittelpunkt. Es war der Schnittpunkt der beiden Weltachsen. Von ihm gingen die vier Himmelsrichtungen aus, die in den vier Kardinalpunkten endeten und am Schnittpunkt vier rechte Winkel bildeten; ganz allgemein gesehen, ergab sich das Strukturbild der Vier. Sie entwickelte sich nicht aus dem organischen Wachstum, sondern entsprang dem begrifflichen Denken. Die Vier bildete einen großen Zuwachs an bestimmenden Ordnungen, die die Kulturwelt von der Naturwelt abhoben. Da Kosmos und Mensch wohl noch nicht differenziert gedacht wurden, ergab die Vier zugleich ein ungeschriebenes Gesetz für das geistig-sittliche Verhalten und kann vielleicht als Archetyp angesprochen werden, als Urbild der Seele.

Da die geistige Genese durch die Grundprinzipien bestimmt wurde und sich nur durch steigende Prägnanz entfalten konnte, so bekam sie durch diese Weltordnung ein bestimmendes Gesetz mit auf den Weg. Das Einhalten der Vorschrift des rechten Winkels ist uns durch die Bautätigkeit der Neandertalerzeit überliefert worden. Der Tote in der Höhle La-Chapelle-aux-Saints lag in einer viereckigen Grabgrube. Das gleiche Grundrißschema zeigt ein Kindergrab aus dieser Zeit, das in der Grotte von Quafzeh bei Nazareth von französischen Archäologen entdeckt wurde. Es ist sorgfältig in den steinernen Grund gehauen worden. Viereckig ist auch die Grube in der Höhle Régourdou bei Montignac, Dép. Dordogne, und viereckige Steinkisten will E. Bächler in der 2445 m hoch gelegenen Drachenlochhöhle in der Schweiz gefunden haben.

Rückblickend taucht die Vermutung auf, daß die paarweise angeordneten Schälchen auf dem Schalenstein von La Ferrassie je zwei Kardinalpunkte angaben und die im Geviert stehenden die vier Himmelsrichtungen meinten.

Es gab am Anfang nicht gleich ein ganzes Alphabet, um die Gedanken auszudrücken, der Neandertaler besaß zwei Kommunikationsmittel, die Gerade und das Schälchen, aber auch damit ließ sich schon viel anfangen, wenn man sie immer wieder anders gruppierte. Da man noch keine Rechnungen oder Privatbriefe schrieb, sondern das Wissen um die Ordnung des Kosmos festhielt, so genügte diese Ausdrucksmöglichkeit für lange Zeiten. Mit der steigenden Genauigkeit der Welterkenntnis wurden diese Elemente immer mehr geschachtelt, aber die Zeichen blieben sachlich und nüchtern, sie unterstanden dem logischen Denken und waren nicht von der Phantasie bestimmt.

Die Entwicklung dieser Zeichen können wir in den Kulthöhlen der Île-de-France verfolgen. Gewiß ist der geistige Prozeß sehr langsam verlaufen, da aber diese Höhlen durch Jahrtausende hindurch besucht wurden, blieben aus vielen Zeiten Dokumente erhalten, die hier vom Verlauf der geistigen Genese Zeugnis ablegen.

Nach Grabungsbefunden von J. Baudet sind in diesen Kultstätten seit dem Moustérien Begriffszeichen eingeschliffen worden (54). Jede neue Generation hat diese wiederholt und, wenn nötig, mit den gleichen Ausdrucksmitteln das genauere Wissen hinzugefügt. So sind die Höhlen im Laufe der Zeit ringsherum mit Ideogrammen bedeckt worden, vom Boden bis zur Decke, und alle sind aus geraden Linien und Schälchen zusammengesetzt.

Dadurch entstand eine Kulturprovinz von typischer Eigenart. Wir können ihren Einfluß auf weite Teile der Welt verfolgen. Die Ideogramme blieben als Grundprinzipien der Weltordnung auch in viel späterer Zeit noch verbindlich. In den Kulthöhlen der Île-de-France sind sie durch lange Zeiten am gleichen Ort angebracht worden. Diese lange Zeitdauer ermöglicht es uns, die Entwicklung der Gedanken an der steigenden Prägnanz zu verfolgen und damit die genetische Ordnung herzustellen. Dieser Versuch soll hier unternommen werden.

In diesen Höhlen sind aber nicht nur die Zeugnisse der menschlichen Hand von Bedeutung. So wie der Jungpaläolithiker z. B. bei der bekannten Höhlendecke von Altamira von der natürlichen Formation ausging und seine Bilder daraus entwickelte, so sind auch in den Kulthöhlen der Île-de-France oft natürliche Formen im Kult verwendet worden. Es sind merkwürdige Gebilde, und es erhebt sich die Frage nach der Entwicklung dieser Landschaft und ihrer eigenartigen Strukturen. Im allgemeinen wechseln die Kultorte im Laufe der Zeiten. Im Gegenteil dazu bildete sich im Herzen Frankreichs ein Kultzentrum, das bis zur Christianisierung beibehalten wurde. Gewiß lag es mit daran, daß die Grundprinzipien als sakraler Ausdruck immer verehrungswürdig blieben, vielleicht hat auch die eigenartige Landschaft dazu beigetragen.

Bei der Aufgabe, die Kultur als Resultat des Werdens zu verstehen, kommt jedenfalls den Höhlen in der Île-de-France grundlegende Bedeutung zu.

4. *Die Kulthöhlen der Île-de-France*

Die Höhlen liegen vor den Toren von Paris in den Dép. Seine-et-Oise, Seine-et-Marne und Le Loiret. Einzelne von ihnen sind immer bekannt gewesen, fanden aber wenig Beachtung, weil sie keine spektakulären Bilder enthielten. Die Urgeschichtsforschung ist schon vor hundert Jahren auf ihre Existenz aufmerksam geworden. Henri Martini, Jules Quicherat, Captain Castan zusammen mit anderen Forschern haben diese Plätze besichtigt. Ihnen folgten um die Jahrhundertwende vor allem der Maler Edé und G. Courty. Dieser hat auf weiten Reisen die damals bekannten Felsbilder verglichen und ist zu dem Resultat gekommen, daß die französischen die ältesten seien. Er zeichnete von ihnen auch Lageskizzen, an die in dieser Arbeit angeknüpft werden kann.

Das Interesse an diesen merkwürdigen Plätzen ist nicht erloschen, sehr viele Forscher sind um sie bemüht. J. L. Baudet hat hier Grabungen vorgenommen. Er datierte die Gravierungen nach den in unzerstörten Fundschichten entdeckten Werkzeugen und stellte fest, daß hier seit dem Moustérien Zeichen eingeschliffen wurden, deren älteste Typen er als »gerade Linien« und »Linienkreuze« bezeichnete (54).

Bis jetzt sind schon über 2000 Fundstätten bekannt, und alle Forscher sind sich darüber einig, daß es keine Wohnstätten oder Werkräume gewesen sind, daß in ihnen ein Kult ausgeübt wurde. Um die Anlage der Höhlen zu verstehen, muß ein Blick auf ihre Entstehung geworfen werden.

In den erwähnten Departements erstreckt sich eine Landschaft des mittleren Tertiärs (Oligozän), die einen Teil des Pariser Beckens bildet. Es wechseln dort sandige Schichten von lockerer bis fester Beschaffenheit, die in den oberen Teilen in harte Quarzite übergehen. Auch diese sind nicht einheitlich, es wechseln in ihnen Partien von körniger Beschaffenheit mit solchen bis zu reinem Milchquarz. An manchen Orten wird die Quarzitplatte bis zu 40 m dick.

Aus dieser tertiären Formation entwickelte sich durch vielfältige Einflüsse eine bizarre Landschaft. Wir wollen kurz und nur in großen Zügen ihre Entstehung verfolgen, um den Anblick zu verstehen, den sie heute bietet.

Bei der Veränderung des Landschaftsbildes war vor allem das Wasser mit im Spiel.

Durch die Einwirkung des fließenden Wassers wurden weichere Partien

Abb. 3. Höhle »Magdeleine Vessereau« im Felsmassiv der »Trois Pignons«, Dép. Seine-et-Marne.

ausgespült, und es bildete sich ein Kluft- oder Höhlensystem *(Abb. 3)*. Dabei unterspülte das eindringende Wasser auch die Quarzitplatte, es trug den Sand dann in größerem Umfang fort, besonders am Rand der sich bildenden Wasserläufe. Der überhängende Felsen brach durch sein Gewicht ab, zerschellte in einzelne Blöcke, die auf dem Fließsand abrutschten und sich manchmal auf den Abhängen der Täler zu Felsenmeeren stauten. Dieser Vorgang kann noch heute in Sandgruben beobachtet werden *(Abb. 4)*.

Dünnere Quarzitplatten gerieten stark unter den Einfluß des durch die Kapillarität im Stein aufsteigenden Grundwassers. Dabei ergaben sich Lösungen, die in Erdnähe das Gefüge des Steines lockerten, während sich an der Oberfläche des Blockes durch Verdunstung Ausscheidungsfronten bildeten, die schalenförmig ineinander lagern *(Abb. 5, 6)*.

Durch den Einfluß der Klimaschwankungen wurde die innere Struktur des Felsens immer stärker herauspräpariert. Es entstanden rundliche Formen, deren äußere Kruste meist durch eine besonders stark verfestigte Ausscheidung gebildet wird. Diese neigt noch heute dazu, immer wieder abzublättern. Das ergibt eine Fülle von interessanten Verwitterungsformen *(Abb. 7)*. Dazu gehört auch die häufig auftretende polygonale Oberflächenstruktur *(Abb. 8)*. Oft sind weite Ebenen von solchen Felsblöcken übersät.

Auch in den Höhlen zeigt sich diese Verwitterung, die Wände blättern manchmal ab *(Abb. 9)*. Nur die härtesten Teile, denen auch das fließende Wasser nichts hatte anhaben können, widerstanden. Es sind meist bucklige Formen, die, wenn sie eine Vertiefung bilden, hier als »Kolke« bezeichnet werden, und als »Köpfe«, wenn sie aus der Wand herausragen *(Abb. 10)*. Solche Formationen sind in vielen Höhlen zu finden.

Abb. 4. Sandgruben mit Quarzitdeckplatte, an der Straße Nr. 837 zwischen Milly-la-Forêt und Maisse.

Abb. 5, 6. Verwitterungen durch aufsteigendes Grundwasser im Steinmeer bei »Les trois Pignons«, Dép. Seine-et-Marne.

Abb. 7, 8. Verwitterung durch Klimaschwankungen bei Buthiers, Dép. Seine-et-Marne am Tal der Essonne und polygonale Oberflächenverwitterung.

Es darf aber auch nicht die Einwirkung chemischer Lösungen übersehen werden, die ebenfalls zur Formgebung beitrugen. In muldenförmigen Vertiefungen der Blöcke sammelte sich das Regenwasser. Es ermöglichte die Ansiedlung von Moosen, Algen, Flechten. Auch trug der Wind welkes Laub in das Wasser. Dadurch entstanden Lösungen, die den Stein angriffen *(Abb. 11)*. Die ursprünglich flache Vertiefung wurde allmählich ausgeweitet, und es bildeten sich große glatte Schalen, die sich vertieften und manchmal den ganzen Stein durchfraßen *(Abb. 12)*. Die rundlichen Felsen sind deshalb voller Mulden und Löcher *(Abb. 13)*.

Die Blöcke waren in Fließsand gebettet, den der Wind forttragen konnte, was wir an freigelegten Baumwurzeln gut beobachten können. Da diese Sanddrift das Niveau veränderte, verloren die Steine ihren Halt. Außerdem änderte sich durch die steigende Verwitterung und Vergrusung des Gesteins die Gewichtsverteilung in den Blöcken. Sie kippten um. Dabei gab einer den Anstoß, und bei enger Lagerung gerieten dann viele in Bewegung. Die Mulden kamen von ihrer waagerechten Lage ab und konnten nun auch senkrecht dem Beobachter entgegenstehen *(Abb. 14, 15)*.

Aus diesen und manchen anderen Bedingungen bildete sich ein bizarres Landschaftsbild. Heute können wir ungefähr verstehen, wie es durch die verschiedenen Verwitterungsformen, durch Wind und Regen, Lösung und Auswaschung, Nachbrechen und Verkippen zu solchen ganz eigenartigen Gesteinsformationen kommen konnte. Aber diese rationale Erklärung verhinderte nicht, daß die Gegend immer romantische Gemüter angezogen hat. Sie zählt zu den »Wundern der Welt« (55). Scharen von Touristen kommen jährlich in den Wald von Fontainebleau, um dort die kolossalen Blöcke zu bewundern, die die Natur in phantastische Formen gemeißelt hat. Es gibt solche, die an große Tiere erinnern wie Elefanten oder Schildkröten *(Abb. 16, 17, 18)*. Andere sehen aus wie Schädel, Köpfe, Kugeln. Der Phantasie sind keine Grenzen gesetzt. Diese Gestaltenfülle verleiht den Felsenmeeren nicht nur ein chaotisches, sondern auch ein unheimliches Gepräge. Könnte den ersten Menschen nicht eine Fülle von Gestaltungen als sakral angesprochen haben?

Heute gewinnen wir nur schwer einen Überblick über die noch erhaltenen Höhlen. Diese ungeschützten Stätten werden meist geheim gehalten, denn es besteht immer die Gefahr, daß sie beschädigt werden. Die Bevölkerung liebt es, gerade hier ihre Namen in den Fels zu ritzen; und in letzter Zeit wurden,

Abb. 9. Verwitterung im Höhlenraum, die obersten Schichten blättern ab. »Grotte aux Fées« bei Milly-la-Forêt, Dép. Seine-et-Oise.

Abb. 10. Auswaschung in der Höhle durch fließendes Wasser. Es entstehen runde Vertiefungen, sog. »Kolke« und runde Erhebungen, sog. »Köpfe« in »Grotte aux Fées« bei Milly-la-Forêt.

Abb. 11. Chemische Verwitterung und die Entstehung von »Schalen«. Im Coquibus, Dép. Seine-et-Oise.

Abb. 12. Chemische Verwitterung und die Entstehung von »Schalen«.
Im Coquibus, Dép. Seine-et-Oise.

Abb. 13. Liegende Schalen im Felsenmeer bei den »Trois Pignons«. Dép. Seine-et-Marne.

Abb. 14. Gekippte Schalen im Felsmassiv bei Buthiers, Dép. Seine-et-Marne.

Abb. 15. Gekippte »Kolke« und »Köpfe« im Steinbruch bei Maisse, Dép. Seine-et-Oise.

Abb. 16. Ein- und Ausgang der Kulthöhle bei Roncevaux, Dép. Seine-et-Marne.

wie in der Höhle »Rochers aux Potets«, auch Tierbilder hineingezeichnet. Leider erleichtert die neue Autobahn den Zugang von Paris aus. Die Gegend ist zu einem beliebten Wochenendziel der Pariser geworden, soweit das Land nicht parzelliert wurde und jetzt unbetretbares Privateigentum ist.

Einst waren weite Strecken dieser Gegend durch eine urwaldähnliche Vegetation überwuchert. Erst als gegen Ende des zweiten Weltkrieges der Bewuchs abbrannte, war die Möglichkeit gegeben, sie genauer zu erforschen.

Abb. 17. Der »Elefant« von Roncevaux, in der Nähe der Kulthöhle, über dem Tal der Essonne, Dép. Seine-et-Marne.

Abb. 18. Der »Elefant« im Felsenmeer bei »Les trois Pignons«, Dép. Seine-et-Marne.

Abb. 19. Die Sanddrift unterhöhlt das Gestein. Bei Villetard, Dép. Seine-et-Marne.

Abb. 20. Zugang zur Kulthöhle im Coquibus auf dem »Mont des ancêtres«. Dép. Seine-et-Oise.

Abb. 21. Eingang zur Kulthöhle bei Roncevaux, Dép. Seine-et-Marne.

Dabei wurden viele Kultplätze gefunden, die längst vergessen waren. Ein neuer Baumwuchs entsteht, schon ist es schwierig geworden, die Felsen im Gestrüpp aufs Bild zu bekommen, auch erschweren umgefallene Bäume den Weg in die Höhlen *(Abb. 19, 20)*.

Bei meinen Untersuchungen bin ich vor allem von den Lageplänen ausgegangen, die G. Courty um die Jahrhundertwende anfertigte. Manches hat sich inzwischen verändert, Teile des Felsmassivs der »Dame Jouanne« (er nennt dies Felsmassiv noch »Dame Jeanne«) sind gesprengt worden. Manch-

Abb. 22. Abgerutschte Kulthöhle im Steinbruch bei Larchant, Dép. Seine-et-Marne.

Abb. 23. Zerbrochene und abgestürzte Teile von Kulthöhlen aus Roncevaux. Dép. Seine-et-Marne.

Abb. 24. Kulthöhle in einem Quarzitblock, beim Abbau zerschlagen, im Steinbruch gefunden bei Maisse, Dép. Seine-et-Oise.

mal war es kaum möglich, die Höhlen in dem zerklüfteten Terrain zu finden. Einzelne sind zugemauert und deshalb nicht mehr zu erreichen.

Es lassen sich grundsätzlich zwei Kategorien von Höhlen unterscheiden. Es gibt kleine, enge Löcher, sogenannte Einmannshöhlen. Sie bieten nur Platz für eine Person und befinden sich meist auf den höchsten Stellen des Terrains. Von dort aus orientieren sie sich nach verschiedenen Seiten *(Abb. 21).*

Abb. 25. Blick in den Innenraum der Kulthöhle bei Maisse, Dép. Seine-et-Oise.

Abb. 26. Alte Verwitterungszone am Rand der Höhlendecke. Höhle Malesherbes, Dép. Loiret.

Abb. 27. Mauernsysteme auf dem »Mont des Ancètres«
im Coquibus, Dép. Seine-et-Oise.

Leider sind viele von ihnen zerstört. Sie verwitterten oder rutschten ab, und Bruchstücke liegen im Tal, mehr oder weniger im Sand begraben *(Abb. 22, 23)*. Auch der Mensch nahm an der Vernichtung teil, vor allem durch den Abbau des hochwertigen Quarzits *(Abb. 24, 25)*. So ging manche Höhle verloren.

Wer in diesen engen Höhlen hockte, sah immer einen bestimmten Abschnitt des Himmels und konnte die Bewegung der Gestirne, die am engen

Abb. 28. Mauernsysteme auf dem »Mont des Ancètres« im Coquibus, Dép. Seine-et-Oise.

Ausschnitt seiner Himmelssicht vorüberzogen, gut beobachten. Noch heute bedienen sich Naturvölker dieser Methode. Vielleicht dürfen wir in manchen Höhlen älteste astronomische Stationen erblicken.

Da schon der Neandertaler die Ost-Westrichtung kannte, muß die Beobachtung der Gestirne sehr früh begonnen haben. Sicher ist sie ununterbrochen fortgesetzt worden, denn wir stoßen in allen alten Kulturen auf ein großes astronomisches Wissen und auf Astralreligionen. Auch Stonehenge in der

Abb. 29. Abgewitterter Höhlenboden, nur die tiefsten Inzisionen sind noch zu erkennen. »Ginsterhöhle« Dép. Seine-et-Oise.

Nähe von Salisbury (England) war ein gewaltiges megalithisches Observatorium. G. S. Hawkins hat 1965 nachgewiesen, daß aus den Steinsetzungen ein System zur Kalenderbestimmung abgeleitet wurde (56). Die Beobachtung der Gestirne war kultische Vorschrift, was wir ältesten sumerischen Texten entnehmen können, wahrscheinlich galt dieses Gebot schon sehr viel früher.

Es gibt in der Île-de-France auch größere Höhlen, die bis 50 m lang sind. Bei manchen befindet sich das alte Strudelloch in der Decke *(Titelabb.)*.

Diese größeren Höhlen durchziehen die Quarzitplatte und öffnen sich ins Tal. Manchmal war ihre Deckplatte so hart, daß sie widerstand und an der vorderen Kante sehr alte Verwitterungszonen zeigt (*Abb. 26*). Meist sind diese Höhlen teilweise oder ganz zusammengebrochen. Glückliche Umstände konnten dazu führen, daß ein Stück des Innenraumes erhalten blieb. Da keine restlose Ausgrabung des weit verstreuten Höhlenbereichs möglich ist, können wir weder sagen, wo die erste Kultstätte entstand, noch welche Inzisionen sich darin befanden.

J. L. Baudet hat Stichgrabungen unternommen und festgestellt, daß einige

Abb. 30, 31. Inzisionen aus verschiedenen Zeiten am gleichen Ort. Aus dem Coquibus, Dép. Seine-et-Oise.

dieser Höhlen von einem planmäßig angelegten System von Mäuerchen umgeben waren, von denen noch Spuren erhalten sind (57). Eine solche Anlage gibt es auf dem Mont des Ancêtres im Coquibus bei Milly-la-Forêt. Auf der Höhe dieses Hügels liegen zwei Kultstätten, die nach den entgegengesetzten Richtungen orientiert sind. Sie bilden den Mittelpunkt der Anlage und sind ringförmig von Mäuerchen umzogen, die sich in bestimmten Abständen wiederholen. Felsen und andere Gegebenheiten wurden in die Anlage einbezogen. Außerdem gingen von der Höhe kleine Mauern strahlenförmig ins Tal. Die Technik der Steinsetzung ist verschiedenartig. Manchmal wurden nur Steine aufeinander gesetzt (*Abb. 27*). Andere Mauern bestehen aus einer Doppelreihe von hochkant gestellten Platten, deren Zwischenräume mit kleineren Steinen ausgefüllt sind (*Abb. 28*).

Der Höhlenraum selbst zeigt auf den ersten Blick nur ein Gewirr von geraden Linien. Sie stammen aus vielen Zeiten und von vielen Händen. Die Jahrhunderte oder Jahrtausende sind nicht spurlos an ihnen vorübergegan-

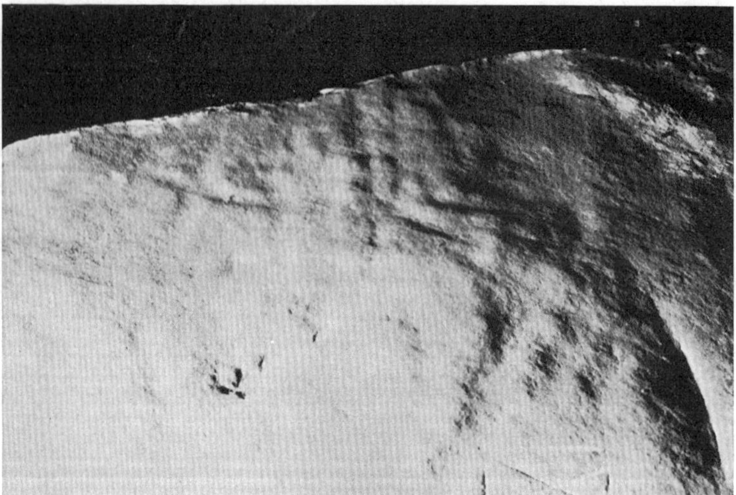

Abb. 32. Inzisionen aus sehr verschiedenen Zeiten. Aus dem Felsmassiv »Dame Jouanne«, Dép. Seine-et-Marne.

Abb. 33. Kulthöhle bei Villetard, Dép. Seine-et-Marne.

gen. Wie wir sahen, blättert an manchen Stellen die oberste Schicht ab. Nur wenn die Zeichen ganz besonders tief eingeschliffen waren, blieb ein Rest dieser Inzisionen erhalten *(Abb. 29)*. Da die Ideogramme überliefert wurden, finden wir über den alten, verwitterten eine klare Wiederholung aus viel späterer Zeit *(Abb. 30)*. Dieser Vorgang von Ablösung und Erneuerung kann sich wiederholt haben *(Abb. 31)*.

Oft hat die durchziehende Luft die Schleifspuren fast eingeebnet, und man kann sie nur bei besonderer Beleuchtung sehen *(Abb. 32)*. Besser erhalten blieben diese Dokumente dort, wo der Sand sie deckte oder der Zusammenbruch der Höhlendecke sie schützte *(Abb. 33)*. Aber alle Ritzungen, mögen sie älter oder jünger sein, bedienen sich der gleichen Kommunikationsmittel. Dieses übereinstimmende Merkmal prägt den *Stil* dieser Kulturprovinz.

Zwischen den Ritzungen in diesen Kulthöhlen gibt es aber auch grundsätzliche Unterschiede, die nicht übersehen werden dürfen. Manche gerade Linien sind sehr lang und tief *(Abb. 34)*. Sie zeugen wahrscheinlich von einer

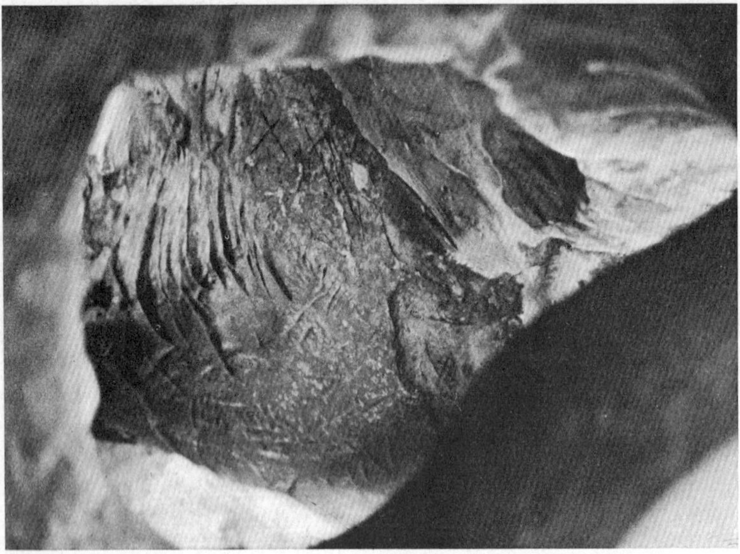

Abb. 34. Innenraum der Kulthöhle von Roncevaux. Dép. Seine-et-Marne.

oft wiederholten rituellen Handlung. Der Kult verlangte vielleicht Umzüge, die durch das Mauernsystem bestimmt waren und in die Höhe zu den Kulthöhlen führten. Die Anrufung überirdischer Mächte könnte durch Kultschläge*, durch rituelles Kratzen oder Drehen in den Schälchen erfolgt sein. Solche rituellen Handlungen zeichnen sich in großer Zahl ab. Diese Spuren lassen dann keinen sinnvollen Zusammenhang erkennen.

Eine andere Kategorie von Zeichen hebt sich deutlich von diesen ab. Sie setzen eine einzige Hand voraus und einen bestimmten Plan. Es sind die den eigentlichen Sinn tragenden Zeichen, auf die sich die rituellen Handlungen bezogen. Leider sind sie oft durch deren Spuren stark überdeckt, so daß sie nur noch schwer zu erkennen sind.

* Die Kultschläge wurden vielleicht im Rahmen des Anbetungsrituals ausgeführt, denn sie dienten keinem praktischen Zweck. Sie dienten wohl zur Ergänzung und Hervorhebung der Anrufung. Noch heute gibt es die sinnentleerten Überreste dieser Sitte beim Aberglauben, z. B. klopft man dreimal auf Holz.

Abb. 35. Paläolithische Zeichnung auf Quarzit. Aus einem Steinbruch bei Maisse, Dép. Seine-et-Oise.

Diese Sinnzeichen entstammen der Beobachtung, die unmittelbar zur Formel führte, es sind formgewordene Gedanken. Durch Jahrtausende wurden sie in den Höhlen angebracht und müssen sich während dieser langen Zeit der steigenden Prägnanz entsprechend entwickelt haben. Wir können deshalb hier verfolgen, wie sich aus einfachen Formeln komplexe bildeten, und dabei Rückschlüsse auf die Bedeutung ziehen. In den Höhlen der Île-de-France spiegelt sich das Werden von Sinnzeichen, die uns in späteren Kulturprovinzen als fertiges Schema in endgültiger Gestalt vor Augen stehen.

Allerdings ist es schwierig, die Entstehungszeit der Ideogramme endgültig festzulegen. J. L. Baudet hat festgestellt, daß man den Ritzungen ansehen kann, von welchen Werkzeugen sie ausgeführt wurden. Diese Instrumente sind zu datieren und erlauben Rückschlüsse auf die Zeit der Anfertigung. Er schreibt, daß die Quarzitgeräte aus dem Moustérien eine Spur hinterließen, die sich augenfällig von den scharfen Ritzungen der Silexgeräte unterscheidet, die im Jungpaläolithikum verwendet wurden. Spätere Sandsteingeräte erzeugten wieder eine besondere Rille (58).

Dieses klare Bild ist durch die Tradition verwischt worden. Älteste Linienkreuze wurden in allen Epochen wiederholt. Naturgemäß liegen die spätesten Inzisionen auf der obersten Schicht der Steine und sind am besten erhalten, doch bringen sie vielfach ganz altes Geistesgut. Den sogenannten Netzen begegnet man häufig. Sie können sehr alt und ganz stark verwittert sein, zeigen sich aber auch als klare, späte Ritzungen. Das Alter der geistigen Konzeption des Ideogramms wird wohl immer im Ungewissen bleiben, Hinweise auf ihre Entstehungszeit lassen sich aus der Verbreitung ziehen.

Die Kulturprovinz in der Île-de-France dürfen wir uns nicht wie eine isolierte Insel vorstellen. Sie behielt im Gegenteil immer Kontakt mit anderen Kulturzentren. Von hier, vom Herzen Europas aus, gingen geistige Ströme in viele Teile der Welt, denn fast überall finden wir die alten Ideogramme, die hier entwickelt wurden. Ihr Stil verrät ihre Herkunft. Daraus ergibt sich eine gewisse Datierung. Was z. B. im Jungpaläolithikum als festgelegtes Schema vorhanden ist, stammt aus älteren Zeiten.

Es war aber nicht nur ein Geben, sondern auch ein Nehmen, ein geistiger Austausch. So wie die Ideogramme aus der Île-de-France in jungpaläolithischen Kulthöhlen zu finden sind, so gibt es in der Île-de-France auch ein zweifellos jungpaläolithisches Bild *(Abb. 35)*. Es wurde in einem Steinbruch bei Maisse, Dép. Seine-et-Oise gefunden. Ein Arbeiter, der den Stein zurechtschlug, erkannte die Bemalung. Leider war der Bruch schon weitgehend abgebaut, kein anderes Bild blieb erhalten. Auf der Suche nach Resten entdeckte J. L. Baudet in der Bergwand angeschnittene Brandschichten. Er grub nach und fand unter der Asche wieder die alten Strichzeichen *(Abb. 36)*.

Auch der Einfluß späterer Kulturprovinzen hat in den Höhlen der Île-de-France Spuren hinterlassen. J. L. Baudet fand das Bruchstück eines bemalten Kiesels aus dem Azilien, der Mittelsteinzeit, und auch die Megalithreligion der Jungsteinzeit hat Zeugnisse geliefert. Es sind Ideogramme, die wie Kar-

Abb. 36. Aschenschichten und Kulthöhle im Steinbruch bei Maisse, wo das jungpaläolithische Bild gefunden wurde, Dép. Seine-et-Oise.

tuschen aussehen und im Bogen mit ausgezogener Spitze enden. Außerdem wurden zwischen den Sinnzeichen manchmal das religiöse Symbol der Axt und stilisierte Tierfiguren dargestellt.

In verschiedenen Grotten der Île-de-France erscheinen zwischen den geometrischen Zeichen stilisierte menschliche Figuren. In der »Feengrotte« bei Milly-la-Forêt sind Gestalten wiedergegeben mit dreieckigem Kopf und vier-

Abb. 37. Anthropomorphe Gestalten in der »Grotte aux Fées«, Dép. Seine-et-Oise. Der Leib ist ein Viereck.

eckigem Leib *(Abb. 37)*. In der Kulthöhle im Coquibus ist dagegen der Kopf viereckig mit den durch kleine Vertiefungen markierten vier Ecken, und der Leib ist ein Dreieck (*Taf. I, Abb. 2*). Besonders bemerkenswert und einmalig ist in dieser Höhle das Bild eines Reiters *(Abb. 38)*. Auf seiner Brust steht ein sorgfältig eingemeißelter Kreis wie ein Ring. Ein klares Linienkreuz befindet sich vor dem Kopf des Pferdes und überschneidet noch den Hals des Tieres, der Zusammenhang zwischen Bild und Zeichen ist damit hervorgehoben. Dieses Bild könnte vielleicht den religiösen Tribut aus gallo-römischer Zeit darstellen, denn gallo-römische und römische Münzen sind in den Höhlen gefunden worden. Wahrscheinlich wurden sie hier als Opfergaben deponiert. Zum Schluß schlugen die Christen das Christogramm in die Wand der großen Kulthöhle im Felsmassiv der »Dame Jouanne« bei Larchant.

Wenn hier auch nur einzelne Beispiele angeführt wurden, so lassen sich doch gewisse Schlüsse daraus ziehen. Die ältesten Sinnzeichen wie Kugeln, Schalen, Linien und Kreuze sind an verschiedenen Orten gefunden worden,

Abb. 1. Ideogramme auf dem »Kopf« in der »Kopfhöhle« bei Larchant, Dép. Seine-et-Marne, siehe S. 165.
Abb. 2. Ideogramme, darunter eine anthropomorphe Figur, aus der »Reiterhöhle« im Coquibus, Dép. Seine-et-Oise, siehe S. 72.

Abb. 1, 2. Bemalte Kiesel aus der Höhle Mas d'Azil, Dép. Ariège. Musée des Antiquités Nationales à Saint-Germain-en-Laye, siehe S. 114 und S. 246.

Abb. 1. Anthropomorphe Figur hält Beil mit mondförmigem Blatt und weist vier Finger; umgeben von Kosmogrammen. Flyhov bei Västergötland, Schweden, siehe S. 233.
Abb. 2. Anthropomorphe Figuren aus Aspeberget bei Tanum, Schweden, siehe S. 227.

Abb. 1. Reiterfigur, die auf den Mond zielt. »Große Felsplatte« in Naquane, Valcamonica, siehe S. 303.
Abb. 2. Menschliche Figur im Giebelfeld eines Gebäudes.
Felsplatte Bedolina über Capo di Ponte, Valcamonica, siehe S. 346.

Abb. 38. Das Bild eines Reiters in der »Reiterhöhle« mit Ring auf der Brust und Linienkreuz. Im Coquibus, Dép. Seine-et-Oise.

im Elsaß, in der Dordogne, in Ungarn. Sie stammen auch nicht alle aus der gleichen Zeit. Es konnte deshalb bezweifelt werden, daß zwischen ihnen ein geistiger Zusammenhang besteht. In den Kulthöhlen der Île-de-France stehen dagegen alle zusammen im gleichen Kultraum und setzen damit die gleiche Weltanschauung voraus. Zu ihnen gesellen sich auch die Dokumente späterer religiöser Konzeptionen. Auch diese Darstellungen stehen im Zusammenhang mit den Zeichen. Es wurde nichts zerstört, vernichtet, um ihnen den Platz zu bieten, sie sind immer nur eingegliedert worden, treten zum Älteren hinzu wie gleichwertige Spezialisierungen. Es spiegelt sich darin der Wandel der Ausdrucksform, in welcher das Grundprinzip immer wieder neue Gestalt gewann. In ihnen konnte sich die geistige Genese manifestieren. Erst das Christentum zerschlug hier das »Heidnische« und trennte die Religionen.

Wir fragen uns, weshalb gerade in dieser Region der Kult so lange blühte. Lockte den Menschen die Beschaffenheit des Geländes, die astronomische Beobachtungen förderte? War für alle in den Formen der Felsblöcke die bildhafte Gegenwart von Glaubenselementen gegeben, oder war es die Tradition der alten Zeichen, die als Grundprinzipien bestimmende Elemente beim Aufbau der Kultur blieben?

Um der Frage näher zu kommen, wollen wir die Höhlen selbst aufsuchen und dort die authentischen Dokumente studieren. Ich beschränke mich auf Höhlen, die ich selbst betreten habe, und führe auch nur das an, was mir wesentlich erscheint. Ich bringe dabei nur wenige Beispiele, um eine Übersicht zu gewinnen.

Kapitel II Die geistige Ordnung des Raumes

1. Die Idee der Welt dargestellt im Sphäroid und die Halbierung

Im Gegensatz zur Naturwelt ist die Kulturwelt eine Schöpfung des menschlichen Geistes. Sie ist eine Idee, und als solche begann ihre Entwicklung, wie die Begriffspyramide lehrt, mit dem universalen Begriff. Er wurde im Sphäroid objektiviert. Der Fortschritt brachte die steigende Prägnanz, d. h. die genauere Gliederung des Bekannten. Man fand, daß das All aus einem oberen und einem unteren Teil bestand, aus den zwei antithetischen »Schalen«. Vom Himmel ausgehend, war es möglich, zur Beobachtung der Gestirne fort-

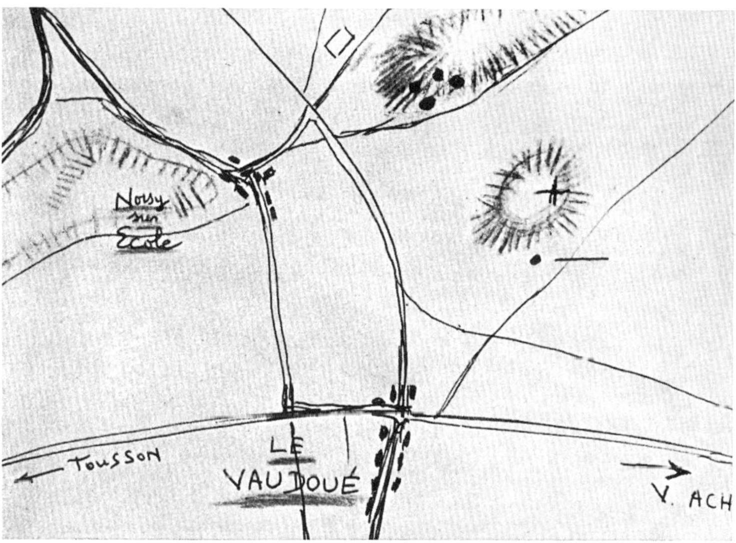

Abb. 39. Lageskizze der Höhlen bei Noisy-sur-Ecole von G. Courty um 1900. Der Hügel am oberen Rand ist der »Mont des Sabots«.

Abb. 40. Härtling aus der Höhle bei Noisy-sur-Ecole, Dép. Seine-et-Marne, eine walzenförmige Doppelkugel, ca. 1 m lang.

Abb. 41. Abgebrochene Deckplatte der Doppelkugel-Höhle.

zuschreiten. Sie vermittelten ein festes Ordnungssystem, das durch Punkte und Linien fixiert wurde. Damit waren zugleich Kommunikationsmittel gefunden, die es ermöglichten, weitere Erkenntnisse festzuhalten. Es muß ein Grundplan vorgelegen haben, sonst hätte es keine Entwicklung geben können. Sinnlosigkeit bringt nichts hervor.

Mit unserer Arbeit müssen wir dort beginnen, wo der Weltplan noch in seiner Struktur sichtbar geblieben ist, wo die Phantasie ihn nicht mit symbolischen Bildern erfüllt hat. Das gilt für die Kulthöhlen der Île-de-France. Hier liegen im graphischen Ausdruck die Grundprinzipien. Alle Kulturen lassen sich darauf zurückführen. Sie differenzierten erst später. Wie verlief diese Entwicklung? Morphologisch-typologisch gesehen gleicht das Kind der Mutter. Dagegen entdeckt die psychogenetische Betrachtungsweise immer wieder neue Formen, ohne daß das Ältere überholt wäre. Der Zusammenhang kann deshalb meist nicht äußerlich gesehen, sondern muß verstanden werden.

Das Wissen wurde in schriftloser Zeit meist mündlich überliefert, und nur an bestimmten Stätten ist es festgehalten worden. Ihr Verlust im Laufe der Zeit bedeutet deshalb nicht den Abbruch der Tradition. Da sich Kulturzentren

Abb. 42. Stehengebliebener Innenteil der Doppelkugel-Höhle.

auch verlagern, sind wir gezwungen, den Fortschritt an verschiedenen Stätten zu suchen, dort, wo besonders glückliche Umstände für die Erhaltung sorgten. Aus der verwirrenden Fülle der Inzisionen in den Kulthöhlen der Île-de-France soll zuerst der Grundplan der Weltordnung gefunden werden und seine nach dem geistigen Gesetz in steigender Prägnanz verlaufende Entwicklung.

Die Höhlen in der Île-de-France sind sowohl der Größe als auch der Anlage nach verschieden, aber die in diesen Räumen angebrachten Inzisionen zeigen übereinstimmende Merkmale, sie sind aus geraden Linien oder Schälchen zusammengesetzt. Das deutet darauf hin, daß in allen Höhlen der gleiche Gedanke in vielfältiger Form zum Ausdruck gebracht wurde.

Abb. 43. Kultzeichen vor der Doppelkugel bei Noisy-sur-Ecole.

Die Natur hat hier eine Fülle von Höhlen gebildet, und jede besitzt ihre Eigenart. Sie wurden nicht wahllos zum Kult benutzt. Der Mensch hat einzelne dafür ausgesucht, und es muß einen Grund gegeben haben, der ihn diese Auswahl treffen ließ.

Wir können nicht mehr feststellen, wann der erste Mensch diese Felsenlandschaft betreten hat, aber wir wissen, daß er nicht mit leeren Händen kam. Er brachte das Gedankengut seiner Vorfahren mit und kannte den Ausdruck, der davon zeugte. Als er in die Höhlen eindrang, mögen ihm Naturformen

Abb. 44. Kulthöhle Malesherbes, Dép. Loiret, die sich über dem Tal öffnet.

ins Auge gesprungen sein, die ihn an sakrale Formen erinnerten. Auch der Jungpaläolithiker sah oft zuerst das Relief der Höhlendecke und entwickelte dann daraus die bekannten Bilder. Vielleicht hat auch der Jäger in den Höhlen der Île-de-France etwas gefunden, was seine Aufmerksamkeit erregte, dem er dann eine bestimmte Bedeutung beilegte und das er zum Mittelpunkt des Kultes machte. Für die modernen Menschen war es wieder »unsichtbar« geworden, es entging ihrer Aufmerksamkeit, weil sie nur auf das achteten, was menschliche Hände geschaffen hatten. Um dem alten Kult ge-

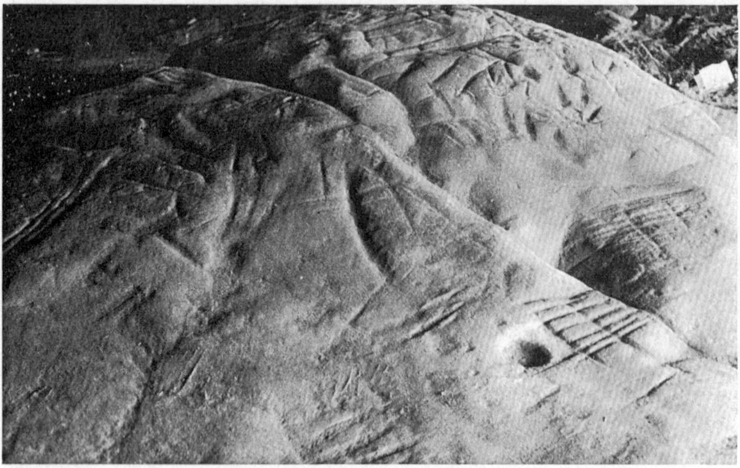

Abb. 45. Gewölbte Erhebung auf dem Boden im Innenraum der Höhle Malesherbes, Dép. Loiret.

recht zu werden, müssen wir mit offenen Augen die Höhlen untersuchen. Hier gilt es, alles zu beobachten, sowohl die Naturformen als auch die Zeugnisse der menschlichen Betätigung.

Wer diese Räume betritt, ist manchmal von eigenartigen Felsformationen überrascht, z. B. in der Höhle auf dem Mont des Sabots bei Noisy-sur-École, Dép. Seine-et-Marne *(Abb. 39)*. Dort hängt an der hinteren Wand ein ungefähr 1 m langer Härtling. Er muß sich schon dort befunden haben, als der erste Mensch die Höhle betrat. Dank seiner Festigkeit blieb er bis heute erhalten *(Abb. 40)*. Die Höhle war einst viel tiefer, aber die früher überhängende Deckplatte ist abgebrochen und abgerutscht *(Abb. 41)*. Nur der hintere Abschnitt blieb erhalten, er steht jetzt offen. So konnten Wind und Wetter die Inzisionen abschleifen, die einst dicht gedrängt und immer wieder überlagert den ganzen Höhlenraum, Boden und Decke, überzogen und jetzt meist nur noch schwach sichtbar sind *(Abb. 42)*. Welche Vorstellungen könnte der Anblick des Härtlings im frühen Betrachter wachgerufen haben, die ihn dazu veranlaßten, in diesem Raum mit einem Kult zu beginnen?

Wir wissen, daß dem Sphäroid symbolische Bedeutung beigelegt wurde

Abb. 46. Eingetiefte »Schale« und ausgemeißelte Erhebung, beide im Durchmesser ca. 10 cm. Höhle Malesherbes.

und daß inzwischen die einheitliche Weltkugel zur Polarität der beiden Hälften gespalten gedacht werden konnte. Dieser Härtling sieht aus, als ob er aus zwei Halbkugeln zusammengebacken wäre. Ergab sich daraus vielleicht eine gewisse Ähnlichkeit mit der Weltidee jener Zeit? Hatte hier die Natur dem Menschen den Ausdruck seiner Geisteswelt vorgeformt? Wir können uns heute die Entstehung dieser Felsformation erklären, aber konnte das auch der frühe Mensch? Oder hatte sich hier für ihn das Numinose selbst verwirklicht, erforderte es damit rituelles Verhalten und einen Kult? Das alles sind Fragen, doch können wir feststellen, daß hier, um diesen doppelt gerundeten Härtling, wie in kaum einer andern Höhle zahllose Ritzungen und Schälchen sich drängen, überlagern und verwirren *(Abb. 43)*. Man sieht, daß hier der Kult lange Zeit hindurch von vielen Menschen ausgeübt wurde.

Auch in den benachbarten Grotten wurden Zeichen eingeschliffen, und es scheint, daß sich hier mit der großen Höhle als Mittelpunkt ein Kultzentrum entwickelt hat. Von diesen Anlagen auf dem Mont des Sabots über dem Tal der École hat G. Courty um 1900 einen Situationsplan gezeichnet *(Abb. 39)*.

Wenn die Annahme stimmt, daß der Härtling, der aus zwei spiegelgleichen Halbkugeln zusammengesetzt ist, das Bild der polar gegliederten Welt darstellte, so müßte dieses Grundprinzip auch in andern Höhlen zu finden sein. Doch die Natur wiederholt sich nicht. Der Mensch mußte den Ausdruck seiner Idee dann selbst herstellen. In einer andern Höhle sind Zeichen angebracht worden, die, wenn auch in anderer Form, dem gleichen Gedanken entsprachen.

Diese größere Höhle liegt bei Malesherbes, Dép. Le Loiret, am Abhang des Tales der Essonne *(Abb. 44)*. Ihre Deckplatte ist nicht abgebrochen, eine

Abb. 47. »Schalendeckel« aus den neolithischen Tempeln von Malta. Nationalmuseum, Valetta.

alte vordere Verwitterungskante blieb erhalten. Auch dieser Raum war ringsherum mit Zeichen bedeckt. In der Mitte des Höhlenbodens befindet sich eine rundliche Erhebung, die wie ein kleiner Hügel aussieht *(Abb. 45)*. Ein tiefer, künstlich hergestellter Einschnitt überquert die Wölbung und teilt sie in Hälften. Auf der einen Seite befindet sich eine ungefähr 10 cm breite, sorgfältig eingeschliffene Schale, auf der anderen wurde der Fels so abgetragen, daß ein runder Buckel stehen blieb, der in den Dimensionen mit der Schale übereinstimmt. Leider war dieser der Zerstörung mehr ausgesetzt als die eingetiefte Schale *(Abb. 46)*. Es ist festzustellen, daß hier die konkave und die konvexe Wölbung in ihrer Polarität einander bewußt gegenüber gestellt wurden. Dem Sinne nach müßten sie beide zusammengehören, die »Oberwelt« über die »Unterwelt«.

Solche genauen Angaben wurden erst später ausgeführt, z. B. in den neolithischen Tempeln von Malta. Auch dort sind viele Schalen in den Boden gehauen worden. Manche mögen praktischen Zwecken gedient haben, aber gewiß nicht alle. Zu der symbolischen Schale, der Abseite der Welt, gehörte die Wölbung der Oberseite, des Himmels. Diese wurde in Malta nicht aus dem gleichen Fels herausgehauen, sie wurde einzeln hergestellt und damit beweglich gemacht. Dann konnte man sie wie einen Deckel auf die Schale legen. Solche Halbkugeln wurden in den Tempelruinen verstreut gefunden und befinden sich jetzt im Museum *(Abb. 47)*. Ihre Bedeutung könnten wir nicht erklären, wenn nicht zum Glück in einem Fall die alte Anordnung erhalten geblieben wäre. Im Jahre 1901 wurde ein großer unterirdischer Tempel ausgegraben, das Hypogäum von Hal Saflien, das ungefähr um 2000 v. Chr. angelegt wurde. Dieses Heiligtum erstreckt sich in drei Etagen bis in eine Tiefe von neun Metern. Es war durch spätere Bestattungen vollkommen zugeschüttet worden und deshalb nicht gestört. Im letzten, untersten Geschoß, dem sogenannten Allerheiligsten, war nach J. D. Evans eine Schale in den Boden vertieft worden, auf der noch immer wie ein Deckel die Halbkugel ruhte.

Die beiden spiegelgleichen Welthälften erforderten die Übereinstimmung von oben und unten. In Malta hatte deshalb der Tempel über der Erde sein Gegenstück im unterirdischen Heiligtum. Das ging so weit, daß die Architektur der oberirdischen Megalithfassaden der Tempel ihr Gleichnis in der Scheinarchitektur unter der Erde hatte, obwohl diese nicht gebaut, sondern aus dem Felsen herausgepickelt wurde. In diesen Tempeln sind erstaunlich viele Kugeln gefunden worden. Sie zeigen die Rundform, der auch der Plan der Tempelräume entspricht. Sie sind rund angelegt und bilden mit lagenweise nach innen vorgeschobenen Steinen die untersten Schichten für den Bau der Wölbung.

2. *Die Weltordnung im Linienkreuz und Netz*

Die Spiegelgleichheit der beiden Welthälften setzt voraus, daß für beide das genauere Ordnungsprinzip geltend war. Die Weltachsen, die den oberen Raum teilten, mußten auch den unteren gliedern. Das bedeutet, daß das Linienkreuz auch in der »Schale« zu finden sein müßte.

Ein Beispiel dafür liefert die Höhle Ronceveau, Dép. Seine-et-Marne, über dem Tal der Essone, Sie ist eng, nur ein einzelner hat in ihr Platz, aber sie

Abb. 48. Natürliche Schale mit eingeschliffenem Linienkreuz. Höhle Roncevaux, Dép. Seine-et-Marne.

Abb. 49. Ausgemeißelte Schale mit wulstigem Rand auf dem Boden der zusammengebrochenen Höhle im Felsmassiv der »Dame Jouanne«. Dép. Seine-et-Marne.

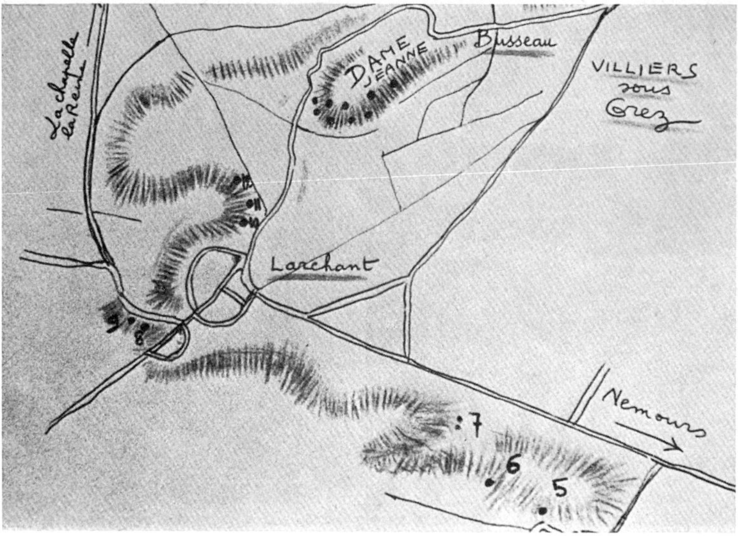

Abb. 50. Lageplan der Kulthöhlen in der Umgebung von Larchant.
Zeichnung G. Courty gegen 1900.

ist viel besucht worden, zahlreiche Schleifspuren zeugen davon *(Abb. 34)*. An der Wand befindet sich eine natürliche runde Mulde, ein sogenannter »Kolk«. Er hat die Form einer Schale und konnte deshalb als Symbol dienen. Das genauere Ordnungssystem lieferte aber nicht die Natur; der Mensch mußte es hinzufügen. Er ritzte deshalb das graphische Zeichen der beiden sich im rechten Winkel kreuzenden Geraden hinein *(Abb. 48)*. Es kann in vielen Höhlen festgestellt werden, daß vorhandene Felsbildungen im Kult Beachtung fanden.

Der Kolk in der Höhle Ronceveau hatte von Natur aus einen etwas wulstigen Rand, der durch eine ringförmige Linie noch hervorgehoben wurde. Diese Verdickung, die sich hier auf natürliche Weise ergab, ist in einer anderen Höhle künstlich aus der Bodenplatte herausgemeißelt worden *(Abb. 49)*. Die Höhle, in der sich diese Schale befindet, liegt im Felsmassiv der »Dame Jouanne«, das sich steil aus der sandigen Ebene von Larchant, Dép. Seine-et-

Abb. 51. Äußere Ansicht der zusammengebrochenen »Schalenhöhle« im Felsmassiv der »Dame Jouanne«.

Marne, auftürmt. Die Quarzitfelsen sind zu einem Felsenmeer von beachtlicher Höhe verwittert. In diesem Gewirr von großen und kleineren Blöcken gibt es eine Reihe von Kultplätzen, die schon G. Courty um die Jahrhundertwende auf einer Skizze festgehalten hat *(Abb. 50).*

Die »Schalenhöhle« befindet sich unter der obersten Deckplatte der mächtigen Felsen. Diese Decke ist eingebrochen, und die schwere Quarzitschicht spaltete sich dabei in verschiedene Teile *(Abb. 51).* Ein Block deckt ein großes Stück des alten Höhlenbodens zu, der deshalb nicht mehr zu erreichen ist. Der andere Teil kantete, dort blieb ein Spalt offen, durch den man sich hineinzwängen kann. Man gelangt damit in einen sehr flachen Raum, der an der Decke und auf dem Boden tiefe Schleifspuren aufweist. Hier blieb nach dem Zusammenbruch die Zeit stehen. Es fehlen die Silexgravierungen und die modernen Kritzeleien, die so oft die alten Spuren verschleiern und verwischen. Nur die durchziehende Luft hat den Stein abgerundet und leicht ein-

Abb. 52. Kulthöhlen in San Antonio Priu, Sardinien.

Abb. 53. Aus dem Boden gehauene Schale in einer der Kulthöhlen in San Antonio Priu, die zweite Höhle enthielt Wasser.

geebnet. Der Boden ist eben und ganz mit Zeichen bedeckt. Darunter befinden sich viele in den Fels geschliffene Schalen. Eine einzige hebt sich unter allen durch ihre besondere Ausführung hervor. Hier wurde nicht nur eine Mulde in den Stein gehauen, sondern auch in ihrer Umgebung der Boden vertieft, so daß um die Schale herum ein erhabener Rand stehen blieb. Ihr Durchmesser beträgt etwa 15 cm.

Abb. 54. Eingang zur großen Kulthöhle (Kopfhöhle) im Felsmassiv der »Dame Jouanne« bei Larchant. Dép. Seine-et-Marne.

Diese Unterschiede in der Form der Schalen zeigen, daß der Begriff sich differenzierte. Man vertiefte auch weiterhin Mulden in die Steine, aber nun gab es außerdem noch die besondere Kultschale mit dem plastischen Rand. Wir finden sie mit steigenden Dimensionen in den späteren Kulturen.

Ein Schritt auf diesem Wege zeichnet sich in Sardinien ab. Im Inneren dieser Insel, in San Antonio Priu, bestand ein bedeutender Kultplatz. Eine Bergspitze ist dort zu einem monumentalen Stierbild zurechtgehauen, dem wahrscheinlich bei der Christianisierung der Kopf abgeschlagen wurde. Neben

Abb. 55. Kopfähnlicher Härtling in der »Kopfhöhle« bei Larchant.

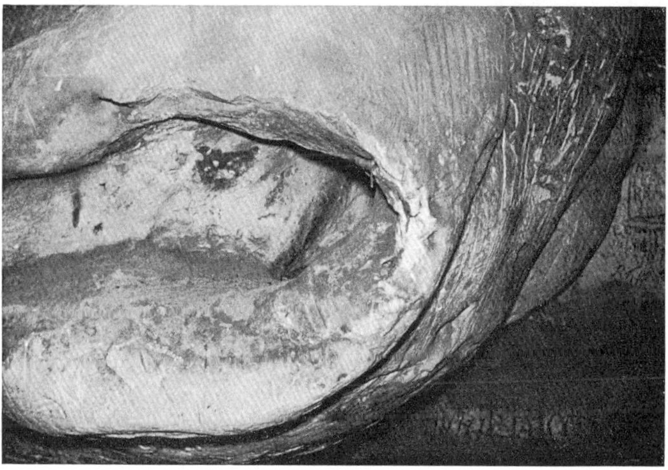

Abb. 56. Blick in den »Rachen« des »Kopfes«. »Kopfhöhle« im Felsmassiv der »Dame Jouanne«.

dieser Plastik sind zwei Kammern angelegt *(Abb. 52)*. Der Raum ist aus dem massiven Fels gepickelt und der Boden derartig eingeebnet, daß in der einen Höhle eine Schale mit erhabenem Rand stehen blieb. Sie ist mit etwa 0,60 m Durchmesser aber wesentlich größer als die Schale in den Höhlen der Île-de-France *(Abb. 53)*.

Die Entwicklung war nicht an eine bestimmte Zeitfolge gebunden, doch es entstanden Kultschalen, die immer größer und voluminöser wurden. Es sind dann große Behälter, die einen zentralen Platz in den Kultbauten einnahmen. Wir finden solche in den spätneolithischen Tempeln Hal Tarxien von Malta, im Megalithbau Newgrange in Irland, in Knossos auf Kreta. In der Tempelbau-Hymne des Gudea aus Lagash im alten Sumer um ungefähr 2400 v. Chr. hören wir von der kultischen Funktion dieser Gefäße. Gudea hat einen Tempel erbaut und richtet ihn zum Einzug der Götter her. Er schreibt: »In die heilige Schale ist Honig und Wein gegossen«. Vielleicht hat man auch hier,

Abb. 57. Ritzzeichnung nach dem Vorbild des großen »Kopfes« in der »Kopfhöhle« an einer Seitenwand.

Abb. 58. Christogramm in der »Kopfhöhle«.

in den Kulthöhlen der Île-de-France, den unsichtbaren Mächten rituelle Güsse dargebracht.

Die »Schalenhöhle« stand ursprünglich mit einer anderen, sehr großen in Verbindung, die wir heute noch betreten können. Wer sich nicht scheut, über die Felsblöcke hinaufzuklettern, findet leicht ihren weit geöffneten Eingang *(Abb. 54)*. Wohl hat der Wind viel Sand hineingetragen, aber der Weg ist noch frei, um die Höhle auf der anderen Seite wieder zu verlassen. Allerdings stößt man dabei auf ein großes Hindernis: Aus der Wand heraus ragt freischwebend ein gewaltiger Kopf, der etwa 2 Meter lang ist. Er besteht aus milchigem Quarz und ist deshalb heller als die Wände und besonders hart *(Abb. 55)*. Innen ist er hohl. Zwischen wulstigen »Lippen« öffnet sich ein tiefer »Schlund«, man kann bis in den »Hals« hineinsehen *(Abb. 56)*. Das Ganze ist ein Spiel der Natur, aber der Mensch erkannte die Ähnlichkeit mit einem Kopf und schlug ein entsprechendes Auge ein.

Wie wir oben ausführten, hatte der Kopf symbolische Bedeutung, und so mag den Eintretenden im Dämmerlicht der Höhle dieses Gebilde gefesselt und den Anstoß zu dem hier abgehaltenen Kult gegeben haben.

Abb. 59. Inzisionen auf der Bodenplatte der Höhle Villetard, Dép. Seine-et-Marne.

Ursprünglich war dieses Haupt noch grotesker geformt. Auf der benachbarten Höhlenwand finden wir sein Porträt *(Abb. 57)*. Es zeigt den gleichen Kopf, aber mit einer langen, knotigen Nase. Wenn wir daraufhin den Härtling näher untersuchen, so finden wir die Bruchstelle. Seine Nase ist also einmal abgeschlagen worden, was bei der Härte des Gesteins gewiß große Gewalt erforderte. Diese Beschädigung wird wohl nach der Bekehrung zum Christentum erfolgt sein; sie bezeugt, daß man auch dann noch dem

Abb. 60. Inzisionen auf dem oberen Teil des »Kopfes« in der Kopfhöhle.

»Götzenbild« Macht zugeschrieben hat, die unschädlich gemacht werden sollte. Solche Verstümmelungen mußten viele Götter- und Kaiserbilder erdulden, als man sie ihrer Kraft berauben wollte. Im gleichen Höhlenraum wurde ein Christogramm tief in die Wand gemeißelt. Es bezeugt den Triumph Christi *(Abb. 58)*.

Den großen Kopf bedecken außer modernen Kritzeleien zahlreiche Ideogramme. Sie stammen von vielen Händen und sind auch nicht zu gleicher Zeit ausgeführt worden. Es fehlt deshalb der einheitliche Entwurf. Aber alle beziehen sich auf den Kopf, das Sinnbild des Kosmos, auch die Linienkreuze.

Diese Weltachsen bilden sozusagen das geistige Gerüst, von dem die Ordnung im Raum ausgegangen ist. Ihre grundlegende Bedeutung läßt sich noch von den Inzisionen auf dem Boden der Höhle Villetard, Dép. Seine-et-Marne, ablesen *(Abb. 59)*. Dort sind zwei gerundete Zeichen eingeschliffen, und ein besonders tief eingeschliffenes Kreuz teilt die Fläche in Viertel. Diese Gliederung hatte dem Menschen, der die genauere Ordnung suchte, nicht mehr genügt. Neben die alten Weltachsen setzte er weitere Ordnungslinien. Wir erkennen sie auf dem linken Ideogramm. Gerade Linien folgen in regelmäßigen Abständen der senkrecht stehenden Achse, und auch der waagerechten Achse wurden gleichlaufende Linien beigeordnet. Die Rundung wurde dadurch gitterförmig gegliedert, man könnte eine Art von Koordinatensystem darin erblicken, das nun die Welt überzog. Vielleicht war es der Ursprung zu der späteren Einteilung des Himmels in »Häuser«.

Dem gerundeten graphischen Zeichen entsprach, plastisch gesehen, die Wölbung des Kopfes in der großen Höhle. Er hängt frei im Raum, und seine obere Rundung, die dem Himmelsdach entsprochen haben könnte, war mit den Händen zu erreichen. Dort wurden tiefe gerade Linien eingeschliffen, die wie Längengrade die Wölbung überziehen und sich nach dem Scheitelpunkt orientieren *(Abb. 60)*. Auf der Stirnseite des großen Kopfes wurden solche Linien zu Gruppen angeordnet. Es sieht aus, als ob damit ein System von Geraden angegeben ist *(Abb. 61)*.

Dieses Ordnungssystem ist in vielen Höhlen zu finden, in der »Schalenhöhle« ist es auf eine waagerechte Gerade bezogen. Der Block mit den Schleifspuren liegt tief im Inneren der zusammengebrochenen Höhle, und doch sind alle Kanten abgerundet. Wie alt mögen sie sein *(Abb. 62)*?

Wie sich beim Kreuz die beiden Achsen im rechten Winkel schneiden, so sind auch Liniengruppen oft gegeneinander um 90 Grad gedreht. Beispiele finden wir auf dem Boden der Schalenhöhle *(Abb. 63)*. Obwohl sie tief eingeschliffen sind, hat die Luft sie fast eingeebnet. Die beiden nach verschiedenen Richtungen laufenden Gruppen konnten übereinandergelegt werden. Dadurch entstand ein System von rechten Winkeln, Vierecken und Geraden, das schon oben angeführte sogenannte Gitter oder Netz *(Abb. 64)*.

Da die himmlische Ordnung die irdische bestimmte, so sehen wir im »Netz« eine grundlegende Vorschrift für den Aufbau der Kulturwelt. Dieses Netz bleibt bindendes Gebot durch alle Zeiten. Wenn auch die Sinnträger wechseln, angefangen von der Höhlenwand über Knochen und Werkzeuge bis zur Keramik, dem Gold und den Stoffen, so daß es zu weit führen würde, hier alles aufzuzählen, so werden wir doch auf dieses Ordnungsprinzip im Laufe der Untersuchung immer wieder zurückkommen.

Vielleicht glaubte man, daß diese himmlische Ordnung die Präsenz des Ordners beinhaltete, und gab dem im Netz Ausdruck. Viele solcher Netze bedecken den Boden der Schalenhöhle, und die herausgemeißelte Schale ist von Netzen umgeben. Dieser unsichtbaren Macht mögen auch die Schüttopfer ge-

Abb. 61. Inzisionen auf der Stirnseite des großen Kopfes, die zu Liniengruppen angeordnet sind. Aus der Kopfhöhle im Felsmassiv der »Dame Jouanne«, Dép. Seine-et-Marne.

Abb. 62. Inzisionen auf einem Block in der zusammengebrochenen »Schalenhöhle« im Felsmassiv der »Dame Jouanne«, Dép. Seine-et-Marne.

Abb. 63. Ein Teil der Bodenplatte in der »Schalenhöhle«.

Abb. 64. Netzförmige Inzisionen auf der Bodenplatte der »Schalenhöhle«.

Abb. 65. Netzartige Inzisionen an der Höhlendecke der Höhle Buthiers, Dép. Seine-et-Marne.

golten haben, die diese Schale empfing. Es ist wohl anzunehmen, daß sie nicht wie in Sumer aus Milch oder Honig bestanden. Vielleicht war es das himmlische Naß, das Wasser, das hineingetropft wurde.

Solche netzförmigen Ideogramme sind in den Kulthöhlen besonders zahlreich. In der Höhle Buthiers, Dép. Seine-et-Marne, überziehen sie die Höhlendecke *(Abb. 65)*. Im Coquibus bei Milly-la-Forêt, Dép. Seine-et-Oise, befindet sich eine kleinere Höhle, in der fast nur Netze zu finden sind *(Abb. 66)*. Die Felsen tragen Spuren von leichten Schlägen, vielleicht wollte man dadurch den Unsichtbaren anrufen. In der Höhle »Magdeleine Vessereau«, Dép. Seine-et-Marne bei den drei Felskuppen »Les trois Pignons«, sind die Netze wie in vielen anderen Höhlen stark verwittert und nur unter besonderen Lichtverhältnissen sichtbar *(Abb. 67)*. Wir fragen uns, wie alt wohl der schöpferische Einfall sein könnte, der zum ersten Netz geführt hat.

Um einen ungefähren Anhaltspunkt zur Datierung zu geben, suchen wir das gleiche Ideogramm in anderen Kulturprovinzen, die zeitlich bestimmt

Abb. 66. Inzisionen in der Höhle II auf dem Coquibus, Mont des Ancêtres, bei Milly-la-Forêt. Dép. Seine-et-Oise.

sind. Wir finden es im Jungpaläolithikum. Der eiszeitliche Jäger ritzte drei Netze auf einen Langknochen und wiederholte die Drei in Form von drei parallelen Linien auf der anderen Seite des Fundstückes, dazu das Bild eines Fisches *(Abb. 68)*. Abbé Carvallo hat den Knochen in der Höhle El Pendo bei Santander in Nordspanien entdeckt und ihn so gut präpariert, daß die Gravierung noch heute gut erhalten ist. Damit zeigt es sich, daß diese Idee und ihr Ausdruck schon im Paläolithikum bekannt waren.

Dieses netzförmige Ideogramm wurde über alle Teile der Welt verbreitet, von Australien bis zum präkolumbianischen Amerika. Den Weg, den dieses Zeichen durch den Raum und viele Epochen nahm, können wir nicht mehr an Hand von Dokumenten schrittweise verfolgen, es würde zu weit führen, auch gab es die mündliche Überlieferung, und diese hinterläßt keine Spuren. Es wurde aber nicht vergessen, immer wieder finden wir dies Bild. Es gehörte zum Begriffsschatz der Urnenkultur, und noch gegen 100 v. Chr. prägten die Kelten, die im Lande der Kulthöhlen der Île-de-France wohnten, dieses Ideogramm auf ihre goldenen Münzen *(Abb. 69)*. Hier ist das Netz als fertiges

Abb. 67. Stark verwitterte »Netze« in der Höhle »Magdeleine Vessereau« im Felsmassiv »Les trois Pignons«.

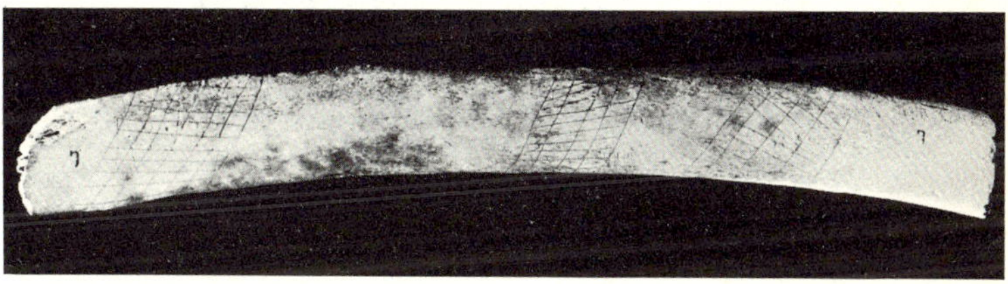

Abb. 68. Langknochen mit netzartigen Ritzungen aus der Höhle El Pendo, bei Santander, Spanien. Die Zeichen stammen aus dem Jungpaläolithikum. Auf der Rückseite befinden sich 3 parallele Linien und das Bild eines Fisches. 28,5 cm Länge.

Schema übernommen, Anzeichen der Entwicklung gibt es nur in den Höhlen der Île-de-France.

Auch die Bewohner von Valcamonica besaßen noch das alte Wissen, als sie die Bilder auf ihren Kultfelsen schufen. In Naquane bei Capo di Ponte, Prov. Brescia, ist eine große männliche Gestalt dargestellt, und über ihrem

Kopf ist das Netz in den Felsen geschlagen worden wie ein Machtzeichen *(Abb. 70)*.

Wir finden dieses Ordnungssystem auch in den steinzeitlichen Kulturen von Çatal Hüyük (7000 v. Chr.) und in der ältesten Hochkultur von Sumer. Die ältesten sumerischen Schriftdokumente sprechen in Worten aus, was vor-

Abb. 69. Goldstater der armorikanischen Kelten. Ca. 100 v. Chr. Latour (90) XXIV/6920, Lengyel (94) XVIII 208.

her das Zeichen sagte. Wir lesen im Lied auf Innana und die Schicksalsbestimmung für Urninurta von Isin: »der Herr, in dessen Hand das Netz von Himmel und Erde liegt«. Hier wurde das Netz zum Zeichen der Allmacht.

Es gibt kaum eine Idee, die fester im menschlichen Bewußtsein verankert ist. Die alten Ordnungsprinzipien waren, wie gesagt, zugleich Gesetze für die Kulturentwicklung. Wir sehen, daß im Gegensatz zum natürlichen Wachstum der Bau von Kultanlagen nach diesem Schema erfolgte. Das begann schon, wie oben erwähnt, mit der viereckigen Form der Grabgruben aus der Zeit des

Abb. 70. »Netz« über großer anthropomorphen Gestalt auf dem Felsen Nr. 50 in Naquane bei Capo di Ponte, Valcamonica, Prov. Brescia.

Neandertalers. Wie ein Raster liegt die viereckige Bauweise den ältesten Tempeln, Palästen und Städten zugrunde. Die neolithische Stadtsiedlung von Çatal Hüyük war, wie J. Mellaart berichtet, eine wohlgeplante Anlage, wie sich im rechteckigen Schema des Bauplans zeigt. Die Siedlung reicht bis ins 7. Jahrtausend v. Chr. zurück (59).

Es ließen sich zahllose Beispiele früher Bauten aufzählen, die nach kosmischen Prinzipien angeordnet wurden; hier sollen nur drei angeführt werden. S. Piggott schilderte den Stadtplan von Mohenjo Daro in Indien (etwa 2000 v. Chr. gebaut). Er fand, daß die Stadt nach den Himmelsrichtungen orientiert war und nach dem Quadratfelderschema ausgerichtet wurde. Ihren Erbauern war auch das Netz bekannt, es wurde auf keramischen Bruchstücken gefunden (60).

Im alten China wurde das Universum im Symbol des Quadratfeldermusters dargestellt, das z. B. auch den Grundriß der alten Hauptstadt der

T'ang-Dynastie namens Chagan bestimmte. Ihm liegt der klare Aufbau des Kosmos zugrunde (61). Das Muster der kosmischen Ordnung wurde durch das in neun Felder unterteilte Quadrat wiedergegeben. Diesen als »Lo-Dokument« bekannten mystischen Bauplan wollte man in den Schuppen des Panzers der Schildkröte finden. Diese war deshalb als Sinnzeichen der kosmischen Geometrie ein heiliges Tier.

Über die Herkunft dieses kosmischen Denkmodells wissen die Chinesen nichts zu berichten; es wird angenommen, daß das »magische Quadrat« aus »grauer Vorzeit« stammt.

Im Altertum galt die Leber als Kosmos im Kleinen, deshalb ist die Leberschau als Parallelität zur Himmelsschau aufzufassen. Es ist das Tonmodell einer Leber aus der ersten Dynastie von Babylon erhalten geblieben, das in Quadratfelder eingeteilt ist.

Auch die Griechen kannten die Bedeutung des Netzes. Das bezeugen die sogenannten Omphalos-Standbilder. Der Omphalos (Nabel) ist der Kulminationspunkt der Gestirne, der Höhepunkt des Himmels, wir nennen ihn Zenit. Hier schneiden sich die Weltachsen. Dieser Punkt ist unanschaulich. Zum Verständnis muß die Oberwelt in Form der Halbkugel beigegeben werden. Zur genaueren Angabe, daß mit dieser Halbkugel die Hälfte der begrifflich geordneten Welt, des Kosmos, gemeint war, sind solche Omphalos-Standbilder manchmal durch Quadratfelder eingeteilt. Wahrscheinlich verglich auch der Grieche das geometrische Schema mit einem Netz, denn auf manchen Stelen sind die Linien als Taue dargestellt und entsprechend verknüpft. Der bekannteste Omphalos ist der von Delphi.

Ein anderes Beispiel für diese Anordnung finden wir auf der syrischen Tetradrachme, die von Antiochus III. geprägt wurde (222–187 v. Chr.). Das Münzbild zeigt Apollon, der auf dem Omphalos, d. h. auf der Spitze der Welt, in der Mitte des Himmels, thront *(Abb. 71)*.

In der ganzen Welt gab es in der frühen Zeit kein freies Schaffen des Künstlers in unserem heutigen Sinn. Er hatte durch Tradition und Symbolwert gebundene Hände. Diese Tatsache müssen wir uns immer vor Augen halten, denn nur dann ist die Auswirkung der Grundordnungen auf das gesamte kulturelle Leben verständlich.

Zu diesen ältesten Ordnungsgeboten gehörte das Linienkreuz. Seine Achsen bildeten die gedachten Verbindungslinien zwischen den Kardinalpunkten. Die Beobachtung lehrte dagegen, daß die Gestirne sich nicht geradeaus be-

Abb. 71. Apollon auf dem Omphalos thronend. Silberne syrische Tetradrachme, geprägt von Antiochus III. (222–187 v. Chr.).

wegten. Sie stiegen bis zum Kulminationspunkt, um dann wieder zu fallen, sie zogen also im Bogen über den Himmel. Dieses Auf und Ab könnte als allgemeines Gesetz aufgefaßt worden sein, denn es entsprach sowohl dem Werden und Vergehen in der Natur als auch dem Verlauf des menschlichen Daseins.

3. Der Umlaufgedanke

Zur sichtbaren Gestirnbahn am Himmel gehörte die spiegelgleiche Bewegung, die die Gestirne vom Westen, wo sie versanken, zum Osten, wo sie wieder erschienen, zurückführte. Wie den Weg vom Werden zum Vergehen, so gab es die Rückkehr vom Vergehen zur Erneuerung. Dieser wichtige Gedanke, der die Lebenserneuerung beinhaltete, war schon im Linienkreuz als Anlage vorhanden und wurde mit der steigenden Prägnanz des Denkens genauer ausgedrückt. Da aber die Kommunikationsmittel beschränkt waren, mußte mit Hilfe der geraden Linie die ganze Problematik von Tod und Leben festgehalten werden. Man wird sich schon sehr früh darum bemüht haben, einen graphischen Ausdruck zu finden, aber es ist für uns sehr schwierig den wenigen Linien die tiefe Bedeutung zu entnehmen. Es soll deshalb von einer

Abb. 72. Elektrum-Stater des keltischen Stammes der Osismii, Bretagne. (Auch den Venetern zugeschrieben.) Blanchet (91) Fig. 215, etwa 100 v. Chr.

relativ späten Zeit ausgegangen werden, die sich schon genauer auszudrücken verstand.

Dieser Gedanke läßt sich am besten auf den keltischen Münzen verfolgen, denn die Kelten kannten noch die Sinnzeichen ihrer Vorfahren. Als Beispiel seien hier zwei Elektrum-Stater der Osismii angeführt, die in der Bretagne gefunden wurden. Vor der Brust der anthropomorphen Figur auf der ersten Münze steht das Linienkreuz mit den fünf Kardinalpunkten. Jede Achse dieses Kreuzes ist eine der nicht anschaulichen Weltachsen. Der sichtbare Weg der Gestirne verlief dagegen im Bogen. Er ist hier als Ergänzung dem Kreuz beigegeben *(Abb. 72)*. Dieser Bogen ist auf einer anderen Elektrum-Münze des gleichen Stammes genauer bezeichnet *(Abb. 73)*. Ihm sind kurze Nebenlinien beigegeben, die schräg zur Hauptlinie stehen und sich dort ungefähr im rechten Winkel treffen. So entsteht das sogenannte Fischgrätenmuster. Diese

Abb. 73. Elektrum-Stater des keltischen Stammes der Osismii, Bretagne. (Auch den Venetern zugeschrieben.) Blanchet (91) S. 314, Fig. 215. Lengyel (94) XXIV, 251.

Winkel zeigen alle in die gleiche Richtung, werden aber durch die Form des Bogens abgelenkt. Im aufsteigenden Teil zeigen die Spitzen der Winkel nach oben, im abfallenden Bogenende zeigen sie nach unten. Da aber das Aufsteigen der Gestirne mit dem Gedanken an das sich entfaltende Leben verbunden war, sind wahrscheinlich die nach oben weisenden »Fischgräten« Ausdruck der Lebenserwartung gewesen, und der absteigende Ast mit den nach unten zeigenden Scheiteln das Ideogramm des Sterbens.

Der gleiche Gedanke, der mit dem Auf- und Absteigen das Zeichen für Tod und Leben verband, ist in den etruskischen Grabmalereien dargestellt

Abb. 74. Inzision aus der »Kopfhöhle« im Felsmassiv der »Dame Jouanne« bei Larchant. Auf dem großen »Kopf«.

worden. Der nach oben gerichtete Daumen bezeugte das Leben, der nach unten gedrehte den Tod. Mit dieser Geste entschieden die Römer über Tod und Leben der Gladiatoren in der Arena.

Der gleiche Gedanke ist viel früher auch in den Höhlen der Île-de-France wiedergegeben worden. Hier fehlte als Ausdruck der Bogen, man mußte sich auf gerade Linien beschränken. Die Bewältigung dieser Aufgabe sehen wir

Abb. 75, 76. Inzisionen auf dem großen »Kopf« der Kopfhöhle im Felsmassiv der »Dame Jouanne« bei Larchant.

Abb. 77. Elektrum-Stater des keltischen Stammes der Viroduni 100 v. Chr. aus der Gegend von Verdun. Blanchet (91) II S. 395, Fig. 408.

auf dem großen Härtling, dem »Kopf« in der Kopfhöhle. Es sind dort vier untereinander ähnliche Ideogramme. Das erste geht auch hier vom Linienkreuz aus *(Abb. 74)*. Die senkrecht stehende Achse ist nach oben verlängert und mit kurzen Seitenlinien besetzt. Sie bilden Winkel, deren Scheitel in die gleiche Richtung nach oben weisen. Der Vergleich mit der keltischen Münze lehrt, daß mit diesem Zeichen der Sieg des Lebens gemeint war.

Dem Aufstieg mußte aber unweigerlich der Abstieg folgen, beides ist nicht zu trennen, sie bilden das Gesetz des Lebens. Diese Verbindung der auf- und absteigenden Äste zur Einheit gibt ein anderes Ideogramm auf dem gleichen Kopf wieder. Es besteht aus zwei parallel laufenden Geraden, die mit Schräglinien besetzt sind. Auf der einen Seite zeigen die Scheitelpunkte nach oben, auf der anderen nach unten. Aber beide Teile gehören zusammen, denn die mittleren Schräglinien haben sie gemeinsam. Der abfallende Ast endet in einer Schale *(Abb. 75)*.

Da aber immer Aufsteigen und Absteigen wechselten, konnte auch diese

Abb. 78. Inzision auf dem großen »Kopf« in der »Kopfhöhle« bei Larchant.

Kontinuität in einem Ideogramm dargestellt werden. Es wurde ebenfalls in den großen Kopf eingeschliffen. Es besteht aus drei parallelen Senkrechten. Bei den zwei äußeren Linien ist auf die Richtung nach oben gewiesen, die mittlere ist davon nicht zu trennen, denn sie benutzt die Schräglinien auf beiden Seiten, um abwärts zu führen *(Abb. 76)*. Das gleiche Ideogramm der verbundenen, aber im Gegensinn verlaufenden Äste kannten auch die Kelten. Ein Beispiel dafür liefert der Elektrum-Stater der Viroduni (eines keltischen

Stammes aus der Gegend von Verdun), der ungefähr um 100 v. Chr. geprägt wurde *(Abb. 77)*. Die halbe Kopfseite der Münze ist durch dieses Zeichen bedeckt. Das Tod-Leben-Problem hat die Menschheit zu allen Zeiten beschäftigt, deshalb konnte das alte Zeichen so lange beibehalten werden.

Das größte und eindrucksvollste Ideogramm der mit Schräglinien besetzten Geraden in der Île-de-France steht auf dem runden Hals des mächtigen

Abb. 79. Inzisionen aus dem Innenraum der im Steinbruch bei Maisse aufgefundenen Kulthöhle. Siehe Bild Nr. 30 und 31.

Kopfes. Das Zeichen ist durch Linien eingeschlossen. Auf beiden Seiten der mittleren Furche weisen die Schrägenden spitz zusammenlaufend nach oben *(Abb. 78)*. Es ist das Symbol des aufsteigenden Lichtes, der Ausdruck der Lebenserwartung.

Ein ähnliches Zeichen befindet sich in der schon erwähnten Höhle bei Maisse, die sich in einem Quarzitbruch über dem Tal der Essonne befindet. Hier wurde die Gerade mit den Schräglinien in ein Viereck gespannt *(Abb. 79)*. Diese markante Form ist spielenden Kindern aufgefallen, die sie mit Kreide beschmierten.

Solche Zeichen, die den Umlaufgedanken als Weltordnungssymbol mit dem Viereck umschließen, gibt es häufig in den Megalithbauten. Im Dolmen von Gavr'Inis steigen die mit Schrägstreifen besetzten Linien auf und ab (Stein Nr. 21). Sie weisen dort am Ort der Bestattung auf die kontinuierliche Folge von Tod und Leben.

Diese religiöse Ideographie ist in jedem Kulturkreis zu finden, vor allem auf den Graburnen, aber auch auf Götterbildern und Idolen (62). Ein bekann-

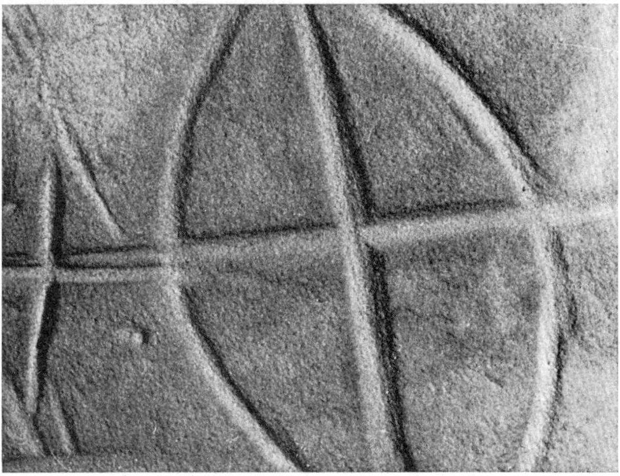

Abb. 80. Inzisionen aus der Höhle »Rochers des Potets«
Dép. Seine-et-Marne.

tes Beispiel stammt aus der archaischen Periode aus Böotien. Es sind weibliche Gestalten mit beweglichen Beinen, die aufgehängt wurden. Eine solche keramische Figur, die 0,395 m groß ist, befindet sich im Musée du Louvre, Paris. Das Gewand ist mit Sinnzeichen bedeckt, darunter Doppeläxte, Hakenkreuze, Vierecke, und einem großen Netz. In jeder Hand trägt die Figur wie einen Palmzweig das alte Ideogramm. Die Schrägspitzen weisen abwärts, ins Jenseits. Auf jeder Seite bringt ein Vogel die Ergänzung als Symbol des Aufstieges zum Licht.

Diese Darstellung läßt erkennen, daß ein Denkzusammenhang bestand zwischen dem Zeichen und seinem Träger. Es wird deshalb auch kaum dem

Zufall entsprechen, daß alle in der Kopfhöhle angeführten Ideogramme auf dem großen Härtling stehen. Wie ausgeführt, hatte der Kopf schon dem Neandertaler als Symbol gedient, vielleicht hat die Phantasie auch in diese täuschend kopfähnliche Form das Weltbild hineingesehen. Sie machte damit das Schädeldach zum Himmelsdach. Es trägt noch heute die Zeichen der kosmischen Ordnung. Wenn aber die obere Hälfte des Kopfes der Oberwelt entsprach, müßte die untere das Sinnbild der Unterwelt sein. Sie besteht hier aus dem aufgerissenen Rachen, der in den tiefen Schlund führt *(Abb. 55)*. Erinnert dieser Anblick nicht an mittelalterliche Darstellungen, die im Bild des Drachens den Eingang zur Hölle wiedergaben? Gewiß kannte man in der Frühzeit den christlichen Begriff der Hölle noch nicht, aber auch damals kann die Unterwelt wie ein tiefer, finsterer Abgrund erschienen sein. Vielleicht wurden aus diesem Grunde gerade hier die Zeichen von Tod und Leben angebracht.

J. L. Baudet nimmt an, daß die Ideogramme in der Kopfhöhle aus dem Mesolithikum stammen, doch legt er damit nicht die Geburtsstunde dieser Zeichen fest. Es gab sie auch viel früher. Das gleiche Sinnzeichen finden wir schon in der jungpaläolithischen Kulthöhle Lascaux. Es wurde dort in der Passage zwischen dem »Saal der großen Stiere« und dem »Kirchenschiff« in die Wand geritzt. Es wird als »Feder« oder »Liane« bezeichnet, doch wird damit nur auf die äußerliche Gestalt Bezug genommen, nicht auf die symbolische Bedeutung. Das Zeichen ist sehr sorgfältig ausgeführt und überzieht in 2 m Länge den Gang (Windels Nr. 53). Als »Bahn der Gestirne« paßte es gut in die kosmologische Bildersprache der Höhlenbilder. Durch den Stil gehört es in den mittelfranzösischen Kulturkreis, denn auch diese lange Linie besteht aus einer Mittelachse, der auf beiden Seiten kürzere, ungefähr gleich lange, schräg zulaufende Linien beigefügt sind; das Ideogramm ist nur aus geraden Linien zusammengesetzt.

Die Gestirne sah man im Bogen über den Himmel ziehen und konnte ihre Bahn durch die zum Halbkreis gebogene Linie wiedergeben. Das zeigte die keltische Münze der Osismii *(Abb. 72)*. Die Gestirne mußten, um vom Westen zum Osten zurückzukehren, dem Glauben nach die spiegelgleiche Bahn unter der Erde durchlaufen. Daraus ergab sich der Gedanke vom Rundlauf der Gestirne und seine Darstellung als Ring. Dieser weite Begriff beinhaltete zugleich die endlose Wiederholung der kosmischen Vorgänge, die, auf den Menschen bezogen, den Gedanken der immer wiederkehrenden Verjüngung

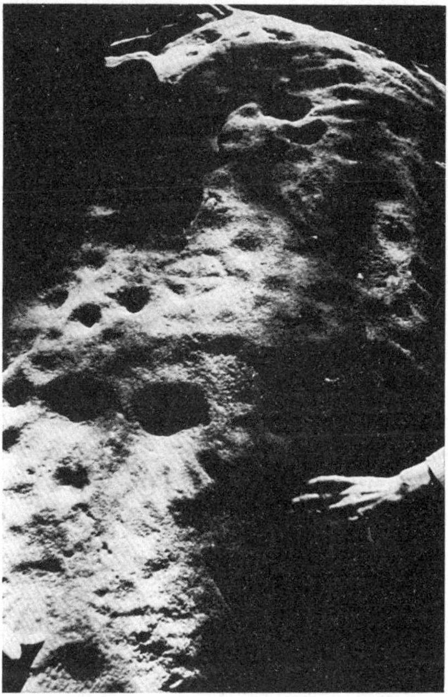

Abb. 81. Ringkreuz auf dem Schalenstein von Bunsoh aus Süderdithmarschen, Norddeutschland. Das Kreuz ist nach den Himmelsrichtungen orientiert.

einbeschloß. Deshalb gehörte der Ring, gleich in welcher Form, zum Totenkult. Büschelweise hängen Ringe an den keltischen Totenwagen, doch kannte auch der Jungpaläolithiker dieses Symbol. Er schnitzte Ringe auf die Knochenstäbe des Jung-Magdalénien aus der Höhle Isturitz, Dép. Basses-Pyrénées, und zeichnete sie zwischen die Tierbilder im »Cabinet des petits Rennes« in der Kulthöhle Du Volp bei Montesquieu-Avantes, Dép. Ariège.

Dieser Begriff wurde überliefert, er war auch den mittelsteinzeitlichen Menschen vertraut. Sie zeichneten die kreisförmige Linie in roter Farbe auf Kieselsteine, die sie in der Kulthöhle Mas d'Azil, Dép. Ariège, deponierten (63) *(Taf. II, Abb. 1 a)*. Der dargestellte Stein scheint bearbeitet zu sein, auf jeder Seite befindet sich eine Einkerbung. Damit teilte sich der Ring in einen oberen und einen unteren Bogen, die sich beide zusammen zur Rundung schließen.

Sowohl der Kreis als auch das Linienkreuz waren Ausdruck der Weltordnung und konnten sich in diesem Sinne zum »Ringkreuz« verbinden. Dieses Ideogramm zeichnete der mittelsteinzeitliche Mensch ebenfalls auf die Kiesel, die in der Höhle Mas d'Azil gefunden wurden *(Taf. II, Abb. 1b)*. Dieses Symbol blieb geistiges Eigentum der Menschheit, es ist an allen Enden der Welt zu finden und überdauerte alle Zeiten. In einer engen Felsspalte der Kulthöhle »Rochers des Potets« in der Île-de-France wurde es in den Stein geschliffen, für den Photographen kaum erreichbar *(Abb. 80)*. Obwohl daraus eine situationsfreie Chiffre geworden war, blieb die genauere Bedeutung bekannt. Das zeigt der Schalenstein über dem Kammergrab von Bunsoh aus Süderdithmarschen *(Abb. 81)*. In seiner Mitte ist ein Ringkreuz eingeschlagen, dessen Achsen genau nach den Himmelsrichtungen orientiert sind. Dieses Symbol lebte im Grundriß alter Kultstätten fort, wie z. B. in den vorgriechischen Anlagen bei Agrigent in Sizilien. Wenn wir aber nach der ältesten Manifestation dieser grundlegenden Ideen fragen, so führen uns die Untersuchungen immer wieder ins Paläolithikum zurück.

4. Der Weltplan als Viereck mit den vier Kardinalpunkten

Das Linienkreuz war der graphische Ausdruck für ein allgemeines Orientierungsgesetz. Mit ihm hatte, wie schon ausgeführt, die Menschheit die wichtigste Entdeckung ihrer geistigen Existenz gemacht: Sie hatte den festen Punkt im All gefunden, den Schnittpunkt der Achsen, den Mittelpunkt des Kosmos, den Zentralpunkt der Kulturwelt. Von diesem Punkt ausgehend trennen sich die vier Richtungen, die in der Bibel als die vier Ströme symbolisiert wurden. Sie markieren die vier Hauptgegenden des Horizontes, die vier Kardinalpunkte, die Vier. Dadurch hat die als Sphäroid noch diffus gedachte Welt eine steigende Gliederung erfahren.

Durch das Gewicht der vier Kardinalpunkte entwickelte sich wieder ein neues Ordnungsschema. Man konnte in jedem der vier Punkte eine »Weltecke« sehen, und es ergab sich daraus das Modell der viereckig gedachten Kulturwelt. Dieser Begriff konnte mit dem Ausdrucksmittel der Frühzeit, der Linie, auch graphisch dargestellt werden. Indem man die vier Ecken, die vier

Enden der Kreuzarme, durch gerade Linien verband, wurde das Ideogramm des Vierecks entwickelt.

Der bis dahin im Bewußtsein des Menschen unendliche Raum gewann zunehmend Maß und Grenze. Es waren aber nicht die Hochkulturen, denen wir diese Einsicht verdanken, auch dieser Plan stammt schon aus dem Paläolithikum. Wir finden ihn in vielen Kulthöhlen der Jungpaläolithiker, z. B. in Lascaux, Dép. Dordogne. Dort steht im Quergang, unter dem Hirschkopf (Win-

Abb. 82. Viereck mit vier Schalen an den Ecken in der Höhle Marie König bei Milly-la-Forêt.

Abb. 83. Eingang zur Kulthöhle Villetard über dem Essonne-Tal. Dép. Seine-et-Marne.

dels Nr. 46), ein klares Viereck an der Wand. Zahlreiche Kreuze, Vierecke und andere Ideogramme wurden in der jungpaläolithischen Kulthöhle Gabillou, Dép. Dordogne, in die Höhlenwölbung geritzt. Alle späteren Kulturen zehrten von dieser geistigen Errungenschaft. Auch in der Kulthöhle »Marie König«* bei Milly-la-Forêt in der Île-de-France wurde ein Viereck in den

* Ich wurde vom Entdecker dieser Höhle gebeten, sie mit meinem Namen zu bezeichnen. Mit Dank komme ich diesem Wunsch nach.

Abb. 84. Bodenplatte mit Inzisionen aus der Kulthöhle Villetard, Dép. Seine-et-Marne. Sie ist mit Sand bedeckt.

Felsen geschlagen, und seine vier Ecken sind durch vier Schalen vertieft *(Abb. 82)*.

Es ist anzunehmen, daß das viereckige Weltbild sich langsam entwickelte. Lange wird es gleichwertig neben dem runden gestanden haben. Das »Netz«, als Zeichen der geordneten Welt, konnte deshalb beide überspannen, die runde und auch die viereckige Kulturwelt. In diesem Sinne könnte man die beiden verschiedenartigen Netze verstehen, die in der Kulthöhle Villetard,

Abb. 85. Einzelne Ideogramme auf der Bodenplatte in der Kulthöhle Villetard.

Abb. 86. Eingang zur »Ginsterhöhle« am »Haute Pierre« bei Milly-la-Forêt.
Dép. Seine-et-Oise.

Abb. 87. Spuren von alten Ideogrammen auf dem Boden der »Ginsterhöhle«.

Abb. 88. Sehr alte und spätere Ideogramme aus der »Ginsterhöhle«.

Dép. Seine- et-Marne, nebeneinander in den Felsen geschliffen sind. Diese Höhle liegt über dem Tal der Essonne, die Deckplatte ist stark verwittert, der Boden durch Sandmassen verschüttet *(Abb. 83)*. Der Sand bedeckte die Inzisionen der Bodenplatte und schützte sie vor Verwitterung und späterer Überzeichnung. Was über dem Sand lag, ist vergangen. Man hatte Quarzitwerkzeuge benutzt, um die Ritzzeichen einzuschleifen *(Abb. 84)*. Ungefähr in der Mitte der Bodenplatte befinden sich die zwei schon oben angeführten gerundeten Ideogramme. Kultschläge haben Spuren hinterlassen *(Abb. 85)*. Auch diese Aufnahme zeigt deutlich, daß die beiden Grundachsen des gerundeten Ideogramms besonders tief eingeschliffen sind.

Neben diesen Inzisionen steht das viereckige Netz. Gewiß könnte man annehmen, daß sich durch das »Gitter« die viereckige Form von selbst ergibt, doch zeigt das gerundete »Gitter«, daß sich im Umriß ein besonderer Gedanke spiegelt.

Die meisten Netze in den Höhlen der Île-de-France sind viereckig; und Vierecke spielen auch ohne die innere Gliederung eine große Rolle. Sie stammen aus vielen Zeiten, und man kann nicht sagen, wann das erste Viereck hier

Abb. 89. Inzisionen aus einer Nische in der »Ginsterhöhle«.

Abb. 90. Sehr altes Ideogramm in der zusammengebrochenen »Schalenhöhle« im Felsmassiv »Dame Jouanne«.

eingeschliffen wurde. Jedenfalls muß es sehr alt sein, denn es ist noch unter stark verwitterten Schichten zu erkennen.

Manche Vierecke in der »Ginsterhöhle« am »Haute Pierre« bei Milly-la-Forêt, Dép. Seine-et-Oise, sind kaum noch sichtbar. Diese Höhle ist schwer zu finden, der Felsblock ist abgerutscht, und vom Ginster ist der Eingang fast verdeckt *(Abb. 86)*. Sie dient Vögeln als Behausung. Die Ideogramme liegen wie Schatten auf dem harten Quarzit des Bodens *(Abb. 87)*. Lange Zeit blieb diese Höhle verlassen, die Spuren der Quarzitwerkzeuge waren beinahe vergangen. Eines Tages wurden über den alten Sinnzeichen neue eingeritzt, die sich bis heute scharf und klar erhalten haben *(Abb. 88)*. Sie stammen von Silexinstrumenten. Es sind die alten Zeichen, die nach so langer Zeit noch immer wiederholt wurden. In einer Nische der Wand sind gerade Linien, Kreuze und Vierecke eingeschliffen. Ein Viereck zeigt durch das senkrecht stehende Kreuz die vierfache Unterteilung. Sieben Vierecke sind aneinandergereiht. Die Wand ist mit kleinen Einschlägen überzogen, vielleicht sind es Spuren von Kultschlägen *(Abb. 89)*.

Die ältesten Zeichen haben zweifellos im Laufe der Zeit am meisten ge-

Abb. 91. Außenansicht der Höhle »Rochers des Potets«, Dép. Seine-et-Marne.

litten. Sie verwitterten, wurden durch spätere Ritzungen überlagert, verschwanden im Sand oder unter zusammenbrechenden Felsmassen. So finden wir auf dem Boden der erwähnten »Schalenhöhle«, der auch die Liniengruppen, Netze und die ausgearbeitete Schale trägt, das Viereck. Die Zeit hat alle Kanten abgerundet, doch es war tief eingeschliffen und ist deshalb noch gut zu erkennen *(Abb. 90)*. Die zusammengebrochene Höhlendecke gab dem Ideogramm Schutz, so blieb es unberührt.

Wie auf dieser Bodenplatte so stehen auch in anderen Höhlen die Zeichen nicht allein. Sie verraten einen Zusammenhang untereinander, wie auch in der oben angeführten Höhle »Rochers des Potets«. Der Felsblock, in dem die Höhle sich befindet, liegt auf einem Hügel und ist in weißen Fließsand gebettet, mit dem der Wind sein Spiel treibt *(Abb. 91)*. Der vordere Teil des Raumes ist stark verwittert, man kann in den ehemaligen Innenraum hineinsehen. Vielleicht war die Höhle lange zugeweht, denn es fehlt der Bewuchs durch Algen und Moose, und die Zeichen sind besonders gut erhalten. Zwei blattförmige Quarzitwerkzeuge, mit denen sie geschliffen wurden, lagen noch am Boden unterhalb der bearbeiteten Wand. Der innere Teil der Höhle ist stark zerklüftet *(Abb. 92)*. Daraus ergeben sich bestimmte Abschnitte der Wand, und die Ideogramme darauf verraten gewisse Zusammenhänge *(Abb. 93)*. Ein Beispiel sei hier angeführt: In einer Reihe sind nebeneinander verschiedene Kreuze und Vierecke angeordnet. Sie stammen anscheinend vom gleichen Werkzeug, das beim ersten Kreuz links oben noch scharfkantig war, aber weiter nach rechts immer stumpfer wurde und zum Schluß eine Rille lieferte, in die der abgenutzte Rand des darunter liegenden Werkzeuges genau hineinpaßte. Eine Hand hat hier nacheinander eine Reihe von Zeichen eingeschliffen, von denen keines dem anderen gleicht, und doch gehören sie in den gleichen Denkbereich. Die Prägnanz ist verschieden, aber was haben alle gemeinsam?

Die Beobachtung lehrt, daß allen das alte Ordnungsprinzip der Vier zugrunde liegt: *vier* Kreuzarme, *vier* Richtungen, *vier* Kardinalpunkte, *vier* Ecken der Welt, *vier* Seiten im *Vier*eck, und viele Viererwerte im Netz. Die Vier ist der Nenner, das Ordnungsprinzip, das hier bei den meisten Ideogrammen zu finden ist.

Abb. 92. Eine Wand mit Inzisionen aus der Höhle »Rochers des Potets«, Dép. Seine-et-Marne.

Abb. 93. Ideogramme auf einem Abschnitt der Innenwand der Höhle »Rochers des Potets«.

Vielleicht »schrieb« die gleiche Hand in der linken Ecke des Bildausschnittes weiter. Wir nahmen deshalb diese Stelle genauer aufs Korn *(Abb. 94)*. Dort stehen vier Kreuze, deren Querlinien verbunden sind. Sie wirken wie aufgereiht, sie stehen zu viert. Darunter zeigen vier gleichlaufende gerade Linien wieder die Vier. Alle angeführten Zeichen sind mit Quarzitwerkzeugen geschliffen, während in der oberen linken Ecke des letzten Bildes dünne Silexgravierungen sich deutlich davon unterscheiden.

Solche Zusammenstellungen von vier parallelen Linien zeigen sich oft in den Kulthöhlen der Île-de-France. Es gibt darunter einige, die recht alt sein müssen, wie die in den oben angeführten stark verwitterten Beispielen am Boden der Höhle »Haute Pierre« *(Abb. 87)*. Der Vergleich mit den Strichgruppen an der Deckenwölbung der jungpaläolithischen Kulthöhle Lascaux, Dép. Dordogne, lehrt, daß dieser Ordnungsfaktor im gleichen Ausdruck schon dem Jungpaläolithiker bekannt war. Im Prinzip ist die Vier im ersten Linienkreuz fixiert worden und hat als Weltordnungssystem durch alle Zeiten maßgebende Gültigkeit behalten.

Eine Zahl ist unanschaulich. Um den Gedanken festzuhalten, braucht man ein Verständigungsmittel. In der Frühzeit waren die Kommunikationsmittel

Abb. 94. Ideogramme in der Kulthöhle »Rochers des Potets«, Dép. Seine-et-Marne.

Abb. 95. Ideogramme in der Kulthöhle Nr. 12 (G. Courty) bei Larchant (siehe Lageplan von G. Courty, Fig. 61). Vier Punkte im Geviert.

beschränkt. Es gab dafür, wie schon oben angeführt, den Strich, aber auch die Schälchen, die als Punkte verstanden werden können. Der Weltplan wurde als Viereck wiedergegeben, die vier Kardinalpunkte konnten durch Schalen hervorgehoben werden. Ein Beispiel befindet sich auf dem oben angeführten runden Felsblock in der Höhle »Marie König« *(Abb. 82)*. Die Stellung der Schälchen im Geviert deutet auf den gleichen Gedanken. Wir finden ein solches Ideogramm in der Höhle bei Larchant, die Courty auf seinem Lageplan mit Nr. 12 bezeichnete *(Abb. 50)*. Dort ist ein sogenanntes Mühlebrett in den Felsen geritzt. Es wird begleitet von vier Schälchen im Geviert *(Abb. 95)*.

Sollte schon der Neandertaler diesen Weltplan gekannt haben? In der Steinplatte über der Schädelbestattung in La Ferrassie, Dép. Dordogne, sind vier Schälchen erhalten geblieben, die im Viereck stehen.

Damit ist die Möglichkeit, der Vier Ausdruck zu geben, noch nicht er-

Abb. 96. Kiesel mit roter Bemalung aus der Kulthöhle Mas d'Azil, Dép. Ariège.

Abb. 97. Kiesel mit roter Bemalung aus der Kulthöhle Mas d'Azil, Dép. Ariège.

schöpft. In manchen Höhlen der Île-de-France stehen auch vier Schälchen in einer Reihe nebeneinander. Wenn sie auch nicht so anschaulich auf das Viereck bezogen sind, kann man ihnen die Vierwertigkeit doch nicht absprechen.

Im Jungpaläolithikum herrschte die bildhafte Ausdrucksweise vor, aber mit dem Ende der Eiszeit gegen 9000 wurde sie aufgegeben. Die Bilder verschwanden, doch der alte Weltplan blieb erhalten. In der klassischen Station der Höhle Mas d'Azil, Dép. Ariège, ist die Entwicklung vom Spät-Magdalénien zum Mesolithikum durch Schichtfolgen belegt (63). Hier können wir die kontinuierliche Entwicklung untersuchen. Der Übergang vom Jungpaläolithikum zur Mittelsteinzeit war von Klimaschwankungen begleitet, aber auch der Mensch der Mittelsteinzeit, der Mesolithiker, war Jäger. Nur das Jagdwild änderte sich, dem alten Glauben blieb er treu. Die Höhle von Mas d'Azil ist auch für ihn ein Kultplatz gewesen. Hier wurden schon Bärenschädel deponiert, im Jungpaläolithikum Bilder gezeichnet und ein menschlicher Schädel aufgestellt, in dessen Augenhöhlen eine sorgfältig zugeschnittene Platte aus einem Cervidenwirbel steckte, so daß sie als Augeneinsatz wirken konnte. Auch wurden feine Elfenbeinskulpturen hergestellt. An diese Kunstwerke des Spät-Magdalénien knüpfte der Mesolithiker nicht an. Er griff auf die Grundprinzipien zurück, löste sie aus dem Knäuel der Bilder, von den Unebenheiten der Höhlenwände und zeichnete einzelne Ideogramme getrennt auf Kieselsteine. Durch diesen »Bildersturm« erreichte er eine bis dahin unbekannte Klarheit und Prägnanz der Begriffe. Durch die Höhle fließt ein Fluß, und in sein Wasser wurden die Steine gelegt. Dabei wurde die Ritztechnik durch gemalte Wiedergabe abgelöst. Das änderte nicht die Bedeutung. Vier geritzte Linien sagen das gleiche aus wie vier gezeichnete, und den vier Schälchen können vier Punkte entsprechen.

Der Plan für die Bemalung lag schon vorher fest, und die Form der Steine wurde entsprechend ausgewählt. Dem viereckigen Weltbild entsprach der viereckige Stein, auf den dann die vier Kardinalpunkte in Form von vier Punkten an den vier Ecken aufgezeichnet wurden *(Abb. 97b)*. Den viereckigen Stein suchte man auch, um darauf vier gleichlaufende Linien zu zeichnen *(Abb. 96 a)*. Wenn man aber vom runden Weltbild und vom Umlaufgedanken des Ringes ausging, mußte ein runder Stein ausgewählt werden. Die vier Richtungen sind darauf durch vier kreuzförmig angelegte Linien angedeutet, der Mittelpunkt blieb offen *(Abb. 97a)*. Die Vier konnte auch durch vier Punkte wiedergegeben werden, die nebeneinander aufgereiht sind *(Abb. 96 b)*. Diese Ideogramme stehen schon an der Deckenwölbung im »Saal der großen Stiere« von Lascaux. Vor dem Kopf des Stieres (Windels Nr. 18) befinden sich sowohl vier Punkte in einer Reihe als auch das Linienkreuz mit offener Mitte *(Abb. 98)*. Im Wechsel der Ausdrucksformen blieben die als Ideogramme wiedergegebenen Grundprinzipien die gleichen. Daher war es auch möglich, daß in den Höhlen der Île- de-France der Kult kontinuierlich fortgesetzt wurde.

5. Die Differenzierung des Weltplans und der fünfte Kardinalpunkt

In den Kulthöhlen der Île-de-France gibt es viele Vierecke; zwei Typen heben sich hervor, in einem davon ist das Kreuz diagonal gerichtet, im anderen senkrecht. Manchmal stehen in den Höhlen beide Typen nebeneinander, wie in der Höhle »Buthiers-la-Chapelle-la-Reine« *(Abb. 99)*, Dép. Seine-et-Marne.

Das *senkrecht stehende Kreuz* zerlegt die viereckige Fläche in vier Vierecke. Ein solches Zeichen befindet sich in der oben angeführten »Ginster-

Abb. 98. Kopf des Stieres (Windels Nr. 18) aus der Höhle Lascaux.

Abb. 99. Schrägkreuz und senkrecht stehendes Kreuz im Viereck. Inzisionen in der Höhle bei »Buthiers-la-Chapelle-la-Reine«, Dép. Seine-et-Marne.

Abb. 100. Relief an der Wand des »Thronsaales« in Knossos, Kreta.

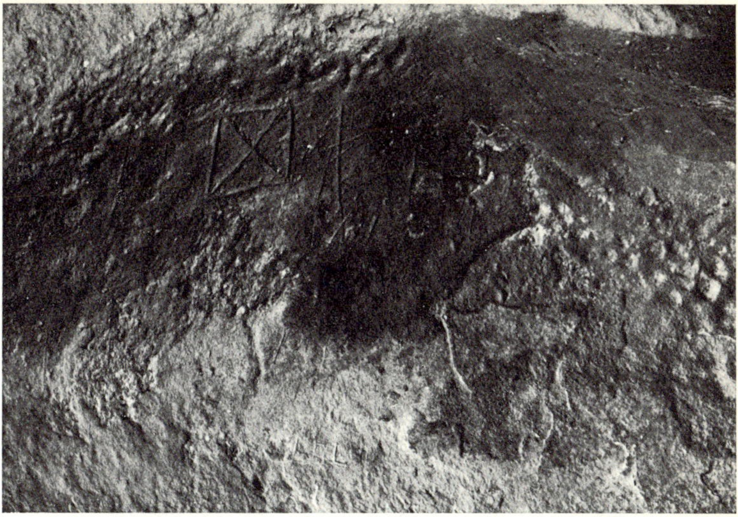

Abb. 101. Viereck mit Diagonalkreuz in der »Ginsterhöhle« am Haute Pierre, Dép. Seine-et-Oise.

höhle« am »Haute Pierre« *(Abb. 89)*. Auch dieses Symbol der Welt, bestehend aus vier Vierecken, wurde schon im Paläolithikum erdacht. Das gleiche Ideogramm befindet sich in der jungpaläolithischen Kulthöhle Gabillou bei Mussidan, Dép. Dordogne. Es ist sorgfältig eingeritzt und hat eine Seitenlänge von 5 cm (64).

Wie könnte man ein solches Ideogramm in Worte fassen? Vielleicht verrät es die sumerische Königshymne von Schulgi. Er schreibt: »Ich bin der Herr der vier Weltgegenden« (65). Auch wenn in den sumerischen Königshymnen von der »ganzen« Welt die Rede ist, wird, wie in der Hymne auf Lipitischtar von Isin, von den »vier Weltgegenden« oder »vier Weltquadraten« gesprochen. So heißt es: » . . . der in den vier Weltgegenden die Menschen sicher wohnen läßt«. Diese umfassende Machtbefugnis über den Kosmos könnte der Herrscher von Knossos durch das alte Ideogramm ausgedrückt haben, das sich noch heute in seinem Thronsaal befindet. Es ist ein tief eingeschlagenes Viereck, das in vier Quadrate aufgeteilt ist *(Abb. 100)*. Zur Zeit der Höhlen-

Abb. 102. Kalenderschale der Bandkeramik aus Leitmeritz. Böhmen. Gr. ca. 13,5 cm.

gravierungen in der Île-de-France kannte man dort noch keine Könige, aber man glaubte an eine unsichtbare Macht, die vielleicht mit diesem Zeichen als Herr über das All verehrt wurde.

Im Gegensatz zum senkrecht stehenden Kreuz, das das Viereck in vier Vierecke unterteilt, gliedert das *Schrägkreuz* die gleiche Fläche in vier Dreiecke. Dieses Ideogramm fand weite Verbreitung. Auch in der Île-de-France ist es häufig zu sehen, z. B. in der Höhle am Haute Pierre *(Abb. 101)*. Als geistiges

Erbe aus dem Paläolithikum ist es in allen späteren Kulturprovinzen zu finden. Als Heilszeichen steht es auf der Keramik, auf Schmuckstücken und auf Bauwerken der Megalithzeit in Newgrange, Irland. Nähere Auskunft über die Bedeutung dieses Ideogramms läßt sich z. B. einer Kultschale aus der Bandkeramik entnehmen, die in Leitmeritz, Böhmen, gefunden wurde (66). Diese Schale ist durch vier Zipfel zu einem Viereck ausgezogen, und auf diese Ecken bezieht sich das Diagonalkreuz *(Abb. 102)*. Durch die vier Ecken und

Abb. 103. Gold-Stater der keltischen Aulerci-Cenomani
Latour 6858 (90).

die vier Füße wird auf den Symbolwert der Vier hingewiesen. Der Innenraum der Schale ist durch die Kreuzung in Dreiecke zerlegt und von einer Linie umrandet, auf der bestimmte Zahlenwerte angegeben sind. Sie ergeben den Mondzyklus. Die Schale wird deshalb als Kalenderschale bezeichnet. Die Bedeutung dieser Keramik bezieht sich durch das Viereck auf den geordneten Raum, durch den Kalender auf die Zeitordnung, sie ist also ein Dokument der allgemeinen Weltordnung.

Dieses Gedankengut übernahmen die Kelten, als sie im letzten Jahrhundert v. Chr. eigene Münzen prägten. Auf vielen Stücken finden wir das Schrägkreuz im Viereck, z. B. auf dem Goldstater der Aulerci *(Abb. 103)*. Eine anthropomorphe Figur hält dieses Ideogramm in der Hand. Sie trägt einen Lichtschein über dem Kopf, der sie als astralsymbolisch ausweist, waren es doch die Gestirne, die es ermöglichten, den Raum und die Zeit zu ordnen.

Auf den Münzen eines Depotfundes von der Kanalinsel Jersey finden wir den gleichen Gedanken in verschiedener Prägnanz ausgedrückt, so wie wir ihn nacheinander in seiner Entwicklung in den Höhlen der Île-de-France erkannten *(Abb. 104)*. Auf der Insel wurden zahlreiche Prägungen entdeckt, die alle im Typ übereinstimmten. Auf der Rückseite ist immer ein stilisiertes Pferd dargestellt. Nur die Zeichen vor seiner »Brust« sind verschieden. Manche zeigen dort das Linienkreuz mit den vier verdickten Endpunkten, den vier Kardinalpunkten (a). Bei anderen sind die vier Enden durch gerade Linien verbunden, wodurch ein Viereck entsteht. Der Schnittpunkt der Achsen ist ebenfalls verdickt, so daß jetzt fünf Kardinalpunkte zu zählen sind (b). Bei einer dritten Ausführung sind die sich kreuzenden Linien fortgelassen worden, erhalten blieb der Mittelpukt (c). Diese Stücke zeigen, daß älteste Ideogramme im Viereck auch später noch verstanden wurden und daß man sie jederzeit gegen genauere austauschen konnte. Zugleich geben sie zu erkennen, daß die drei – äußerlich gesehen – verschiedenen Ideogramme im Prinzip übereinstimmen. Die positivistische Ansicht, daß nur die gleichen Zeichen übereinstimmen könnten, ist, wie wir sahen, hinfällig. Wenn z. B. das Zeichen der im Viereck angeordneten Schälchen oder Punkte nicht immer gebraucht wird, so bedeutet das keinen Abbruch. Es konnte durch andere, gleichwertige Zeichen ersetzt werden, oder durch solche von steigender oder fallender Prägnanz.

Wenn noch die Kelten um die Äquivalenz bestimmter Zeichen wußten, wieviel mehr mußte sie den Menschen, die in den Höhlen der Île-de-France ihren Kult ausübten, bekannt gewesen sein. Deshalb ist die Zeit, in der die Ritzungen ausgeführt wurden, nicht gleichzusetzen mit dem Ursprung der Idee. Es konnte jederzeit auf ältere Ausdrucksformen zurückgegriffen werden, und so decken schlichte Linienkreuze manchmal hochdifferenzierte Formen. Obwohl die Tradition in diesen Höhlen groß geschrieben wurde, ging doch die geistige Entwicklung weiter, die danach strebte, die Weltordnung genauer anzugeben. In diesem Sinne wurde der Typenschatz immer wieder bereichert.

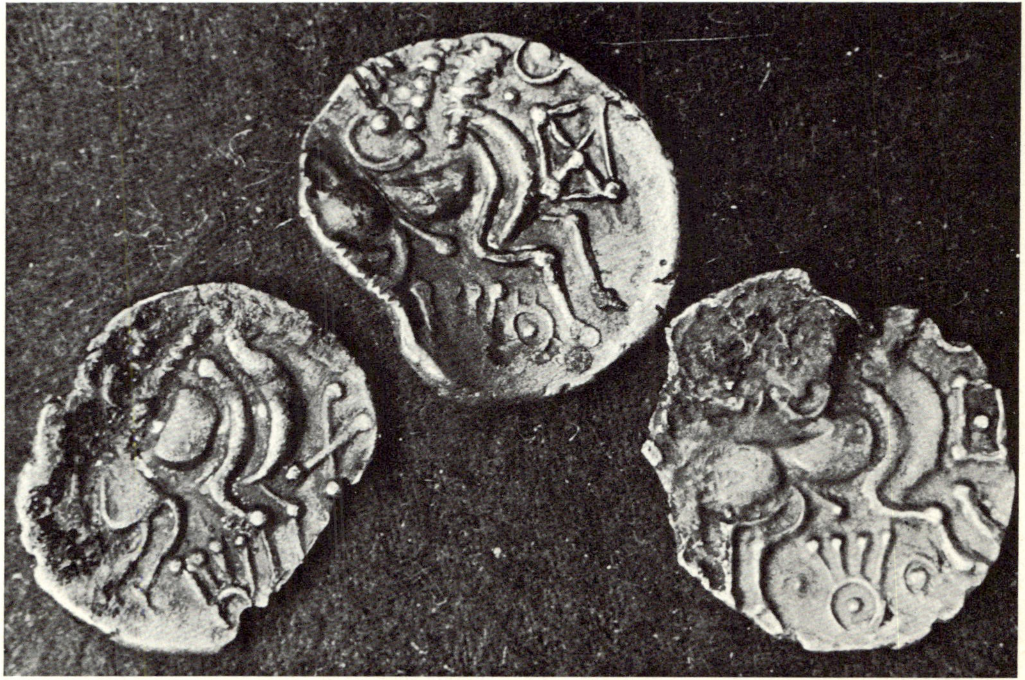

Abb. 104. 3 Silbermünzen aus dem Schatzfund von der Insel Jersey. Latour (90) XXV I. 10. I. 11.

Abb. 105. Ideogramme aus der zusammengebrochenen »Schalenhöhle« im Felsmassiv »Dame Jouanne«.

Abb. 106. Ideogramme, Ring mit drei Achsen, aus der Doppelkugel-Höhle auf dem »Rochers aux Sabots« bei Noisy-sur-Ecole.

Abb. 107. Viereck mit drei Achsen aus der »Schalenhöhle« im Felsmassiv »Dame Jouanne« bei Larchant.

Wie schon erwähnt, wird man mit einer Weltachse begonnen haben, der dann die Prägnanz durch die Kreuzung folgte. Diese führte zur Erkenntnis der Weltmitte, dem Schnittpunkt der Achsen. Genauer gesehen gab es auch einen Mittelpunkt des Himmels, den Zenit, und seine Abseite, den Nadir. Die Verbindung dieses höchsten Punktes mit dem tiefsten konnte man sich auch als eine gerade Linie denken und graphisch darstellen. Daraus ergab sich die dritte Weltachse, die Verbindungslinie der beiden Pole, die auch den zentralen Mittelpunkt schnitt. Sie stand senkrecht im Raum. Damit entstand ein weiteres Sinnzeichen.

Das Ideogramm der drei sich schneidenden Geraden finden wir oft in den Höhlen. Besonders tief eingeschliffen zeigt es sich auf einem der Felsblöcke in der zusammengebrochenen »Schalenhöhle« *(Abb. 105)*.

Dies Zeichen war auch dem Jungpaläolithiker bekannt. Ein kleiner runder Saal in der schon erwähnten Höhle Gabillou, ist reich mit Tierbildern bemalt. Die Deckenwölbung dagegen ist nur mit geometrischen Zeichen beritzt, darunter ein Kreuz, ein Dreieck und das Ideogramm der drei Achsen (64).

In den Höhlen der Île-de-France finden wir dieses Zeichen auch im Zusammenhang mit dem Viereck und dem Kreis. Letztere Anordnung erkann-

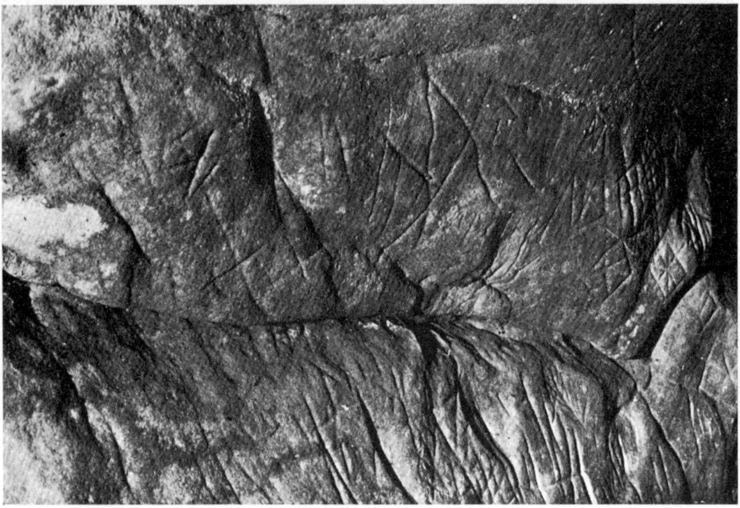

Abb. 108. Eingang zur Höhle am Berg »Chapeau de Napoléon« auf der Ebene von Baudelut. Dép. Seine-et-Oise.

ten wir unter dem Härtling auf dem Boden der schon angeführten Doppelkugel-Höhle auf dem »Rochers aux Sabots« bei Noisy-sur-Ecole. Hier hatte man die große Rundung vor Augen und gab vielleicht deshalb dem runden Weltbild den Vorzug *(Abb. 106)*. Das Zeichen der drei Achsen im Kreis oder der sechs Speichen im »Rad« hat die Zeiten überdauert.

Im allgemeinen dachte man die Welt viereckig und zeichnete deshalb die drei Achsen ins Viereck *(Abb. 107)*. Wir treffen ein solches Sinnzeichen in der zusammengebrochenen »Schalenhöhle« an. Es ist mit Quarzitwerkzeugen ausgeführt worden und ohne spätere Ritzungen erhalten geblieben.

Wir sahen, daß es verschiedene Typen gab, denen der Rahmen, das Viereck, gemeinsam war. Auf dieses Grundprinzip der Weltordnung waren alle bezogen. Das gilt sowohl für das einfache Viereck als auch für das vom »Netz« ausgefüllte, das Viereck mit dem Diagonalkreuz und der Vier-Felder-Teilung, sowie das Viereck mit den drei Achsen. Diese Übereinstimmung ermöglichte es, statt zwei verschiedene Vierecke anzugeben, beide in einem zu vereinen. Ein solches aus zwei verschiedenen Typen zusammengesetztes Viereck finden wir in der Kulthöhle am Berge »Chapeau de Napoléon« auf der Ebene von Baudelut, Dép. Seine-et-Oise.

Diese Höhle liegt auf der Spitze einer Erhebung und ist nur sehr schwer zugänglich, weil sich auf allen Seiten Felstrümmer türmen. In den hintersten gewölbten Teil führt ein Gang, dessen Wände mit Inzisionen bedeckt sind *(Abb. 108)*. An seinem Ende weitet sich der Raum, und wir erkennen an der Wand verschiedene, z. T. unklar gezeichnete Vierecke; darunter gibt es aber auch sehr prägnante. Unter diesen, die festen Umriß gewonnen haben, sehen wir z. B. ein Viereck, das sowohl durch das Diagonalkreuz als auch durch das senkrecht stehende Kreuz unterteilt ist *(Abb. 109)*. Die Einteilung erinnert entfernt an die Linienführung der englischen Fahne.

Der wichtigste Punkt in diesen Ideogrammen ist immer der Mittelpunkt, wo alle Achsen sich schneiden. In einem Ideogramm in der »Schalenhöhle« ist er durch eine kleine Vertiefung besonders hervorgehoben *(Abb. 110)*.

Abb. 109. Ideogramme aus der Höhle am Berge »Chapeau de Napoléon«.
Vierecke mit vier Achsen.

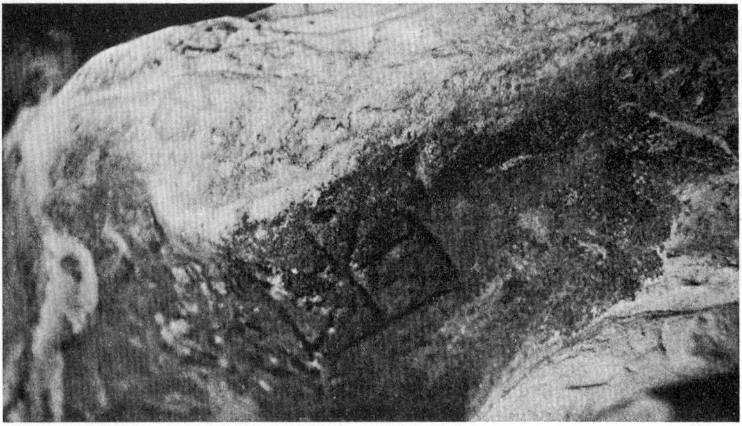

Abb. 110. Viereck mit vier Achsen und vertieftem Mittelpunkt. Aus der »Schalenhöhle« im Felsmassiv »Dame Jouanne«.

Ein solches »Schälchen« ist nur dann in seiner Bedeutung als Zentralpunkt zu verstehen, wenn es im Mittelpunkt des Vierecks steht, so wie wir es in der Höhle »Rochers aux Potets«, die oben erwähnt wurde, ausgeführt finden *(Abb. 111).* Im Ideogramm konnten, wie auf den keltischen Münzen aus Jersey, die Achsen auch fortgelassen werden.

Diesen Gedanken manifestierte schon der Jungpaläolithiker. Als Beispiel sei hier die bekannte Ritzzeichnung auf Knochen angeführt, die sich im Museum von Les Eyzies befindet *(Abb. 112).* Die Darstellung wird meist beschrieben als »eine Reihe galoppierender Hirsche und Salme«. Was haben die Hirsche bei den Fischen zu suchen? Es gibt aber noch etwas auf diesem Bild, was zu dieser Schilderung nicht recht passen will. Es sind die zwei Vierecke mit dem Punkt in der Mitte. Weshalb wurden sie hinzugesetzt, müssen doch Bilder und Zeichen in den gleichen Denkbereich gehören? Erst das Verständnis der abstrakten Chiffre bringt uns der Bedeutung der Darstellung näher. Sie gibt durch das Ideogramm als den Denkraum die »Weltordnung« an. In diesem Sinne müssen auch die Bilder verstanden werden. Der Fisch war immer mit dem Gedanken an das Wasser verbunden, und im gleichen Sinne mit der, wie man annahm, vom Wasser erfüllten Unterwelt. Mit dem

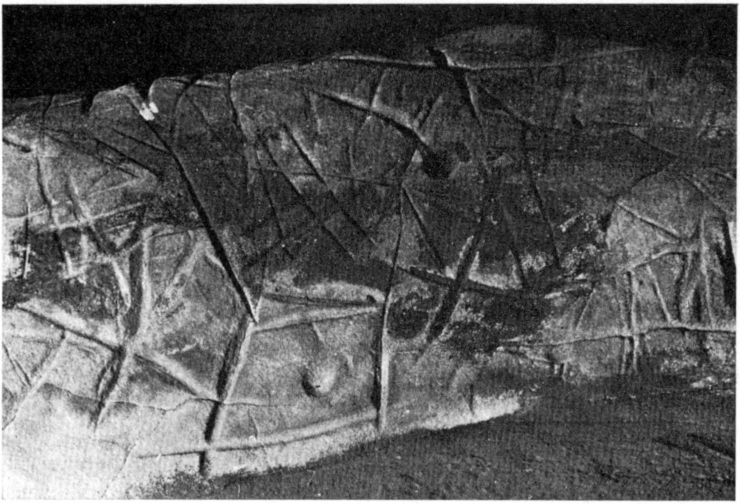

Abb. 111. Viereck mit vertieftem Mittelpunkt. Höhle »Rochers aux Potets«.

Abb. 112. Jungpaläolithische Ritzzeichnung auf Knochen aus dem Museum von Les Eyzies (Abrollung).

Abb. 113. Silberne Drachme aus Istros (Moesia)
vom Anfang des 4. Jh. v. Chr.

»Hirsch« wurde, wie wir der Edda entnehmen können, ein Sternbild bezeichnet. Man sah es am Himmel. Mit dieser Darstellung ist also Oberwelt und Unterwelt, kurz der ganze Kosmos gemeint, genau wie im beigefügten Zeichen.

Alle jungpaläolithischen Bilder sind durch Ideogramme gekennzeichnet, die den Schlüssel zum Verständnis der Bildsymbolik bringen, wie auch auf den keltischen Münzen. Diese Art der »Beschriftung« gibt es noch bei den Griechen. Aus der Fülle von Beispielen sei hier eine silberne Drachme aus Istros (Moesia) vom Anfang des 4. Jahrhunderts v. Chr. hervorgehoben. Das Münzbild zeigt einen Adler, der einen Delphin in den Fängen hält *(Abb. 113)*. Diese Darstellung könnte leicht als eine alltägliche Begebenheit angesehen werden, wenn nicht der »Schlüssel« hinzugefügt worden wäre. Es ist das Kreuz mit den vier verdickten Endpunkten, die Chiffre der Weltordnung. Sie gibt kund, daß hier nicht eine zufällige Szene gemeint ist, sondern daß das Bild symbolische Bedeutung besitzt. Wieder stehen sich hier im Bild vom

Wassertier und Vogel Unterwelt und Oberwelt gegenüber, die sich zum Weltbild ergänzen.

Während die schöpferische Phantasie des Menschen sich immer neue symbolische Bilder ausdenken konnte, ist der Rahmen des Ausdrucks im Ideogramm relativ beschränkt. Aber das Sinnzeichen bringt das Wesentliche, das Grundprinzip, was man den Bildern nicht ansehen würde. Die Zeichen überdauerten alle Zeiten und gerieten nicht mehr in Vergessenheit. In ihnen bestätigt sich mehr als in den Bildern die Kontinuität der geistigen Genese.

Die Entwicklung der Ideogramme konnten wir in den Kulthöhlen der Île-de-France verfolgen, die hier durch die verwendeten Kommunikationsmittel einer sehr frühen Zeit das entsprechende Gepräge erhielten. Wo ihr eigentlicher Ursprung zu suchen ist, mag die Zukunft lehren, aber ihre Entwicklung zeichnet sich in den Höhlen der Île-de-France ab. Ein solches eigenartiges Kulturzentrum mit über 2000 Kultstätten wäre wohl in keinem Winkel der Welt bis heute noch ganz übersehen worden.

Wenn auch die Inzisionen in diesen Höhlen zweidimensional dargestellt sind, so ergänzen doch gerundete Naturformen, die in den Kult einbezogen wurden, das Bild. Die Voraussetzung für alle Ideogramme war der universale Begriff vom All. Er blieb auch für spätere Zeiten das Grundprinzip. Im Jungpaläolithikum sind alle Bildsymbole auf das primäre Weltbild bezogen, das man in den Wölbungen der Höhlen sehen wollte, aber man gab außerdem dem Grundgedanken Ausdruck in Form des Sphäroids. In der jungpaläolithischen Kulthöhle von Montespan in den Pyrenäen wurden aus Lehm geformte Kugeln gefunden, die an die oben angeführten altpaläolithischen Lehmkugeln erinnern, die aus Achenheim im Elsaß stammen.

Wohl hatte man inzwischen den kosmischen Raum genauer gegliedert und seine gesetzmäßige Ordnung gefunden, aber die Vorstellung der Welt als Sphäroid blieb im Bewußtsein der Menschheit verankert.

Das gilt auch für die Mittelsteinzeit, das Azilien. Sie bezeugte ihr Wissen durch die bemalten Kiesel, die vor allem in der Kulthöhle Mas d'Azil, Dép. Ariège entdeckt wurden und sich heute im Museum Saint-Germain-en-Laye bei Paris befinden. Einzelne davon wurden schon angeführt.

Immer wieder mußten wir feststellen, daß zuerst ein Plan vorhanden war und dann ein entsprechender Stein gesucht wurde. Es ist deshalb beachtenswert, daß runde Kiesel nicht zufällig hier lagen. Der Typ des Sphäroids muß noch immer bedeutungsvoll gewesen sein, denn ein solcher ist hier durch

Abb. 114. Runder Kiesel mit einem roten Punkt aus der Höhle Mas d'Azil, Dép. Ariège. Mittelsteinzeitlich.

Abb. 115. Würfelförmiger Kiesel aus der Höhle Mas d'Azil, auf einer Seite fünf Punkte, auf der zweiten zwei, auf einer dritten ein senkrechter Strich. Mittelsteinzeitlich.

einen roten Punkt gekennzeichnet worden. Sollte damit sein Charakter als Symbol der Einheit gemeint sein? Kannte man noch den undifferenzierten, einheitlichen Universalbegriff und seine Darstellung, ohne natürlich zu wissen, wie alt diese Idee gewesen ist? War die Einheit äquivalent mit dem All *(Abb. 114)*?

Inzwischen hatte der Kosmos, wie wir sahen, aber auch »Ecken« bekommen. Dreidimensional dargestellt wurde die »Kugel« zum »Würfel«. Diese Idee konnte gleichfalls als Naturform gefunden werden, verlangte die Denkform jener Zeit doch noch nicht die Prägnanz unseres heutigen Würfels. Unter den Kieseln von Mas d'Azil blieb ein ungefähr achteckiger Stein erhalten, der an einen Würfel erinnert *(Abb. 115)*. Es ist ebenfalls eine einheitliche Gestalt, aber die Ordnung im Kosmos war fortgeschritten. Man hatte die vier Kardinalpunkte gefunden und den Schnittpunkt der Weltachsen, den Mittelpunkt im All. Daraus ergaben sich fünf Kardinalpunkte, die hier in roter Farbe in der klassischen Anordnung auf eine Seite des Würfels gezeichnet sind.

Die Entwicklung des Weltbildes vom Sphäroid bis zum Würfel setzte die geistigen Bemühungen vieler Generationen voraus. Aber der Weltplan des Würfels war nur möglich, weil in nebelhafter Frühe ein schöpferischer Geist das All als Kugel begriffen hatte. Wenn wir die Entwicklung der Kultur verfolgen wollen, so müssen wir in weiten zeitlichen Dimensionen denken. Die Höhlen in der Île-de-France bieten uns die Möglichkeit, Einblicke in diese geistige Bewegung zu gewinnen.

Kapitel III Das Prinzip der Zeit

1. Die Grundordnung nach den drei Mondphasen

Der Mensch, der sich im Raum orientierte, wird auch erkannt haben, daß er im Strom der Zeit stand. Die Sonne, die ihm die Richtung gewiesen hatte, fixierte zugleich einen Zeitabschnitt, denn mit ihrem Untergang wurde es dunkel, der Tag war zu Ende, es folgte die Nacht. Dieser rhythmische Wechsel von Tages- und Nachtzeiten kann auch dem Jäger nicht entgangen sein.

Für die Einteilung der Zeit in längere Perioden bot sich als Maßstab der Mond an. Sein kontinuierlicher Wechsel stand allen Geschöpfen vor Augen, aber nur der Mensch war fähig, ihn bewußt zu erleben und aus den vielen ähnlichen Formen ein bestimmtes Prinzip zu erfassen, das sich regelmäßig wiederholte (Siegmund). Er sah also nicht nur die 27 Mondformen, sondern erkannte das Strukturbild des zunehmenden, vollen und abnehmenden Mondes und erlangte damit den allgemeinen Begriff der drei Mondphasen. Sie ermöglichten die Gliederung des Zeitablaufs nach dem Schema der Drei.

Damit wurde das unanschauliche Grundprinzip gefunden. Diese Erkenntnis kann wesentlich älter sein als die ersten Spuren, die sich davon im Fundmaterial zeigen. Sie blieb erhalten, auch als im Jungpaläolithikum eine genauere Zeitordnung gefunden wurde, ein Mondkalender, den A. Marshack in Form von Einkerbungen auf jungpaläolithischen Fundstücken feststellte. Erst als nach dem Gesetz, daß das, was oben ist, auch unten sein muß, dieses Grundprinzip den Nachvollzug vom Menschen erforderte, zeichneten sich dreifache Wiederholungen bei Kulthandlungen ab. Eine Opferhandlung aus dem Altpaläolithikum scheint schon diese Vorschrift zu verraten:

Im See von Lehringen wurden, wie schon erwähnt, an einer Stelle in der Nähe des ehemaligen Ufers drei vom Tierkörper abgetrennte Bisonschädel gefunden, die sich in der kühltemperierten Torfschicht ausnahmsweise erhalten hatten. Es fällt auf, daß das Opfer hier in dreifacher Wiederholung vollzogen wurde.

Abb. 116. Drei tief eingeritzte parallele Linien in der Kulthöhle »Malesherbes«, Dep. Loiret.

Mit der Drei war ein Schema entstanden, das, aus der Tiefe menschlicher Existenz kommend, in allen Formen kultureller Entfaltung nachzuspüren ist. Es bestimmte auch das geistig-seelische Erleben und die entsprechenden Handlungen. Das begann mit vagen Erscheinungsformen im Altpaläolithikum und läßt sich kontinuierlich verfolgen.

Im Mittelpaläolithikum mehren sich die Spuren der Drei im religiösen Brauchtum. Bei den Bestattungen in La Ferrassie, Dép. Dordogne, hat die

Drei offensichtlich als Ordnungsfaktor mitgewirkt. Der schon angeführte Schalenstein ist ungefähr dreieckig. Drei mal drei kleine »Hügel« in der Nähe der Bestattungen sind vielleicht Reste religiöser Zeremonien, und drei besonders schöne Silexwerkzeuge lagen über einer Bestattung in der gleichen Ausrichtung wie der Tote. F. M. Bergounioux hebt die außerordentliche Bedeutung dieser kultischen Manifestationen hervor, die er im Zusammenhang mit dem Mondwechsel verstanden wissen will (67).

In der alten ägyptischen Kultur wurde der Mondgott auch »der Schreiber« genannt, denn durch die drei wechselnden Lichtgestalten »schrieb« er die Zeitordnung an den Himmel. Ähnliche Beobachtungen können auch die Gläubigen in den Kulthöhlen der Île-de-France bewegt haben, nur mußten die Ausdrucksformen dafür erst gefunden werden. Die Genauigkeit der drei verschiedenen Mondformen fehlte noch, aber das Grundprinzip der Drei dürfte vorhanden gewesen sein, als Kommunikationsmittel standen die gerade Linie

Abb. 117. Auf der rechten Seite des Bildausschnittes drei tief eingeschliffene parallele Linien. Höhle »Rochers des Potets«, Dép. Seine-et-Oise.

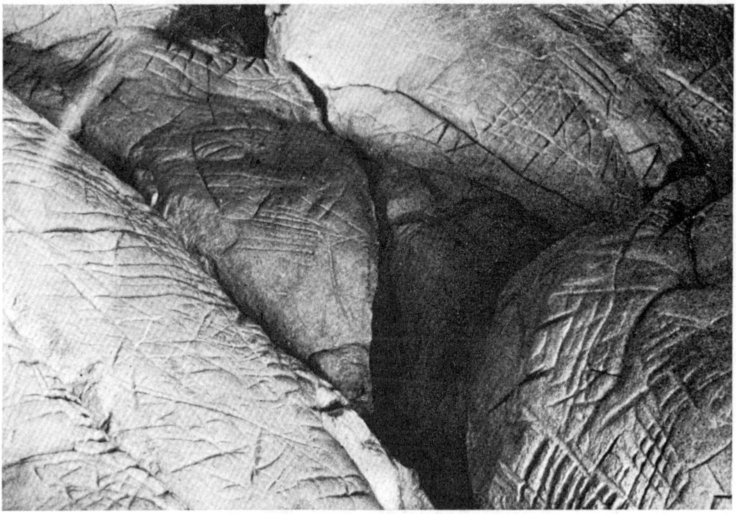

Abb. 118. An der rechten oberen Ecke drei parallele Linien.
»Feenhöhle« bei Milly-la-Forêt, Dép. Seine-et-Oise.

und das Schälchen zur Verfügung. Daraus ließen sich zahlreiche Figuren bauen, die, obwohl äußerlich verschieden, doch dem gleichen Gedanken entsprachen. Die Überlieferung konnte sich der einen oder anderen Form bedienen, ohne daß es, wie Positivisten annehmen, zu einem Bruch in der Überlieferung des Gedankens kam, weil die Ausdrucksform wechselte. Es soll versucht werden, in den Höhlen die verschiedenen Ideogramme, die Dreierwertigkeit verraten, nacheinander nachzuweisen und ihre Bedeutung dadurch zu erhärten, daß wir sie in großen Zügen bis in spätere Zeiten verfolgen. Da der Mond zu allen Zeiten allen Völkern der Erde zur Beobachtung zur Verfügung stand, konnte er nicht aus dem Bewußtsein der Menschheit verschwinden.

Die Finger waren immer zur Hand, und der Begriff »Drei« ließ sich wie durch drei gestreckte Finger auch durch drei gleichlaufende Linien darstellen. Es mag die einfachste und älteste Ausdrucksform gewesen sein. Nach J. L. Baudet gehören Gruppen von drei parallelen Linien zu den frühesten

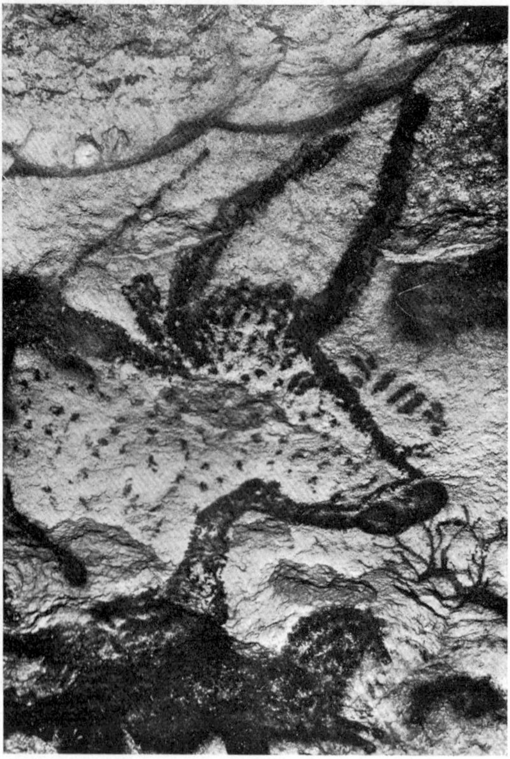

Abb. 119. Drei parallele rote Linien vor der Stirn des größten schwarzen Stierkopfes im »Saal der großen Stiere« (Windels Nr. 9). Höhle Lascaux bei Montignac, Dép. Dordogne.

Inzisionen in der Île-de-France. Sie wurden nicht vergessen, sondern sind dort wahrscheinlich zu allen Zeiten ausgeführt worden und sprechen uns heute noch von den Höhlenwänden an. Meist sind sie nicht zu übersehen. In der Kulthöhle bei Malesherbes sind sie besonders tief eingefurcht und treten dadurch stärker hervor als die anderen Ideogramme auf dem kleinen »Hügel«

in der Mitte des Kultplatzes *(Abb. 116)*. Auch in anderen Höhlen ist immer wieder das gleiche Zeichen zu erkennen, in der Höhle »Rochers des Potets« an einem hervorspringenden Felsbuckel *(Abb. 117)* und in der »Grotte aux Fées« bei Milly-la-Forêt, Dép. Seine-et-Oise, an einer gut sichtbaren Wölbung der Wand *(Abb. 118)*.

Wie leicht könnte man annehmen, daß diese Rillen einem praktischen Zweck gedient hätten, daß darin vielleicht Werkzeuge geschliffen wurden, doch dieser Annahme widerspricht die Tatsache, daß sie auch an anderen Kultplätzen zu finden sind, z. B. in roter Farbe ausgeführt vor der Stirn des größten schwarzen Stierkopfes im »Saal der großen Stiere« (Windels Nr. 9) in der jungpaläolithischen Kulthöhe Lascaux, Dép. Dordogne *(Abb. 119)*.

2. Die Bildsymbolik des Jungpaläolithikers

Damit stellt sich die Frage, was die Drei beim Stierbild zu suchen hat. Das führt wieder zur Beobachtung zurück. Während die Raumordnung unanschaulich war, bot der Mond dem Auge sichtbare Formen. Man konnte ihn aber nicht mit der Hand erreichen, um seinen wahren Charakter zu ergründen, dafür war der Phantasie Tür und Tor geöffnet. Alle Zeiten dachten sich Vergleiche aus und schufen lunarsymbolische Bilder. Der Jungpaläolithiker machte den Anfang damit.

Da er Jäger war, dachte er beim Anblick der Mondbogen an das Großwild. Zog dort oben vielleicht ein Mammut über den Himmel, von dem man nur die Stoßzähne sah? Glichen die Halbmonde den Hauern des Ebers, den Hörnern des Bisons, des Stieres? Wenn wir heute von »Mondsicheln« sprechen, so ist diese Bezeichnung das Erbe bäuerlicher Vorfahren, doch ist uns noch die Bezeichnung als »Mondhorn« geläufig. Shakespeare spricht im Sommernachtstraum vom »doppelgehörnten« Mond, und wir verstehen diesen Vergleich.

Im Laufe des Jungpaläolithikums wurden viele Vergleiche erdacht und entsprechend zahlreiche Tiere gezeichnet, die die Wölbungen der Kulthöhlen überziehen. Diese Jäger kannten den lunarsymbolischen Charakter der Darstellungen und fügten deshalb den Bildern die entsprechenden Ideogramme bei. Sie ergänzten das symbolische Bild. Da der Vergleich von den sichtbaren Teilen, den Hörnern, ausgegangen war, konnten diese allein oder im Zusammenhang mit dem Kopf dargestellt werden, wie in der Höhle Lascaux. Im Saal der großen Stiere ist der größte Stierkopf mit »harfenförmig« gedrehten Hörnern wiedergegeben, die rot umrandet sind, so rot wie das Ideogramm vor der Stirn. Diese Anordnung der beiden Hörner entspricht der Form der gegenständigen Mondbogen. Sie ist auf vielen jungpaläolithischen Kultbildern festzustellen. Das führte dazu, daß sie wie »gedreht« auf den von der Seite gezeigten Tierkörpern stehen *(Abb. 120)*. So zerstörte die Bedeutung den natürlichen Zusammenhang der Körperteile. Mit der Zeit wurden auch noch die Hufe der Tiere zur Aussage herangezogen, und auch dann »verdrehte« der Gedanke die natürliche Sicht (68).

Mit den Bildern schuf der Jungpaläolithiker eine neue Ausdrucksform, die seine Epoche kennzeichnet. Im Gegensatz zu den klaren, sachlichen Ideogrammen in den Kulthöhlen der Île-de-France konnten im Jungpaläolithikum Meisterwerke der Kunst entstehen, die den Ablauf der Zeit in mancherlei spektakulären Darstellungen vor Augen führten. Sie ergänzten die Ideogramme, verdrängten sie aber nicht. Die Idee vom Mondzyklus lag sowohl den Zeichen als auch den Bildern zugrunde, deshalb konnte auf die Drei jederzeit zurückgegriffen werden.

Ein Beispiel dafür liefert ein gelochter Langknochen aus der Höhle El Pendo bei Santander in Spanien *(Abb. 121, 122)*. Auf jede Seite ritzte ein Jungpaläolithiker je drei zu dritt stehende Liniengruppen. Die Richtung der Gruppen wechselt ab, so daß der Dreierwert klar zum Ausdruck kam.

Auf einer Seite des Langknochens ist ein Fisch eingeritzt. Sein Schwanz und seine Flossen, auch die Kiemendeckel bestehen aus je drei parallelen Linien, zweifellos wird hier auf Zusammenhänge zwischen Bild und Zeichen hingewiesen. Es ist die Ausdrucksform der Jungpaläolithiker, die den Fisch benutzt, um einen zu jener Zeit noch weiten Begriff darzustellen. Da das Bild auf dem Kultstab steht, hat es sicher symbolische Bedeutung. Wenn der Jungpaläolithiker es verstehen konnte, dürfen auch wir den Versuch wagen, dem Sinn der Darstellung näher zu kommen.

Der Fisch suggeriert den Gedanken an das Wasser, das schon immer im Kult eine Rolle spielte. A. Rust stellte durch Grabungen in Ahrensburg bei Hamburg fest, daß Tiere als Opfergaben ins Wasser versenkt wurden. Man suchte zum Kult auch alte Flußläufe auf, die tief unter die Erde hinabführten und noch heute teilweise überflutet sind. Ein solcher alter Kultplatz ist die Höhle Niaux in den Pyrenäen. An den Wänden der großen »Rotunde« be-

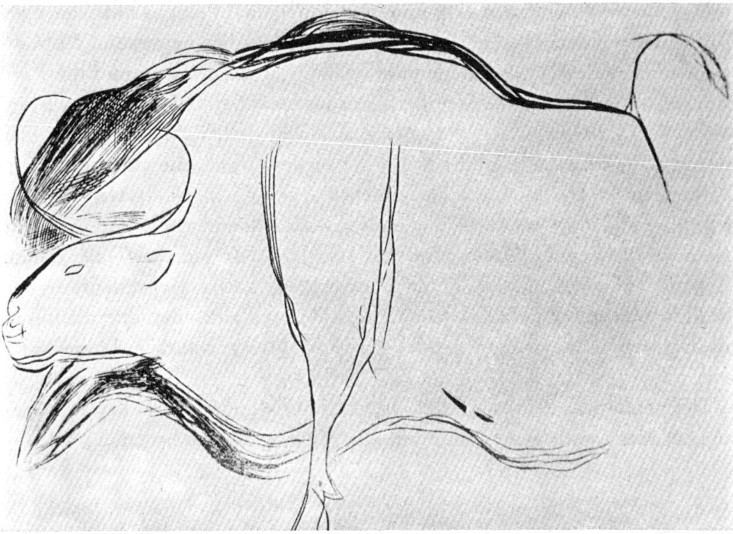

Abb. 120. Darstellung eines Bisonkopfes mit »verdrehten« Hörnern aus der Höhle Candamo (Asturien) Gr. etwa 55 cm.

finden sich die bekannten Bisonbilder, und in den nassen Lehm des Bodens wurden Fische eingeritzt. Sie stehen damit im räumlichen Zusammenhang mit den Gewässern der Tiefe, die als Quellen wieder zutage traten. Glaubte man im Wasser den Weg gefunden zu haben, der die Gestirne vom »Untergehen« im Westen zum »Aufgehen« im Osten führte, bezeichnete es den Ort, wo der Mond drei Nächte weilte und sich das Wunder der Erneuerung ereignete? Die Bisonstiere sind in Niaux durch Pfeile als sterbend gekennzeichnet, aber auf dem Boden konkretisieren die Fische den Gedanken vom Wasser, das wieder zum Licht emporführt.

Im Jungpaläolithikum sind oft Fische dargestellt worden, und sie können der frühen Zeit entsprechend den allgemeinen Begriff des Chthonischen angegeben haben. Da gleich dem Stierbild auch die Dreiheit den Gedanken des Mondzyklus wiedergab, konnte das Bild des Fisches mit dem Ideogramm verschmelzen.

Die Tierbilder sind mit dem Ende des Jungpaläolithikums nicht aus dem Kult verschwunden. Die Gestirne waren allen Menschen heilig, und die Kulturen am Mittelmeer bevorzugten die symbolische Darstellung im Bild. Frobenius hat die Kontinuität der Stierbilder bis nach Ägypten verfolgt, wo der »Apisstier« Zeugnis von diesen alten Zusammenhängen ablegt (69). Es blieb dabei noch eine gewisse Lücke in Vorderasien bestehen, die sich durch neue Grabungen in Südanatolien zu schließen beginnt. In Çatal Hüyük grub J. Mellaart eine stadtähnliche Siedlung aus, die schon in vorkeramischer Zeit angelegt wurde und zahlreiche Kultstätten enthielt, die vom Stierkult zeugen. Mellaart schreibt, daß sich nirgendwo die konservative Geisteshaltung der Menschen besser zeige als dort, wo Jägerkulturen sich mit Bauernkulturen mischten und das geistige Erbe des Jungpaläolithikers stark in Erscheinung tritt.

Der anatolische Stierkult leitet über zu den Religionen des alten Mesopotamien, denen noch immer der Stier ein religiöses Symbol bedeutete. Ur war

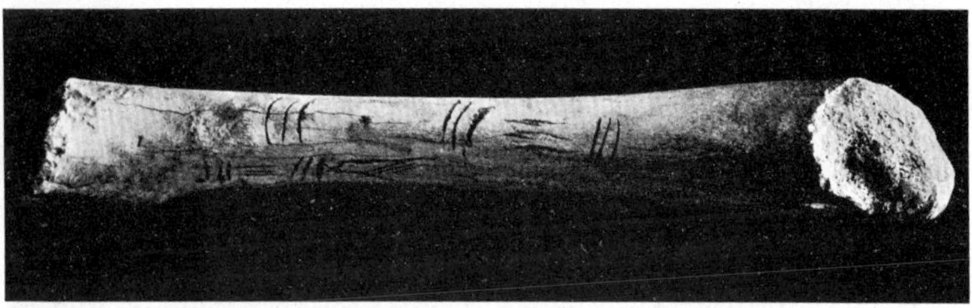

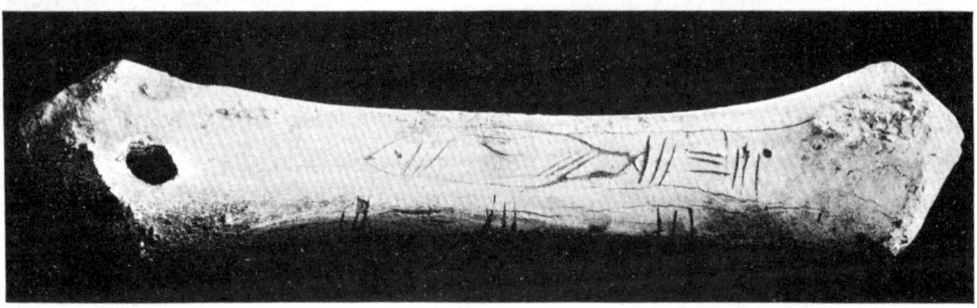

Abb. 121, 122. »Lochstab« aus einem Langknochen. Eingeritzte Gruppen von je drei parallelen Linien, die zu dritt stehen, und einem Fisch. Aus der Höhle El Pendo bei Santander, Museo de Prehistorica y Arqueologia, Santander. Vor- und Rückseite, 24 cm lang.

Abb. 123. Felsbild aus Naquane bei Capo di Ponte, Valcamonica. Helle Spuren von Kultschlägen in der oberen linken Ecke und rituellen Schleifspuren links unten.

das Zentrum der Mondverehrung, dessen Symbol auch dort der Stier war. Wir haben einen sumerischen Text, der die Bedeutung dieses Bildes erklärt. Da man die Zeit am Mondwechsel ablas und die Mondbogen mit Hörnern verglich, heißt es, daß der Mond der »Himmelsstier« sei, der mit den goldenen Hörnern die Zeit bestimmt (70).

Im Zweistromtal erfolgte die Anrufung der großen Gestirne in einem bestimmten Rhythmus. Ein Text aus der Zeit Assurbanipals lautet: »... Am 9. Tag sollst Du Mond und Sonne drei mal drei anrufen« (70). Der Lochstab aus El Pendo gab vielleicht auch diese Kultvorschrift an. Die Anrufung konnte evtl. durch Geräusche begleitet werden wie z. B. das Klopfen auf Stein. Viele solcher Schlagmarken sind erhalten geblieben, es gibt sie in den Höhlen der Île-de-France, in den jungpaläolithischen Kulthöhlen, auf den Felsbildern in Schweden und besonders zahlreich auf den Kultfelsen von Valcamonica, Prov. Brescia, Italien. Dort sehen wir z. B. ein Bild, neben dem Linien gekratzt und rituelle Schläge angebracht worden sind. Sie sehen noch heute hell aus, sind aber nicht nachgezeichnet, sondern haben sich über 2000 Jahre frisch erhalten *(Abb. 123)*. Die Schläge, die ein einzelner ausführte, trafen oft ungefähr die gleiche Stelle. Deshalb läßt sich manchmal noch feststellen, daß die Schlagmarken zu dritt stehen.

Wir können die bedeutungsvolle Rolle der Dreiheit also weit zurückverfolgen. Sie beginnt nicht in den orientalischen Religionen, diese Idee gründet in den ältesten abendländischen Kulturen.

3. *Die Drei im Graphischen*

Noch vor dem Ende des Jägertums trat in Mitteleuropa die bildhafte Aussage in den Hintergrund. Das zeigen die schon oben angeführten Kiesel aus der alten Kulthöhle Mas d'Azil, Dép. Ariège. Es wurden solche gezeigt, die sich in abstrakter Ausdrucksweise auf das Prinzip der Raumordnung beziehen. Die Bemalung anderer Kiesel deutet das Grundgesetz der Zeitordnung an.

Bei der Auswahl der Kieselsteine ging der Mesolithiker von bestimmten Gedanken aus und suchte entsprechend geformte Steine. Er kannte noch die Bezeichnung der Halbmonde als Hörner, denn er wählte einen Stein, der wie ein Horn aussah, und betupfte ihn mit roter Farbe, die leider recht verschwommen ist. Auch das Bild des Halbmondes war zu finden, ihm wurden drei gerade Linien aufgezeichnet *(Abb. 124)*.

In den meisten Fällen wurde auf äußerliche Ähnlichkeit, also auf bildhafte Formen verzichtet, die graphischen Zeichen bedurften dieser Ähnlichkeit nicht. Die Idee hatte Zahlenwert, und der Ausdruck konnte mit den Mitteln der alten Zeit in Form von Strichen oder Punkten geschehen. Es sind besonders zahlreiche Kiesel gefunden worden, auf denen Punkte oder Striche zu dritt stehen *(Abb. 125)*.

Es war das paläolithische Erbe, das hier erneut zum Ausdruck kam. Den gleichen Ausdruck in Form von drei Punkten oder drei Strichen finden wir in allen folgenden Epochen, es würde aber zu weit führen, hier, wo eine Übersicht gesucht wird, den Ballast endloser Analogien einzufügen. Es war vor allem die Zeit der Urnenfelderkulturen, die in Form von geometrischen Ornamenten das Grabgefäß mit der alten Symbolik umgab.

Wie schon oben erwähnt, war das Ausdrucksschema für den Begriff der Dreiheit am Beginn der Entwicklung noch nicht festgelegt. Man hatte als

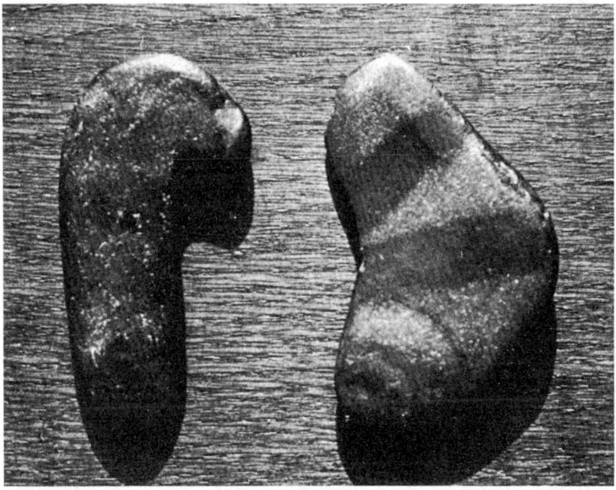

Abb. 124, 125. Bemalte Kiesel aus der Kulthöhle Mas d'Azil, Dép. Ariège. Die Bezeichnung besteht aus drei parallelen Strichen oder drei Punkten. Mittelsteinzeit.

Ausdrucksmittel die Gerade und konnte sie beliebig anordnen. Daraus ergaben sich immer wieder neue geometrische Formen. Statt drei Linien gleichlaufend einzuritzen, konnten sie auch zum Dreieck verbunden werden. Der ternäre Charakter dieses Ideogramms wurde dann nicht nur durch die Dreizahl der Seiten, sondern auch durch die drei Ecken, drei Winkel unterstrichen.

Abb. 126. Ideogramme in Form von Dreiecken von der Decke der zusammengebrochenen »Schalenhöhle« im Felsmassiv der »Dame Jouanne« bei Larchant.

Solche Dreiecke finden wir z. B. an der Decke der zusammengebrochenen Höhle im Felsmassiv der »Dame Jouanne«. Sie stehen z. T. unmittelbar über der ausgearbeiteten Schale, die oben angeführt wurde *(Abb. 126)*. Dieser Zusammenhang kann nicht zufällig gewesen sein. Vielleicht führte die Deckplatte vor dem Abbruch Feuchtigkeit, die Versinterung des Steines läßt es fast vermuten, dann könnte von den Dreiecken Wasser getropft sein, das die »Erdschale« aufnahm. Es mag die Beobachtung dahinter stehen, daß vom Himmel – oder man glaubte auch: vom Mond – der Tau, der Regen herabfiel und die Brunnen, die Tiefe mit Wasser füllte. Welche Gedanken auch immer hinter den Darstellungen liegen, wir müssen versuchen, zur Beobachtung zurückzufinden, die hier unmittelbar zur Formel führte.

Jedes der oben angeführten Dreiecke zeigt in der Mitte eine kleine punktförmige Vertiefung. Sollte damit vielleicht die Einheitlichkeit des lunar-

Abb. 127. Dreieck mit Unterteilung. Drei Schälchen an den drei Ecken. Aus der Höhle »Jean Angelier« bei Noisy-sur-l'Ecole. Auf dem Boden angebracht.

symbolischen Begriffs betont werden, der sich in dreifacher Gestalt zu erkennen gab?

Ein größeres Dreieck befindet sich auf dem Boden der Kulthöhle »Jean Angelier« bei Noisy-sur-Ecole *(Abb. 127).*

Das große Dreieck ist nochmals unterteilt. Zwei Winkel sind durch gerade Linien abgetrennt, und es entstanden dadurch drei ineinander geschachtelte Dreiecke, eine dreifache Drei. Diese Potenzierung ergab sich schon aus den drei mal drei parallelen Linien, die der Jungpaläolithiker in den Langknochen der Höhle El Pendo geritzt hatte *(Abb. 121)*. Die Ecken des großen Dreiecks lassen Einschläge erkennen, flache Schälchen. Diese dreieckig angeordneten Mulden bringen wieder einen neuen Ausdruck für die Dreiheit.

Es ist nicht festzustellen, wann das Ideogramm des Dreiecks zuerst erdacht worden ist. Dem Jungpaläolithiker war es bekannt. Er entwickelte es nicht, zu seiner Zeit war es schon ein Schema. Es steht an der Wölbung der Apsis in der Kulthöhle Lascaux (Windels Nr. 55). Er verwendete es auch, um auf die lunarsymbolische Bedeutung von Tierbildern hinzuweisen, vielleicht darf man sagen, daß er sie »beschriftete«. Beispiele dafür liefert die Kulthöhle Rouffignac, Dép. Dordogne. Dort sind viele große Mammutbilder zu sehen. Wie schon angeführt, konnten die hellen gebogenen Stoßzähne mit den Mondbogen verglichen werden, vielleicht genügte das nicht. Man zog mit drei Fingern drei senkrechte Furchen in den feuchten Lehm der Wand unmittelbar vor dem Tierkopf und umschloß das Auge durch das Dreieck *(Abb. 128)*. Da jedes Horn mit dem Mondbogen verglichen werden konnte, war es möglich, verschiedene Tierarten als Symbole zu verwenden und sie dem Gedanken entsprechend durch Dreiecke zu kennzeichnen.

Das Dreieck war eine schöpferische Idee, die in den Begriffsschatz der Menschheit einging. Als die lunarsymbolischen Bilder verschwanden, überdauerte dieses Ideogramm. Es wurde vielfältig angewendet und auch zum Ornament zusammengestellt, wie z. B. auf der Keramik.

Dreieck und Stierbild im gegenseitigen Bezug wurden überliefert. In Ägypten war seit dem Neolithikum der heilige Stier Apis bekannt. Er genoß göttliche Verehrung. Auf einer Statuette aus saitischer Zeit zeigt er sich mit Symbolik beladen und gibt dadurch Aufschlüsse über seine Bedeutung *(Abb. 129)*. Auf jeder Flanke ist ein Mondbogen eingeritzt und verrät den lunarsymbolischen Charakter des Stierbildes. Auf der Stirn trägt er das Dreieck, das Zeichen der Lunarsymbolik. Jedes Bild von ihm läßt zwei Hörner erkennen, in Seitenansicht gezeichnet werden diese deshalb gedreht dargestellt, denn der Mond hatte zwei »Hörner«. Zwischen beiden steht wie eine runde Scheibe der Vollmond. Dieses Symbol der drei Phasen, Bogen – Rundung – Bogen, trägt auch Hathor, die Mondgöttin, auf dem Kopf. Auf der runden Scheibe zwischen den Hörnern der Apis-Statuette steht wieder ein Zeichen, das Dreiblatt, und betont die ternäre Natur der Lunarsymbolik.

Mit ähnlicher Sorgfalt wurden keramische Stierbilder als lunarsymbolisch gekennzeichnet, die heute im Museum von Heraklion stehen. Dreiecke am

Abb. 128. Ritzzeichnung eines Mammuts mit dreieckigem Auge, vor der Stirn drei parallele Linien. Aus der Höhle Rouffignac, Dép. Dordogne. Photo Prof. Nougier.

Kopf der Tiere und Mondsicheln auf den Flanken geben den Charakter des Bildes zu erkennen *(Abb. 130).*

Im alten Mesopotamien ist der Stier durch die Schrift als Symbol des Mondes erklärt. Er galt als der »Himmelsstier« und konnte mit dem Dreieck auf der Stirn dargestellt werden, wie eine Stierprotome zeigt, die als Armstütze an einem Thron diente. Sie wurde in Mari gefunden. Auf der Stirn ist eine helle, dreieckige Muschelplatte eingelegt *(Abb. 131).* Die Arbeit stammt aus der Mitte des 3. Jahrtausends v. Chr.

Das Stierbild ist auch das Leitmotiv auf der vorgeschichtlichen vorderindischen Kulli-Keramik. Es ist stereotyp mit vergrößerten und gedrehten Hörnern wiedergegeben, zwischen denen das trinitarische Dreieck steht. Es ist das bartlose Buckelrind dargestellt; der angesetzte Bart ist vielleicht eine Erinnerung an die bärtigen Bisons, die seit dem Paläolithikum zur Darstellung der Lunarsymbolik dienten *(Abb. 132).*

Mit dem Ende der Eiszeit überwogen im mittleren und nördlichen Europa die Ideogramme, doch die Verehrung des Stieres wurde nicht vergessen. In

Abb. 129. Bronzestatuette des Apisstieres, Ägypten, saitische Epoche. Mondsicheln auf jeder Flanke, auf der Stirn ein Dreieck. 10 cm hoch.

der Megalithzeit wurde in dem Tumulus Saint Michel bei Carnac, Bretagne, der eine große Nekropole war, ein Stier sorgfältig bestattet. Zwischen ihm und den Toten muß eine religiöse Beziehung bestanden haben.

Unter dem Einfluß antiker Kulturen tauchte zur Hallstattzeit gegen 600–400 v. Chr. das Stierbild mit dem Dreieck auf der Stirn in Europa auf. Als Statuette aus Bronze steht es auf dem Rand eines großen Bronzekessels, der als Grabbeigabe in Hallstatt, Oberösterreich gefunden wurde (71). Den

Abb. 130. Stierfigur aus Ton, auf den Flanken Mondsicheln, auf dem Kopf Dreiecke. Museum in Herakleion. 37 cm. Spätminoisch III, Palast von Phaistos.

Stier mit dreieckigen Einlagen auf der Stirn und den Flanken zeigt eine kleine Bronzeplastik, die zwischen Opfergaben in einem Gefäß der mährischen Byči-Skála-Höhle ruhte. Der gleichen Symbolik können die Stierplastiken entsprechen, die in vielen Teilen der Welt gefunden wurden, auch wenn sie keine besonderen Kennzeichen tragen.

Vor allem verehrten die Kelten den »Himmelsstier«. Der keltische Stamm der Corisopiten aus der Bretagne prägte das Stierbild auf seine goldenen

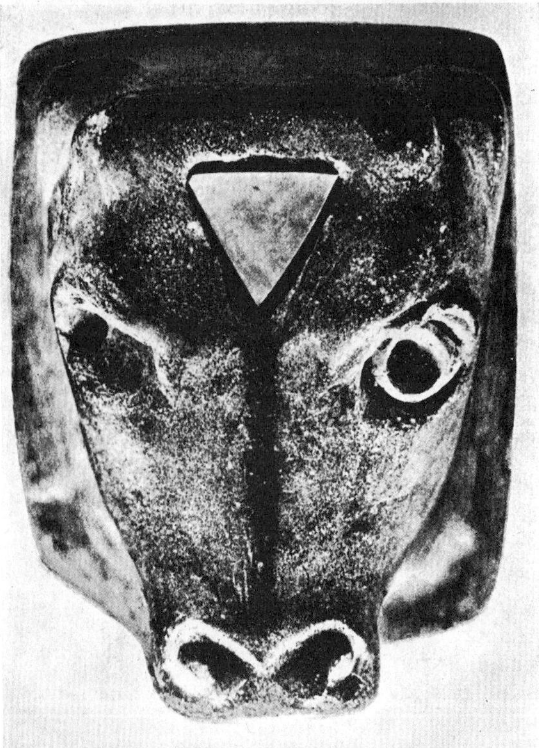

Abb. 131. Stierprotom am Thron der Göttin Ischtar. Auf der Stirn ist eine helle dreieckige Muschelplatte eingelegt. Aus Mari, Mitte des 3. Jt. v. Chr.

Münzen *(Abb. 133)*. Das Tier ist dort mit gedrehten Hörnern dargestellt und steht auf dem Dreieck. Die Lunarsymbolik veränderte auf diesen Prägungen auch den Apollonkopf der griechischen Vorlage. Das Gesicht bekam die Form des Halbmondes, und der Augenwinkel wurde zum Dreieck *(Abb. 134)*. Auf dem Goldstater der Osismii, einem Stamm aus der Bretagne, sind die Eigentümlichkeiten der Keltenprägung besonders klar zum Ausdruck gebracht worden. Sie geben immer das Weltbild wieder, das zusammengesetzt ist aus der im Zeichen des Dreiecks geordneten Zeit und dem durch das Linienkreuz mit den Kardinalpunkten gegliederten Raum.

Gewiß sah auch die Antike im Dreieck ein »Gotteszeichen«, aber man wußte nichts mehr von der Herkunft dieses Zeichens. Es war, wie wir jetzt wieder feststellen können, ältestes abendländisches Geistesgut. Es wanderte vom Westen nach Osten und kam, mit christlichem Geist erfüllt, wieder zurück.

Abb. 132. Stierbilder auf der Keramik der Kulli-Kultur, Vorderindien. Die Hörner sind gedreht, das Auge vergrößert, und darüber steht das Dreieck. Vorgeschichtlich.

Doch wenden wir uns wieder den Höhlen der Île-de-France zu. Die Möglichkeit, Kombinationen von drei geraden Linien zu finden, war mit den bis jetzt angeführten Beispielen noch nicht erschöpft. Das Dreieck ließ sich auch verdoppeln. Vielleicht liegt dieser Idee wieder das Linienkreuz zugrunde. Im Schnittpunkt der beiden Geraden entstanden vier rechte Winkel. Wenn die Schenkel der beiden gegenüberstehenden Winkel je durch eine gerade Linie geschlossen wurden *(Taf. I, Abb. 1)*, entstanden zwei polar gerichtete Dreiecke. Ihre Spitzen berühren sich im Mittelpunkt. Das Zeichen war dann Kreuz und Dreieck zugleich, beladen mit umfassender Machtfülle. Ein solches Ideogramm befindet sich auf dem oben angeführten großen Härtling in der »Kopfhöhle« bei Larchant am unteren Rand des Bildausschnittes. Welcher Gedanke könnte dieser Verdoppelung entsprochen haben?

Genau gesehen bestand die Welt aus den beiden Hälften. Wenn das Dreieck sakrales Zeichen für die Oberwelt war, so mußte es die gleiche Bedeu-

Abb. 133. Elektrum-Stater der Corisopiten, Latour (90) XXIII/6578. 100 v. Chr. Unter der anthropomorphen Figur kleiner Stier mit gedrehten Hörnern, vergrößertem Ohr. Dreieck zwischen den Beinen. Bretagne.

tung für die Unterwelt haben. Diese stand aber in der entgegengesetzten Halbkugel unter der oberen. Diese Polarität kam in der antithetischen Anordnung der Dreiecke zum Ausdruck. Es ergab sich daraus der Gedanke, daß die gleiche Macht beide Teile der Welt beherrschte, also die Herrschaft über die »ganze« Welt ausübte. Noch in den sumerischen Hymnen wird immer wieder betont, daß die Götter über beide Teile der Welt herrschen, über die Ober- und Unterwelt.

Das Ideogramm der doppelten Dreiecke ist in verschiedenen Kulthöhlen der Île-de-France zu finden, wie in der »Grotte aux Fées« bei Milly-la-Forêt, Dép. Seine-et-Oise. Diese Höhle befindet sich in einem abgerutschten Felsblock. Die ehemals waagerechte Oberfläche liegt jetzt schräg *(Abb. 135)*. Das Wasser hat sich durch das Gestein einen Weg gespült und dadurch den Höhlenraum geschaffen. Er ist eng und sehr buckelig. Der Eingang liegt

Abb. 134. Goldstater der Osismii, Latour (90) XXI/6522. Deformierter Apollon-Kopf, mondförmig gebogen mit Dreieck im Augenwinkel, davor das Linienkreuz mit den fünf Kardinalpunkten. Gegen 100 v. Chr. Bretagne.

unter einem Überhang und ist schwer zu erreichen, weil er sehr hoch im Fels beginnt. Das Material der Wände ist besonders hart. Trotzdem ist der ganze Raum mit vielen Zeichen überzogen. Leider blieb er nicht von modernen Kritzeleien verschont.

Im Bild ist ein Teil des Kultraumes zu sehen *(Abb. 136)*. Dort befindet sich eine natürliche Vertiefung, ein sogenannter »Kolk«, neben einer ungefähr gleich großen Erhebung, einem »Kopf«. Diese Formen hatten in den Augen der Menschen der frühen Zeit besondere Bedeutung. Sie wurden in der Höhle Malesherbes, wie angeführt, aus dem Felsen gehauen *(Abb. 46)*, wenn auch in kleinerem Maßstab. Vielleicht führte auch in der »Grotte aux Fées« die hier natürliche Form zum Kult, vielleicht wurde in die Naturformen die Idee von den antithetischen Teilen der Welt hineingesehen, die obere und die untere Wölbung. Zwischen beiden, also auf beide bezogen, steht

Abb. 135. Außenansicht der »Grotte aux Fées« bei Milly-la-Forêt, Dép. Seine-et-Oise. Abgerutschter Felsblock.

das Zeichen der antithetischen Dreiecke. Viele Schlagspuren zeugen von der Verehrung, die es genossen hat.

Wie wir sahen, ließ sich die Entwicklung des doppelten Dreiecks von den beiden sich schneidenden Weltachsen ableiten. Dieses Linienkreuz fand aber die Ergänzung durch die dritte Weltachse, die den Zenit mit dem Nadir verband und immer senkrecht steht. Sie konnte auch zwischen den beiden Dreiecken erhalten bleiben.

Das Zeichen der drei Achsen befindet sich an der Wand der schon mehrmals erwähnten Höhle »Rochers des Potets«, unmittelbar über einer Verwerfung des Felsens, in der Mitte des Bildausschnittes *(Abb. 137)*. Neben ihm steht ein anderes Ideogramm, bei dem die beiden einander gegenüberstehenden Winkel der Kreuzarme zu Dreiecken geschlossen sind. Der Mittelpunkt der

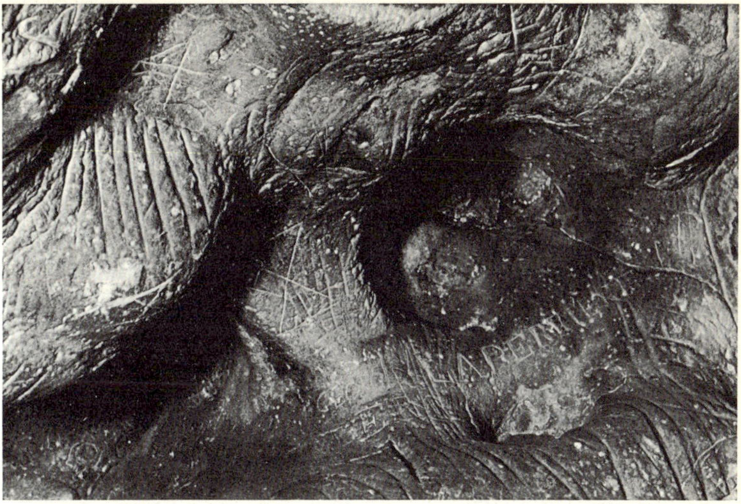

Abb. 136. Aus dem Inneren der »Grotte aux Fées« bei Milly-la-Forêt. Natürliche »Köpfe« und »Kolke«. Mit Ideogrammen versehen, darunter polare Dreiecke.

Abb. 137. Ideogramme aus der Höhle »Rochers des Potets«. Über der Verwerfung das Ideogramm der drei Achsen, daneben »Doppelaxt« mit Mittelachse. Dép. Seine-et-Marne.

Abb. 138. Höhle am »Chapeau de Napoléon«. »Doppelaxt« mit Mittelachse.

Abb. 139. Stein aus Knossos, Kreta. Doppeläxte ohne verlängerte Mittelachse.

Abb. 140. Weibliches Idol aus Gazi,
westlich von Herakleion, spätminoisch III,
es trägt das Diadem mit Vögeln und Hörnern.
Armhaltung im rechten Winkel.

Figur ist durch eine Senkrechte geschnitten. Damit entstand das Bild der »Doppelaxt«.

Mit diesem Zeichen wurde ein neuer Ausdruck für den Begriff der Weltordnung geboren, der von vielen Kulturprovinzen übernommen wurde, doch wir finden ihn auch wiederholt in anderen Höhlen der Île-de-France, z. B. an der Deckenwölbung der oben angeführten Höhle beim Hügel »Le Chapeau de Napoléon« *(Abb. 138)*. Dort tritt die senkrechte Achse noch in ganzer Länge auf. Sie bestimmt die statische Haltung des Zeichens. Es steht senkrecht im Gegensatz zu vielen anderen, die einen beliebigen Richtungsverlauf zeigen.

Abb. 141. Eingang zur Kulthöhle »Jean Angelier« auf dem »Roche aux Sabots« bei Noisy-sur-Ecole.

Mit dem Siegeszug dieses Ideogramms durch weite Teile der Welt trat eine gewisse Sinnentleerung ein. Als aus dem graphisch dargestellten »Plan« das plastische Kultsymbol wurde, verkümmerte die nicht mehr verstandene senkrechte »Weltachse« und wurde zum »Griff«. Wir finden solche Doppeläxte in vielen Kulturen, sie sind dann aber immer etwas Fertiges, Endgültiges, nur in der Île-de-France erkennen wir die Herkunft dieses Symbols. Es ist schon oft betont worden, daß die Doppelaxt lunarsymbolische Bedeutung hatte, aber in die geistige Hintergründigkeit gewinnen wir nur Einblick, wenn wir ihre Genese kennen.

Am bekanntesten sind wohl die Doppeläxte von Kreta. Im alten Herrscherpalast von Knossos sind auf Pfeilern im »Saal der Doppeläxte«, auf Säulen und auf Quadern zahlreiche Darstellungen gefunden worden *(Abb. 139)*. Zum Kult gehörten aber auch der schon angeführte lunarsymbolische Stier und die bedeutungsvollen »Hörner«, die sich auf Zinnen und Mauern reihten. Wie ein Diadem trägt eine Göttin die Hörner auf dem Kopf *(Abb. 140)*. Alle diese Symbole weisen den Kult in Kreta als Mondverehrung aus. Die viel-

Abb. 142. T-förmiges Ideogramm mit drei Schälchen an den drei Endpunkten. Auf dem Boden der Höhle »Jean Angelier« auf dem »Roche aux Sabots« bei Noisy-sur-Ecole.

fältige religiöse Symbolik in Kreta läßt sich auf eine Grundkonzeption zurückführen, diese ursprünglich-schöpferische Idee stammt aus der Eiszeit.

Es ist deshalb verständlich, daß unsere Untersuchungen immer wieder in der Frühzeit ansetzen. Sie ist die Zeit des Planens und Suchens, und die Höhlen in der Île-de-France legen davon Zeugnis ab. Die Zeichen waren dort noch nicht festgelegt und damit in ihrer Zahl begrenzt, man konnte ältere und neuere verwenden, auch welche erfinden, nur im Prinzip waren sie gebunden, d. h. im Ordnungswert der Drei.

Mit dem Ausdrucksmittel der geraden Linie läßt sich schon manches anfangen, es gab das Ideogramm der drei parallelen Linien, das Dreieck und seine Verdoppelung, doch waren damit die Möglichkeiten noch nicht erschöpft. Eine neue Variation ergab sich daraus, daß drei gerade Linien auf einen gemeinsamen Mittelpunkt bezogen wurden. Zwei Linien liefen dann ungefähr in der gleichen Richtung, die dritte stand senkrecht darunter. Es entwickelte sich ein Zeichen, das sich ungefähr der Form eines T nähert.

Abb. 143. Tonfigürchen aus Kreta mit T-förmigem Amulett. Vielleicht neolithisch. 9 cm.
Abb. 144. Sandsteinstele von Holzgerlingen, Kr. Böblingen, in Süddeutschland. Doppelgesichtige keltische Gottheit. 2,30 m hoch. Im Württembergischen Landesmuseum.

Ein solches Ideogramm befindet sich in der Höhle »Jean Angelier« auf dem »Roche aux Sabots« bei Noisy-sur-Ecole, ganz in der Nähe der großen Höhle mit der Doppelkugel *(Abb. 40)*. Der Raum liegt unter einer festen Deckplatte. Der heutige Eigentümer hat Steine als Wände aufgeschichtet und den Raum als Holzschuppen benutzt *(Abb. 141)*. Das Holz war verfault und von Baumwurzeln durchzogen, unter ihnen lag der alte Höhlenboden. Er zeigt ganz besonders klar und tief eingearbeitete Ideogramme. Neben dem schon erwähnten Dreieck steht dort ein solches T-förmiges Zeichen, das sich aus tiefen Furchen zusammensetzt. Wie bei dem Dreieck, so sind auch hier an den drei Endpunkten drei Schälchen eingeschliffen, die damit dreieckig angeordnet sind *(Abb. 142)*.

Leider ist nicht festzustellen, wann dieses Symbol erdacht wurde. Jedenfalls war es schon dem Jungpaläolithiker bekannt. Eine ähnliche Zusammenstellung von drei Strichen steht in der jungpaläolithischen Kulthöhle Lascaux im »Saal der großen Stiere« auf der Flanke des zweiten Stierbildes an der linken Wand.

Dieses Zeichen wurde überliefert. Es wurde auf Kieselsteine der Höhle Mas d'Azil gezeichnet und ist auf vielen jungsteinzeitlichen Felsbildern zu finden, z. B. in der Cueva de la Cruz bei Conquezuela, Bez. Soria in Spanien (T. Ortego). Ein wahrscheinlich neolithisches Tonfigürchen aus Kreta trägt

Abb. 145. Jungpaläolithische Bisonbilder in schwarzer Farbe aus der Kulthöhle Niaux, Pyrenäen.

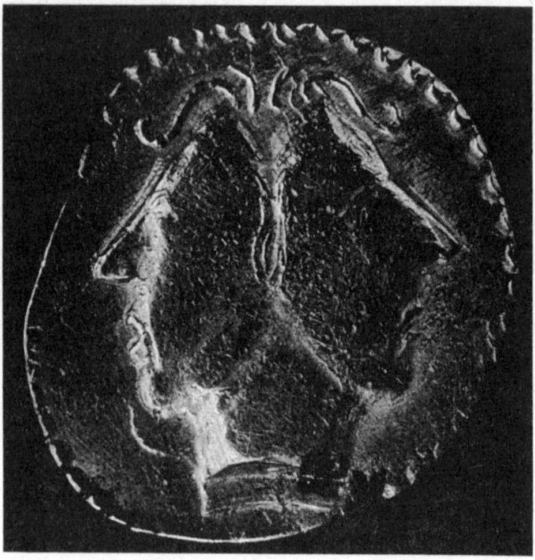

Abb. 146. Goldmünze der keltischen Mediomatriker (wohnhaft bei Metz) um 100 v. Chr. Forrer (92) Fig. 543 (1/4), Blanchet (91), Fig. 410.

das Zeichen wie ein Amulett am Halse *(Abb. 143)*. Auch in der früh-neolithischen Siedlung Lepenski Vir am Ufer der Donau am Eisernen Tor sind zahlreiche T-förmige Amulette gefunden worden.

Den Kelten war das Symbol vertraut. Es ist auf den Kreuzmünzen der Tectosagen zu finden und sieht dort beinahe wie ein Anker aus, hebt aber durch drei dicke Punkte an den Enden den Bezug auf die Dreiheit hervor.

Dieses Symbol konnte man auch in den menschlichen Gesichtszügen wiederfinden. Die Brauen bilden zwei waagerechte, leicht geschwungene Linien, senkrecht dazu liegt der Nasenrücken. Bei den weiblichen Relieffiguren in den neolithischen Bestattungsgrotten an der Marne begann schon die Hervorhebung dieser Formen.

Das Ideogramm wurde im Gesicht der keltischen Sandsteinstele von Holzgerlingen, Kreis Böblingen in Süddeutschland, besonders betont. Die 2,30 m hohe Figur stellt eine keltische Gottheit dar. Sie ist doppelgesichtig, und der runde Kopf steht zwischen zwei hornähnlichen Bogen *(Abb. 144)*. Das Gesicht

Abb. 147. Kykladisches Idol, prähellenisch, vom Ende des 3. Jt. v. Chr.

ist flächig dargestellt, der Mund nur eingekerbt. Im Gegensatz dazu treten die Brauen und der Nasenrücken in starkem Relief hervor. Sie bilden zusammen das besprochene Zeichen.

Die Figur trägt »Hörner« und zwei Gesichter. Jedes orientiert sich nach der entgegengesetzten Richtung. Diese Idee scheint schon dem eiszeitlichen Maler gekommen zu sein, der den lunarsymbolischen Bison in der Höhle Niaux, Pyrenäen, in zwei Richtungen blicken ließ, so daß er aussieht, als ob er

Abb. 148. Weibliche Statuette aus Willendorf,
Niederösterreich, aus Kalkstein.
Aurignacien-Périgordien-Epoche. Jungpaläolithikum.
Naturhistorisches Museum Wien.

einen Doppelkopf hätte *(Abb. 145)*. Sie begleitete die Menschheit; auf den sumerischen Rollsiegeln ist immer wieder eine doppelgesichtige Gottheit dargestellt. Den Kelten war dieser Ausdruck vertraut, ein solches wie aus zwei Halbmonden zusammengewachsenes Gesicht prägten die Mediomatriker, die in der Gegend von Metz wohnten, auf ihre Goldmünzen *(Abb. 146)*. Vielleicht spiegelt sich darin auch das Bewußtsein, daß man im Strom der Zeit

Abb. 149. Elfenbeinköpfchen aus Brassempouy, Landes. Haartracht in Quadratfelder geteilt.

stand und in die Vergangenheit und in die Zukunft sah. Es mag auch immer die Dualität von Anfang und Ende, Tod und Leben mitgesprochen haben, denn das eine, hier dunkle Gesicht hat geschlossene Augen, zusammengedrückte Lippen, während das andere Gesicht Augen und Lippen öffnet. Die Zeit war mehr als nur das, was die Uhr anzeigt. Auch die Römer kannten diese Zusammenhänge und verehrten in Janus einen doppelgesichtigen Gott, der auch den zeitlichen Anfang bestimmte. Von ihm ist noch unsere Monatsbezeichnung Januar abgeleitet.

Die Arme der Stele von Holzgerlingen sind so angeordnet, daß der Oberkörper rechteckig erscheint. Diese Geste bezeichnet eine Idee. Das Viereck war der Ausdruck der Weltordnung, und als »Herr der Weltordnung« könnte die Götterstele von Holzgerlingen gedeutet werden. Durch die Lunarsymbolik des Kopfes wiederum zeigt sich ihre Macht über das Werden und Vergehen, über Tod und Leben. Es ist möglich, daß die schlichte Stele den Glauben an eine Allmacht bezeugt, die durch ihre symbolische Aussage Maß und Gesetz verkündete.

Die gleiche Haltung der gewinkelten Arme finden wir auf vielen alten Figuren, z. B. bei den prähellenischen Idolen vom Ende des 3. Jahrtausends v. Chr., die auf den Kykladen gefunden wurden *(Abb. 147)*. Die Lunarsymbolik wird hier durch das Dreieck der aufgesetzten Nase und das Schoßdreieck ergänzt.

Die symbolische Aussage durch die Armhaltung scheint uralt zu sein. Jungpaläolithische Statuetten zeigen die gleiche Geste. Sie ist auf dem Elfenbeinfigürchen aus Lespugue, Dép. Garonne, zu erkennen, und auch die aus Kalkstein gebildete Statuette aus Willendorf, Niederösterreich, legt die Arme rechtwinklig über die Brust *(Abb. 148)*. Es ist keine natürliche Frau wiedergegeben, es fehlen die Füße, und der Kopf ist rund wie eine Kugel, dabei wie von einem Netz überzogen. Die Brust besteht aus zwei Halbkugeln, der Leib rundet sich um den tiefen Nabel. Der Schoß ist dreieckig.

Die symbolische Bedeutung verleiht auch dem Elfenbeinköpfchen aus Brassempouy, Landes, besonderes Gewicht. Das Schädeldach und das hängende Kopftuch dieser Statuette sind netzförmig in Quadratfelder eingeteilt. Das Gesicht ist hier nicht fortgelassen, und doch zeigt es keine naturalistischen Züge. Es ist zum Kinn zugespitzt und läßt damit eine dreieckige Form erkennen *(Abb. 149)* (77).

Es gab viele Möglichkeiten, der Drei Ausdruck zu verleihen, bevorzugt wurde das Dreieck. Als man aber dazu überging, der Naturwiedergabe eine symbolische Aussage zu geben, mußte diese die Wirklichkeitsnähe der Darstellung verzerren. Im Laufe der Geschichte wechselten Bild und Zeichen, und immer wieder stand der Mensch vor der Aufgabe, Gedanken bildhaft sichtbar zu machen. Das Grundprinzip der Dreiheit blieb erhalten, auch als die ursprüngliche Bedeutung längst vergessen war. Die Tradition überdauerte das Gedächtnis. Es ist aber verständlich, daß die dreieckige Form des Gesichtes auch später bemerkt und zur Aussage herangezogen wurde. In den frühneolithischen Siedlungen von Pristina und Valac in Mazedonien verraten steatopygische Figuren die Überlieferung jungpaläolithischer Ideen. Als man

Abb. 150. Gravierungen auf Schieferplatten, zerbrochen, aus Gönnersdorf, nordwestlich von Koblenz. Sie stammen aus dem Magdalénien, also spätes Jungpaläolithikum. G. Bosinski.

dort zur eigenen Formgebung überging, wurden in der Keramik zahlreiche dreieckige Idolköpfe mit dreieckigen aufgesetzten Nasen gebildet.

Es ist erstaunlich, wie lange Ideen überleben. Das Prinzip der Dreiheit gab es, im Sinne der christlichen Trinität, auch in Byzanz. Als unter dem Einfluß der Bilderstürmer, der Ikonoklasten, die Kaiserbilder auf den byzantinischen Goldmünzen die Porträtähnlichkeit verloren und zur Chiffre wur-

Abb. 151. Drei Schälchen im Dreieck angeordnet aus der »Kopfhöhle« im Felsmassiv »Dame Jouanne« bei Larchant, unter vielen modernen Inschriften.

den, verlieh man dem Gott-Kaiser zum Zeichen seiner trinitären Natur ein dreieckiges Gesicht. Ein Beispiel zeigt der Goldsolidus von Constantinus VII., 913–959 *(Abb. 166).*

Der Wandel vom Bildsymbol zum Zeichen vollzog sich schon im späten Jungpaläolithikum. Die weibliche Figur schrumpfte zum Dreieck. Dabei büßte sie zuerst den Kopf ein und mit ihm die Angabe des Quadratschemas. Die Angabe des Netzes wurde aber nicht vergessen. Bei einer Ritzzeichnung auf einer Schieferplatte, die in Gönnersdorf am östlichen Ufer des Rheines ausgegraben wurde, sind fünf kopflose weibliche Körper eingeritzt, die waagerechte und senkrechte Striche bedecken. Sie stammen aus dem späten Magdalénien und tragen das Zeichen der Weltherrschaft wie einen Mantel über dem Körper (75).

Die Idee des Herrschermantels sollte weite Folgen haben. Sie begleitete die ganze kulturelle Entwicklung. Auch in der frühneolithischen Siedlung Fafos in Makedonien ist eine Statuette erhalten geblieben, die das Schoßdreieck trägt und von regelmäßigen Vierecken umhüllt scheint. Es gibt selten etwas grundlegend Neues im Ausdruck religiöser Ideen. Die Urtypen prägen noch den Ausdruck der späten Zeiten. Das darf nicht vergessen werden.

Mit dem Blick auf die Zusammenhänge zeichnet sich der Gedanke ab, der geistiges Gut der Menschheit geblieben ist. Es ist deshalb notwendig, jedes Dokument im Spannungsbereich von Vorher und Nachher zu sehen. Wir sind gezwungen, uns immer wieder den Ideogrammen der Île-de-France zuzuwenden, wo wir glauben, den Anfängen näher zu kommen.

Wie wir bereits feststellten, endete das T-Zeichen in der Kulthöhle »Jean Angelier« mit drei Schälchen, die dreieckig angeordnet sind. Diese Gruppierung von Schälchen finden wir oft in den Höhlen, z. B. an der leider stark verkritzelten Wand in der großen »Kopfhöhle« bei Larchant *(Abb. 151)*. Sie sind dort sehr sorgfältig ausgeführt, im Gegensatz zu anderen Kultstätten, wo sie nur schwach eingehauen sind, wie in der Höhle bei Nanteau-sur-Essonne, Dép. Seine-et-Marne.

Die Wände dieser Höhle sind mit vielen Zeichen bedeckt, auch Dreiecken. Risse im Felsen teilen den Stein in einzelne Abschnitte, von denen sich einer

Abb. 152. Kulthöhle bei Nanteau-sur-Essone, Dép. Seine-et-Marne. An der rechten Seite des Bildes ein halbmondförmiger Felsabschnitt mit drei Punkten.

Abb. 153. »Schlangengrube« über einem Seitental der Essone. Dép. Seine-et-Oise.

besonders abhebt *(Abb. 152)*. Er hat die Gestalt eines Halbmondes. Diese eigenartige Formation fiel auf, und das »Mondbild«, das ja nur eine Phase wiedergab, wurde durch die drei eingeschlagenen Schälchen zur Dreiheit ergänzt.

4. Das Sinnbild der Vollmondphase

Zum Begriff »Mond« gehörte sein ternärer Charakter, durch die Beifügung von drei Schälchen konnten auch andere Ideogramme, denen man sonst diese Bedeutung nicht ansah, als lunarsymbolisch gekennzeichnet werden. Das gilt z. B. für solche von länglich-ovaler Gestalt. Ein entsprechendes Zeichen befindet sich in einem »Einmannloch« über einem Seitental der Essonne *(Abb. 153)*. In dieser Gegend gab es besonders viele Kreuzottern, wir sprachen deshalb von der »Schlangengrube«.

Das Ideogramm befindet sich ungefähr in der oberen Mitte der Nische. Es ist in den Felsen eingetieft und mit sich kreuzenden Linien ausgefüllt *(Abb. 154)*, die länglich-ovale Gestalt hebt sich dadurch klar von der Umgebung ab. Den übrigen Raum füllen viele Linien, Kreuze und Schälchen. Da sie meist willkürlich verstreut sind, mögen sie die rituellen Spuren einer langen Verehrung darstellen.

Ein ähnliches Zeichen befindet sich in der Kulthöhle auf dem Coquibus, auf dem »Mont des Ancêtres« bei Milly-la-Forêt. Es steht unterhalb des angeführten »Reiterbildes«. Auch hier ist die ovale Form durch ein Liniengitter ausgefüllt *(Abb. 155).*

Wenn die Darstellung in der »Reiterhöhle« auch relativ jung sein sollte, so ist das Zeichen an sich bestimmt alt. Wir finden es schon in der jungpaläolithischen Kulthöhle Montespan, Dép. Haute-Garonne, zusammen mit dem Bild eines Bisons. Dieser ist mit besonders langen und gedrehten Hörnern dargestellt. Zwischen diese beiden ritzte der Jäger tief und klar ein Ideogramm. Es besteht aus drei Figuren, die im Zusammenhang mit den symbolischen »Hörnern« als die drei Mondphasen zu verstehen sind. Der ersten und der letzten gab er den alten Ausdruck durch gerade Linien. Er hatte aber beobachtet, daß die Vollmondphase die hellste und bedeutungsvollste war. Das

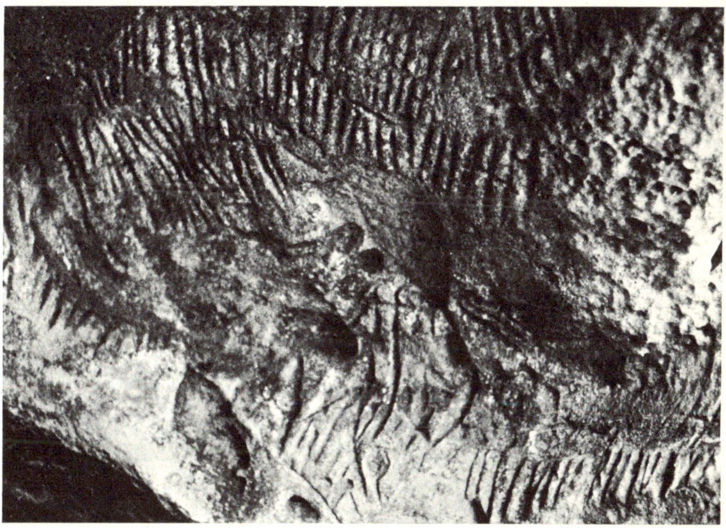

Abb. 154. Ovales Ideogramm aus der »Schlangengrube«. Daneben drei Schälchen. Tief in den Felsen eingearbeitet. Dép. Seine-et-Oise.

Gestirn zeigte sich während dieser Zeit nicht immer rund. Es ging vom zunehmenden Mondbogen aus, rundete sich und endete allmählich beim abnehmenden Bogen. Das Strukturbild der Phase konnte deshalb auch länglichrund gesehen werden. Daraus ergab sich ihr Bild als »oval« *(Abb. 156)*.

Abb. 155. Länglich-ovales Ideogramm in der »Reiterhöhle« im Coquibus auf dem »Mont des Ancêtres«, Dép. Seine-et-Oise. Das Zeichen steht an der rechten unteren Ecke des Bildausschnittes.

Solche mandelförmigen Figuren gehörten zum Typenschatz der jungpaläolithischen Ideographie. Sie waren sorgfältig in Knochen geritzt, die in der Kulthöhle Marsoulas, Dép. Haute-Garonne, gefunden wurden. Man konnte die gleiche Form auch aus Silex herstellen. Es sind die bekannten »Blattspitzen«. Meist werden diese als Speerspitzen gedient haben, doch hindert das nicht, daß in ihnen auch Symbole gesehen wurden. Manche dieser »Blattspitzen« waren so lang und dünn zurechtgehauen, daß sie keinem praktischen Zweck dienen konnten, wie die großen, bis 40 cm lang und ganz dünn hergestellten »Lorbeerblattspitzen« aus Solutré, Dép. Saône-et-Loire. Es ist anzunehmen, daß sie symbolische Bedeutung hatten. Die Kelten haben uns dafür Beweise überliefert.

Auf ihren Münzen sind die »heiligen« Zeichen ihrer Vorfahren zu finden.

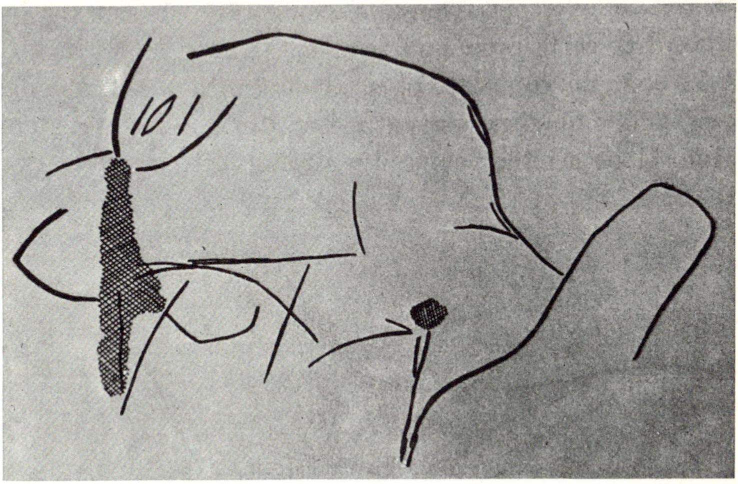

Abb. 156. Ritzzeichnung aus der jungpaläolithischen Kulthöhle Ganties-Montespan, Dép. Haute-Garonne. Bison mit vergrößerten und gedrehten Hörnern, dazwischen ein Ideogramm, Gr. ca. 33 cm.

Oft stehen sie dann in einem bestimmten Zusammenhang, der ihre Bedeutung genauer angibt und sie damit für uns verständlich macht. Zwei silberne Münzen der westkeltischen Tectosagen seien hier angeführt *(Abb. 157)*. Beide tragen auf der Vorderseite einen stilisierten Kopf und auf der Rückseite das Linienkreuz, das die Münzfläche in vier Sektoren gliedert. Sie werden deshalb auch Kreuzmünzen genannt. Die Linien bilden das Schrägkreuz. Im rechten Viertel steht der zunehmende Mond, im dritten Viertel auf der linken Seite der abnehmende. Zwischen beiden muß im oberen Viertel der Münze

Abb. 157. Rückseite von zwei silbernen Münzen des keltischen Stammes der Tectosagen um 100 v. Chr. Linke Münze Latour (90) Taf. VIII (Müller), die rechte Münze unediert?

sinngemäß die Vollmondphase dargestellt sein. Dabei zeigt sich ein Unterschied zwischen den beiden Münzen. Gewiß sind diese Abschnitte durch den Bogen jedesmal auf den Mond bezogen, aber auf jeder Münze steht ein anderes Sinnbild darunter.

Auf der einen Münze ist die Vollmondphase durch eine »Blattspitze« gekennzeichnet, die sich hier durch die Schäftung deutlich als »Speerspitze« zu erkennen gibt. Wir finden diese »heilige Lanze« auch auf anderen Münzen. Auf einem ostkeltischen Silberstater der keltischen Bojer ist ein Reiter dargestellt, aber seine Figur ist stilisiert, jeder konnte sehen, daß kein wirklicher Mensch gemeint war. Er trägt die Lanze mit der ovalen Spitze wie ein Zepter in der Hand, und sein Reich ist die Welt, deren Ordnung durch Punktgruppen angegeben ist. Sie stehen zu dritt und zu viert, auch fehlt nicht das Ringkreuz. Durch die Geste der drei Finger hebt er die Bedeutung als Lunarsymbolik hervor *(Abb. 158)*.

Die Allmacht mit der bedeutungsvollen Lanze fand weite Verbreitung. Oft ist die Lanze größer dargestellt als die Figur des Trägers. Sie besaß schon seit der Eiszeit numinose Macht, lange ehe die menschliche Figur damit in Verbindung gebracht wurde. Solche überdimensionalen Lanzen sind oft auf kultischen Darstellungen zu finden, wie auch auf den Felsbildern in Schweden; ein Beispiel von dem Felsen Aspeberget bei Tanum, Prov. Bohuslän, sei hier angeführt *(Abb. 159)*. Dieses Machtzeichen übernahmen Götter und Könige, doch wer wußte wohl noch, wie die Lanze zu dieser Bedeutung gelangte?

Auf der zweiten Münze der Tectosagen ist die Vollmondphase nicht durch die Speerspitze gekennzeichnet, sondern durch ein Auge. Der Vergleich des

Abb. 158. Silberner Stater der Ostkelten.
Latour (90) XLVIII/9794. Forrer (92) 85, Pink (95) 318/19.

Vollmondes mit einem Auge war kein schöpferischer Einfall der Kelten, es gab ihn schon viel früher, das lehren die paläolithischen Bilder. Ihr Stil ist geprägt durch das Problem, die drei Mondphasen durch zwei Hörner und das Auge wiederzugeben. Das Tier zeigt, von der Seite gesehen, ein Auge. Damit beide Hörner sichtbar wurden, mußten sie gedreht werden. Eine solche Ansicht zeigen sehr viele paläolithische Bilder, auch das in der Höhle La Mouthe, Dép. Dordogne. Dort ist ein Bison mit übergroßen gegenständigen Hörnern gezeichnet, zwischen denen ein großes Auge hängt *(Abb. 160)*.

Wenn man jedoch die Vordersicht des Tieres wählte, wie in der »Apsis« der jungpaläolithischen Kulthöhle »Trois Frères«, Dép. Ariège, konnten die Hörner der Natur gemäß wiedergegeben werden, aber zwei Augen wurden sichtbar. Ihre Zahl mußte korrigiert werden. Wie die Zeichnung von Abbé Breuil zeigt, ist nur das eine Auge vergrößert und hervorgehoben worden *(Abb. 161)*.

In vielen Kulturen wurden die großen Gestirne als die »Augen« des Himmels angesehen. In Ägypten glaubte man, daß sie die Augen von Hor, dem alten Himmelsgott, seien. Man wollte im Mond den »Sohn« des Himmels erblicken.

In Griechenland findet sich in der Orphik die Vorstellung, daß der Himmel der »Kopf« von Zeus sei und die großen Gestirne seine Augen. So tauchte die frühe Symbolik auch in späteren Zeiten immer wieder auf.

Auf den beiden oben angeführten Münzen der Tectosagen sind nicht nur die drei Lichtgestalten des Mondes wiedergegeben, im untersten Viertel steht das Zeichen der vierten Mondphase, die Zeit des Neumondes. Mit ihr schließt sich der Umlauf des Gestirns, hier beginnt aber auch der neue Anfang. Diese Verbindung vom Ende des einen Zyklus mit dem Beginn des nächsten ist in Form einer Linie dargestellt, die wie eine Brezel beide Enden verknotet. Es ist vielleicht ein Zeichen der Tradition, daß im Gebiet der Saar den Kindern zu Neujahr Brezeln geschenkt werden.

Die ovale Form der mittleren Mondphase ermöglichte noch andere Vergleiche. In der Phantasie der Menschen war auch die Form von Tierohren dem Himmelszeichen entsprechend oval. Wenn man aber besonders auf die Ohren achtete und ihnen symbolische Bedeutung beilegte, so bot sich als Himmelstier der Hase mit seinen großen Löffeln an. In jungpaläolithischen Kultstätten finden wir wiederholt sein Bild. Die schönste Zeichnung dieses Tieres trägt ein Stein aus der Höhle Isturitz, Dép. Basses-Pyrénées.

Den bewußten Zusammenhang zwischen den symbolischen »Hörnern« und der als »Ohr« ausgelegten ovalen Form rückt ein Bild aus der Höhle Candamo, Asturias in Spanien, vor Augen *(Abb. 162)*. Dort sind zwei Tierköpfe so gezeichnet, daß Ohren und Hörner in unmittelbaren Zusammenhang treten. Vielleicht wurden aus diesem Grunde die Ohren der jungpaläolithischen Tierbilder oft naturwidrig dargestellt. In den Höhlen Hornos de la Peña bei Torrelavega in Spanien und in Bedeilhac, Dép. Ariège, sind Bisonbilder zu finden, bei denen Horn, Auge und Ohr zu einem Symbol verschmol-

Abb. 159. Felsbild von Aspeberget bei Tanum, Prov. Bohuslän, Schweden.

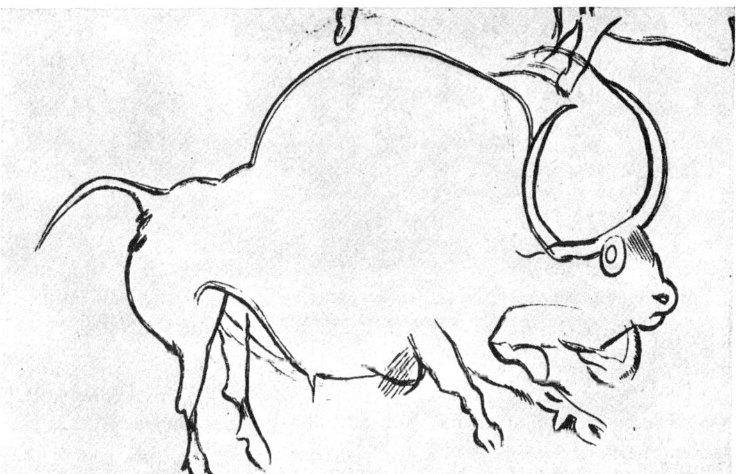

Abb. 160. Bison mit vergrößerten Hörnern aus der Höhle La Mouthe. Ritzzeichnung, Gr. ca. 85 cm. 1895 entdeckt, 1902 von der Wissenschaft als aus der Eiszeit stammend anerkannt. Jungpaläolithikum.

zen sind. Die großen Stierbilder in der Höhle Lascaux tragen die Ohren auf dem Hals.

Bezeugen die Hirschkühe in Altamira, Covalanes und El Castillo dank der Form ihrer Ohren den gleichen Charakter? Den Kelten war die Bedeutung des Ohrs noch bekannt. Das beweist der oben angeführte westkeltische Stater der Corisopiten aus der Bretagne *(Abb. 133)*. Das Ohr des Stieres ist

Abb. 161. Ritzzeichnungen aus der »Apsis« der Höhle »Les trois Frêres«, Dép. Ariège. Bison von vorn gesehen mit einem vergrößerten Auge. Jungpaläolithikum.

vergrößert dargestellt und hebt sich auch durch die graphische Wiedergabe sichtbar hervor.

Bei den Kelten herrschte aber die Drei. Sie gaben deshalb ihren »Himmelsstieren« drei Hörner im Dreieck auf die Stirn. Das größte und schönste Beispiel unter vielen ist die fast lebensgroße Bronzeplastik, die in Martigny im Wallis gefunden wurde und heute in Sitten im Museum steht. Sie stammt aus gallo-römischer Zeit.

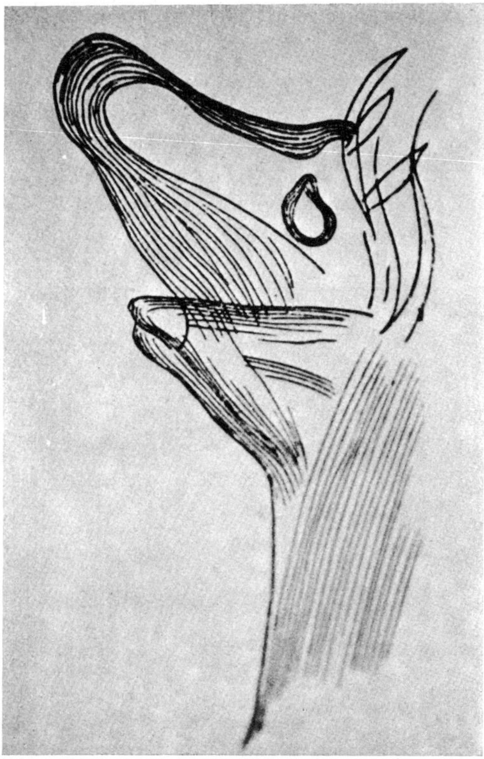

Abb. 162. Ritzzeichnung aus der Höhle Candamo, Austurias, Spanien. Jungpaläolithikum.

Viele Jahrtausende liegen zwischen den jungpaläolithischen und den gallischen Bildern. Die Mondformen regten während dieser Zeit die Phantasie immer wieder zu neuen Vergleichen und Bildern an, doch bewahrte die Tradition auch das alte Denkgut. Der Ausdruck konnte wechseln, hinter allem stand das Ordnungsgesetz der Drei, und wenn wir dieses verfolgen, zeigt sich die kontinuierliche Tradition im wechselnden Spiegel der Zahlen, Formen und Bilder.

Diese Variationsbreite des lunarsymbolischen Ausdrucks hat in der Forschung mehr Schaden als Nutzen gestiftet. Bei näherer Untersuchung bezog sich zu vieles auf den gleichen Ursprung, was dem Aussehen nach nicht mehr identisch war. Die Verbindung mit dem Übersinnlichen schreckte die Positivisten ab. Dagegen ließ sich gegen die durch das Linienkreuz ausgedrückte Weltordnung nur die evolutionistische Theorie vom geistig unfähigen Frühmenschen anführen. In den langen Zeiten der bildlosen Megalith- und

Abb. 163. Etruskische Figurenurne aus der Gegend von Chiusi. Mitte des 7. Jh. v. Chr.

Abb. 164. Goldener Solidus von Kaiser Heraklius (610–641). Der Trinität entsprechend mußten drei Kaiser dargestellt sein. Byzanz. Ratto (96) 1497.

Urnenfelderkultur lebten die alten Ideen in der Form der Ideogramme weiter, es muß also eine mündliche Tradition gegeben haben, die das alte Wissen überlieferte, aber die Ausgräber konnten in den immer wiederholten Zeichen nur Ornamente oder Verzierungen erblicken.

5. Die Überlieferung geistiger Konzeptionen

Als aber die numinose Potenz, die alle Ideogramme beinhalteten, figürlich gedacht wurde, entstand das Bild vom Herrn der Welt, der zum Zeichen seiner Macht das Netz als Gottesmantel trug. Ein gut erhaltenes Beispiel dafür liefert eine etruskische Graburne aus dem zweiten Viertel des 7. Jahrhunderts v. Chr., die in Betolle bei Chiusi gefunden wurde *(Abb. 163).* Auf der Mitte des Deckels steht eine Figur. Ihr flaches Gesicht mit dem vorspringenden Dreieck der Nase erinnert an die Köpfe der prähellenischen Idole von den Kykladen *(Abb. 147)*. Ihr Gewand ist glatt, keine Falten oder körperlichen Formen unterbrechen das regelmäßige Quadratschema.

Diese Symbolik geriet nicht mehr in Vergessenheit. Als über 1000 Jahre später die Bilderstürmer in Byzanz die naturalistischen Bilder ihrer Gott-Kaiser ablehnten, griffen sie auf die uralte Symbolik zurück. Der alte Göttermantel

Abb. 165. Goldener Solidus von Kaiser Constantinus V. (751–755) 754. Höhe des Bilderstreites. Die Auflösung des menschlichen Bildes in Ideogramme.
Ratto (96) 1750/52.

wurde zum Kaisermantel und verlieh seinem Träger Macht und Würde. Diese Wandlung spiegelt sich auch auf den Münzbildern dieser Zeit.

Kaiser Heraklius (610–641) forderte im Sinne der christlichen Trinität die Dreiheit der Kaiser, sein Goldsolidus zeigt ihn deshalb mit seinen beiden Söhnen, wobei sein Bart eine eigenartige Rolle spielt. Bringt er das Zeichen der sich kreuzenden Linien, die zugleich auf dem Globus, der Himmelskugel stehen *(Abb. 164)*?

Den Höhepunkt des Bilderstreites im Jahre 754 erlebte Constantinus V. (751–755). Sein Gesicht ist auf dem Goldsolidus nur noch schematisch dargestellt, es nähert sich in der Form dem Dreieck, vier Punkte betonen den in Quadratfelder geteilten Mantel *(Abb. 165).*

857 siegten die Ikonodulen, die Bilderverehrer. Im Grunde wurde ein

Abb. 166. Goldener Solidus von Constantinus VII. (913–959). Die Figuren der Kaiser sind Chiffren, noch 200 Jahre nach dem Sieg der Bilderverehrer. Ratto (96) 1905.

Kompromiß geschlossen. Gott selbst erscheint auf den Münzen in Form der drei zur Segenshand ausgestreckten Finger, die aus den Wolken weisen. Jesus, Maria und die Heiligen durften wieder naturalistisch dargestellt werden, beim Kaiserbild schritt dagegen die Abstrahierung fort. Das erkennt man auf den Münzen, die nach dem Sieg der Ikonodulen geprägt wurden, z. B. auf dem Goldsolidus von Constantinus VII. (913–959), der 200 Jahre später entstand *(Abb. 166).* Die Gesichter sind dreieckig, der Kaisermantel besteht aus

Vierecken. Aus den menschlichen Gestalten sind Chiffren, Zeichen der göttlichen Allmacht, geworden. Gewiß ahnte zu dieser Zeit niemand mehr, daß vielleicht 18 000 Jahre früher der Glaube an die Allmacht, wie er im Köpfchen aus Brassempouy (Landes) zum Ausdruck gebracht wurde, ganz ähnliche Formen zeigte *(Abb. 149)*. Es waren die alten Grundprinzipien, die über die Zeiten hinweg und nun von christlichem Geist erfüllt, den Stil der Darstellung des Weltherrschers prägten. Diesen Herrschermantel trugen noch viele Regenten, auch Michael VII. Ducas, der von 1071 bis 1078 regierte. Auf seinem Goldsolidus zeigt er sich mit alten Symbolen beladen. Während seine Linke die Weltkugel hält, trägt die Rechte den Herrscherstab *(Abb. 167)*. Er endet in einer viereckigen Platte mit vier durch Punkte betonten Ecken, im Inneren steht die Fünf in der klassischen Anordnung. Über der Vierung sind drei Punkte dreieckig zusammengestellt.

Auf dem Goldsolidus von Romanus III. Argyrus (1028–1034) setzt Maria dem Herrscher die Krone auf *(Abb. 168)*. Sie ist in fließende Gewänder gehüllt, während der Kaiser im Ornat die Macht seines Amtes zur Schau stellt.

Dieses netzförmige Gewand hatte nicht ein Byzantiner erdacht. Was hier als Zeichen höchster Machtfülle erscheint, waren die gleichen Ordnungsprinzipien, die der eiszeitliche Mensch durch intuitive Himmelssicht erworben und als Zeichen an seinen Kultplätzen fixiert hatte. In ihnen lag ein Sinn verborgen, der erst nach Jahrtausenden seine welthistorische Bedeutung entfaltete; und doch, wenn nach so langer Zeit alles auf eine Formel zurückgeführt wurde, ergab sich das Grundprinzip des Anfangs, die Kugel, und die Ordnungen von Raum und Zeit waren die Bausteine der Kulturwelt geblieben. Ist es nicht der Beweis für die systematische Entwicklung? Den Nenner bildeten die Grundbegriffe. Wir müssen sie unter dem Schutt der Jahrtausende und dem Staub des Vergessens wieder freilegen. Diese Arbeit führt immer wieder in die Kulthöhlen der Île-de-France.

6. Vom Dreieck zum Mutterschoß und weibliche Figuren

Die Drei war in verschiedenen Ausdrucksformen in den Kulthöhlen der Île-de-France zu finden. Dreieckig geformte Felsen mögen deshalb aufgefallen sein. In der »Grotte aux Fées« präsentiert sich eine ungefähr dreieckige Felsplatte mit drei kugelförmig verdickten Ecken dem Eintretenden *(Abb.*

Abb. 167. Goldmünze von Michael VII. Ducas (1071–1078). Der Kaiser mit Labarum und Reichsapfel. Ratto (96) 2032/33.

Abb. 168. Goldsolidus von Romanus III. Argyrus (1028–1034). Der Kaiser im Ornat. Ratto (96) 1972/73.

169). Viele Zeichen und Spuren von Kultschlägen dokumentieren ihre starke Beachtung im Kult. Vielleicht ging man von dieser Form aus, als man nicht weit entfernt davon zwei ineinandergeschachtelte Dreiecke in den Fels ritzte, von denen das Innere mit dem Liniennetz erfüllt ist *(Abb. 37).* Zur Frage nach dem Alter dieser Idee müssen wir wieder auf paläolithische Dokumente zurückgreifen. So wurden in der jungpaläolithischen Kulthöhle La Marche, Dép. Vienne, Knochen gefunden, die mit dem gleichen Zeichen versehen sind. Die Entwicklung dieses Begriffsschemas muß also schon in der Eiszeit begonnen haben.

Eine dreieckige Gravierung in der schon angeführten »Reiterhöhle« bei Milly-la-Forêt verdient hervorgehoben zu werden. Diese Kulthöhle liegt unter der obersten Quarzitplatte eines Hügels. Das Wasser hatte dort einen

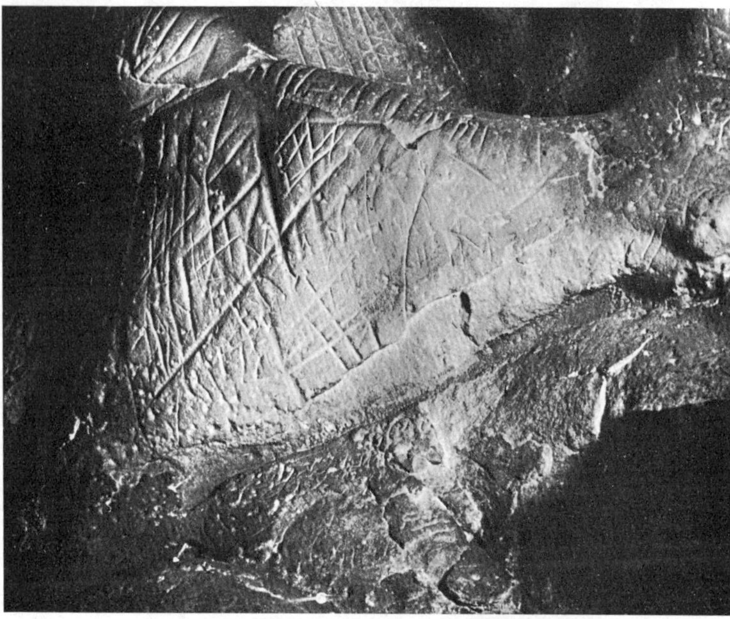

Abb. 169. Dreieckige Felsplatte in der »Grotte aux Fées«, Dép. Seine-et-Oise.

Abb. 170. Lage der »Reiterhöhle« in einem Felsblock im Coquibus auf dem »Mont des Ancêtres«. Dép. Seine-et-Oise.

Gang durch den Fels gespült, weichere Partien ausgewaschen, härtere stehen lassen. Die Höhle ist eng und sehr buckelig. Ein Teil der großen Platte ist abgebrochen und etwas abgerutscht *(Abb. 170)*. Dadurch wurde ein Spalt frei, der den Zugang zur Höhle erlaubt *(Abb. 171)*. Im Inneren überrascht sie durch reiche Gravierungen, die den ganzen Raum überziehen und erst in der Höhe am alten Strudelloch enden, wo einst das Wasser seinen Weg begann. Das Gestein ist sehr hart, die Inzisionen haben viel Mühe gekostet, sie zeugen meist von Silexinstrumenten, oft überlagern sie sich, und es ist anzunehmen, daß der Kult hier lange Zeiten hindurch ausgeübt wurde. Die Erinnerung daran lebte im Lande noch weiter und gibt sich in der Bezeichnung des Hügels kund, der als »Mont des Ancêtres« bekannt ist.

Nur einzelne Ideogramme lassen sich aus dem Gewirr genauer herausschälen, darunter ein vom Netz überzogenes Dreieck, das unmittelbar unter dem Strudelloch steht. Es ist ein komplexes Zeichen und setzt sich aus drei verschiedenen Teilen zusammen *(Abb. 172)*. Wir erkennen das Dreieck, drei hervorgehobene senkrechte Linien und drei Schälchen, die auf den obersten

Abb. 171. Eingang zur »Reiterhöhle« im Coquibus, Dép. Seine-et-Oise.

Punkten angebracht sind. Durch die Andeutung der Drei in den verschiedenen Teilen des Ideogramms wird der Bezug auf die »Himmelsuhr«, den Mond, erkennbar. Vielleicht ist es an dieser schwer zu erreichenden Stelle angebracht worden, weil es eine Beziehung zum Deckenloch hatte. Dieses scheint durch die Bearbeitung des Randes zu einem Bogen geformt zu sein. Wie der Glanz des nächtlichen Gestirns die Welt erhellt, so fällt auch hier von oben ein mattes Licht in den dunklen Raum.

In der gleichen Höhle sind noch verschiedene Dreiecke vorhanden, die z.T. tief eingeschliffen sind, aber sie bringen keine genaueren Hinweise auf das von ihnen Ausgedrückte *(Abb. 173)*. Vor allem gibt dagegen eine halbmondförmige Vertiefung in der Wand zu denken *(Abb. 174)*. Dem unteren Rand »entströmen« viele Linien. Es sieht aus, als ob sich aus ihnen viele Ideogramme entwickelten, Kreuze, Vierecke, Netze, Blattspitzen. Nirgends im

Raum häufen sich die Zeichen so stark wie gerade um diese Vertiefung herum. Sie stand wohl im Mittelpunkt des Kultes. Welche Gedanken könnten hier in dieser Kulthöhle zu diesen Inzisionen geführt haben? Zeugen sie vielleicht vom Glauben, daß das Heil des Menschen vom Monde abhängt, daß er es ist, der die Menschheit mit seinem Segen überschüttet? Erinnert diese Darstellung nicht entfernt an ein Bild aus dem alten Ägypten, auf dem Echnaton von der Sonne an langen Strahlen hängende Heilszeichen empfängt? Auch die Zeichen in dieser Höhle haben als Manifestation kosmischer Macht apotropäische Kraft, so wie wir noch heute, im christlichen Sinne verstanden, das Kreuz als Amulett tragen.

Der Glaube an die lebenspendende Kraft des Mondes und die Beobachtung seiner ständigen Erneuerung konnte den Vergleich mit der Mutter wachrufen, die dem Kind das Leben schenkt. Im sumerischen Handerhebungs-

Abb. 172. Strudelloch in der »Reiterhöhle« im Coquibus, Dép. Seine-et-Oise. Dreieckiges Ideogramm unter dem Loch.

Abb. 173. Teilansicht in der »Reiterhöhle« mit vielen Ideogrammen. Im Coquibus, Dép. Seine-et-Oise.

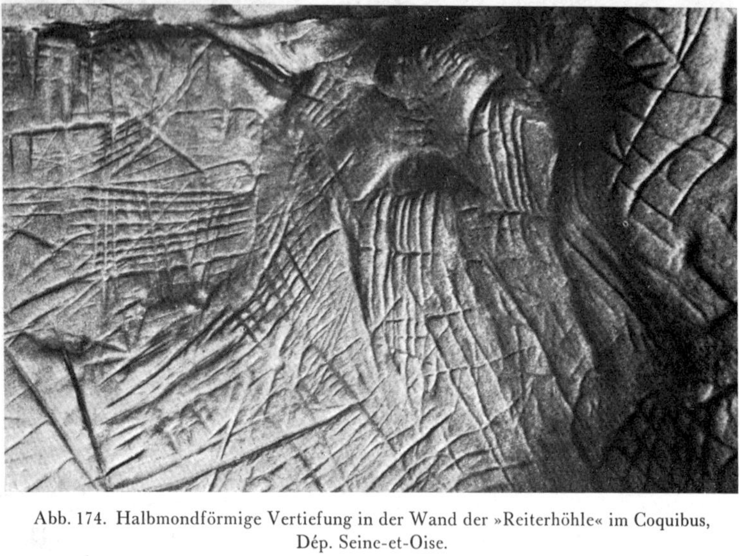

Abb. 174. Halbmondförmige Vertiefung in der Wand der »Reiterhöhle« im Coquibus, Dép. Seine-et-Oise.

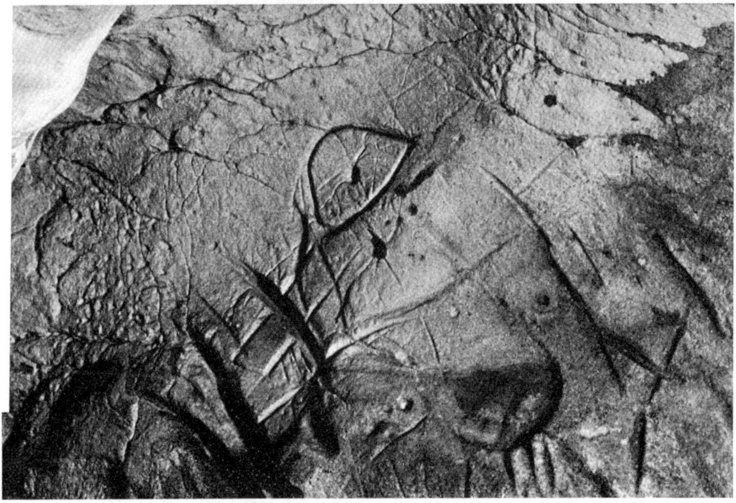

Abb. 175. Ausgeschabtes Relief einer dreieckigen Vulva an der Deckenwölbung der Kulthöhle Roncevaux bei Buthiers an der Essonne. Dép. Seine-et-Marne. Es ist umgeben von Kultschlägen.

Gebet für Nanna, den Mondgott von Ur, heißt es: »Mutterschoß, der alles gebiert...« Sollte, mit diesem Gedanken beladen, das Dreieck zum »Schoß« des Himmels geworden sein? Eine solche Darstellung finden wir an der Deckenwölbung der Höhle Ronceveaux bei Buthiers im Tal der Essonne *(Abb. 175)*. Dort steht ein tief eingeritztes Dreieck mit leicht gerundeten Ecken, das teilweise reliefartig herausgeschabt ist. Eine sorgfältig gearbeitete Schale bildet den Mittelpunkt, dünne Linien führen in diese Vertiefung hinein oder kommen heraus. Die Ähnlichkeit mit einer Vulva ist nicht zu übersehen. Dies Zeichen ist umgeben von Kreuzen, Netzen und zu dritt gruppierten Linien. Lange, tiefe Schleifspuren am Boden der Höhle und Spuren zahlreicher Kultschläge bezeugen die Verehrung, die das Relief genossen hat *(Abb. 34)*.

Die Form dieses Dreiecks legt den Vergleich mit der äußeren Gestalt der Höhle nahe *(Abb. 176)*. Dieser Fels ist, von der Seite gesehen, dreieckig, und in der Mitte befindet sich das runde Einschlupfloch. Vielleicht dachte man sich

Abb. 176. Außenansicht der dreieckigen Höhle mit dem Einschlupfloch Roncevaux bei Buthiers, Dép. Seine-et-Oise.

die »Welthöhle« als Spiegelbild des Mutterschoßes. Der archaische Mensch fühlte sich noch im Kosmos geborgen »wie das Kind im Mutterleib«.

Den Vergleich vom All mit dem Leib der Mutter kannte schon der Jungpaläolithiker. Er gab seinen Frauengestalten meist einen auffallend gerundeten Leib mit tiefem Nabel. Das führte zu der Annahme, daß damit nur eine schwangere Frau gemeint war, doch die Deformierungen der Figur beweisen, daß es sich nicht um eine alltägliche Erscheinung, sondern um eine Idee handelt, der Gestalt verliehen wurde.

In der Île-de-France bestand nicht die Gefahr der positivistischen Interpretation, aber es gab Naturformen, die wie Teile menschlicher Figuren aussehen konnten. In der »Grotte aux Fées« befindet sich ein natürlicher »Kopf« *(Abb. 177)*. Vielleicht sah man in ihm die Wölbung des Leibes, als

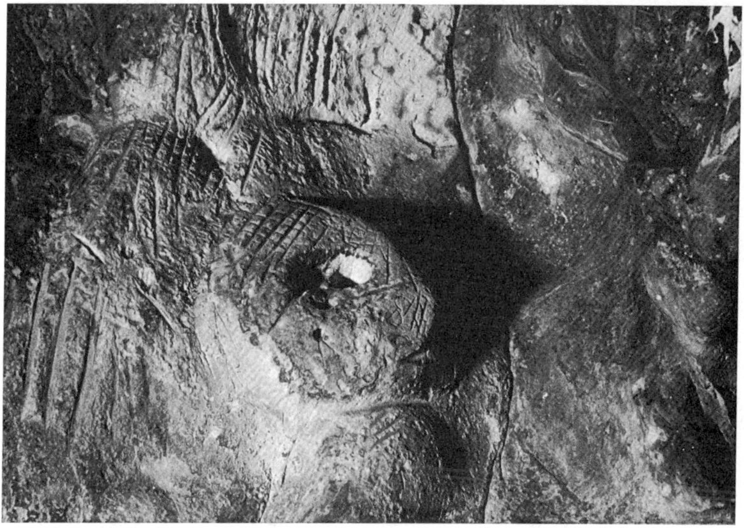

Abb. 177. Ein bearbeiteter natürlicher »Kopf« in der »Grotte aux Fées«, Dép. Seine-et-Oise.

Symbol des Kosmos, denn eine Vertiefung wurde in der Mitte hineingeschlagen, die wie ein Nabel aussieht. Das bedeutungsvolle Netz durfte hier auch nicht fehlen. Senkrechte Striche, zu Dreiergruppen vereint, umgeben das Sinnbild.

Die gleiche Idee, wenn auch in anderer Gestalt, beherrscht das jungpaläolithische Relief im Abri Bourdois bei Angles-sur-l'Anglin, Dép. Vienne *(Abb.*

178). Wenn man sich der Fundstelle nähert und das Licht günstig ist, fallen zuerst drei Wölbungen auf mit je einem vertieften Nabel. Unmittelbar darunter ist bei jeder Figur ein Schoßdreieck tief eingeschliffen. Erst bei näherem Hinsehen zeichnen sich die Umrisse von drei weiblichen Körpern ab. Die Dreiheit ist zu der Form der weiblichen Körper entwickelt worden, denen sich die Rundung als »Leib« gut einordnen ließ. Auf diese Variationsbreite von Mani-

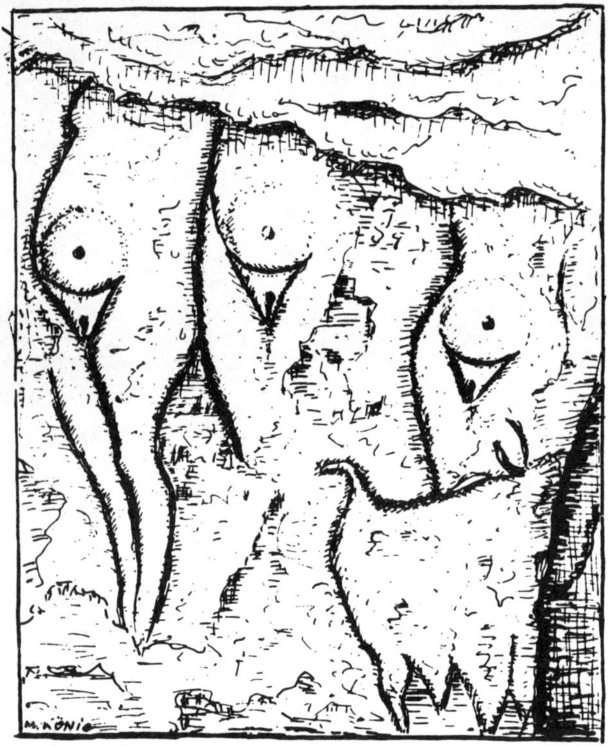

Abb. 178. Relief von drei Frauenkörpern über Bison. Der überhängende Fels verbirgt einen einzigen Kopf, der zu den drei Figuren gehört. Abri Bourdois bei Angles-sur-l'Anglin. Relief, Gr. 1,60 m. Jungpaläolithikum.

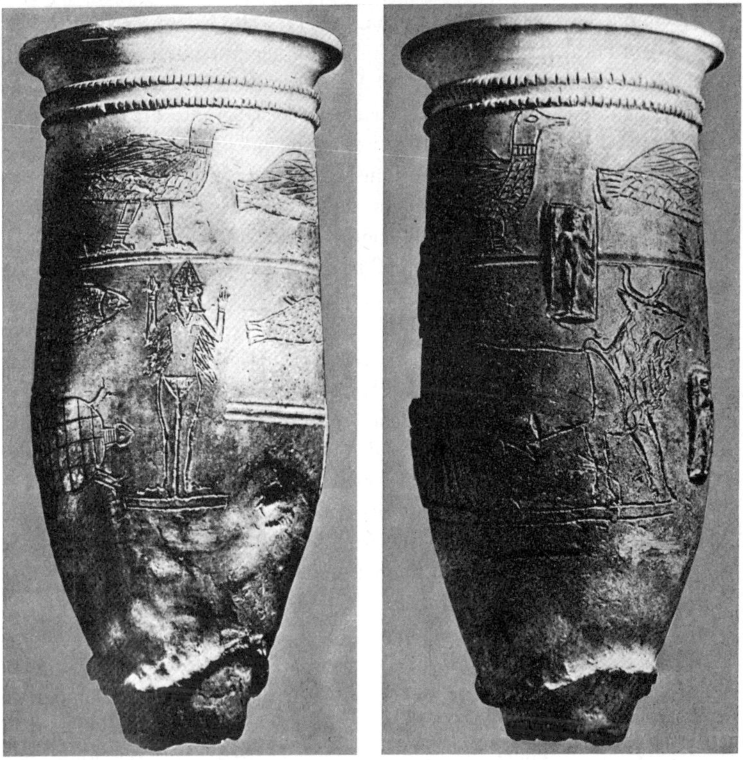

Abb. 179 a, b. Keramisches Gefäß aus Larsa, dem alten Senkereh, 27 cm hoch, aus dem 3. Jt. v. Chr. – a. Vorderseite, b. Rückseite.

festationen vorgeschichtlicher Begriffe ist bei der Interpretation immer zu achten. Es gab noch kein festgelegtes Schema.

Der im Abri Bourdois reliefartig hervorgehobene Körperumriß der Figuren reicht nur von der Wade bis unter die Brust. Die Körper führen eine Drehung aus. Der erste ist in Vordersicht dargestellt, der zweite beginnt und der dritte beendet die Drehung. Der gewölbte Leib und das Schoßdreieck folgen dieser Bewegung nicht. Durch die perspektivische Verschiebung, die man, wie die Schenkel zeigen, durchaus beherrschte, hätten sie ihre bedeutungsvollen Formen eingebüßt. Sie sind deshalb in allen drei Fällen nur von vorn gesehen dargestellt. Diese drei Figuren sind nebeneinander aus dem gleichen Felsvorsprung herausgehauen worden. Oberhalb des Reliefs, verborgen unter einem überhängenden Felsen, befindet sich ein einzelner, beinahe lebensgroßer Kopf. Er hat immer allein dort gestanden, er gehört zu allen drei Gestalten. Es wurden nicht drei verschiedene Figuren dargestellt, sondern drei mit einem Kopf, die also eine Dreiheit bilden, eine Ternität.

Das Bild der Frau mit dem Schoßdreieck gehörte zum Symbolschatz des eiszeitlichen Menschen und wurde kontinuierlich überliefert. Zahllose Darstellungen aus vielen Kulturprovinzen tragen in den folgenden Zeiten das Merkmal des Schoßdreiecks. Die Tradition riß nicht ab, sie reichte bis nach Mesopotamien. In Larsa, dem alten Senkereh, wurde ein 27 cm hohes keramisches Gefäß gefunden, das aus dem 3. Jahrtausend v. Chr. stammt und sich heute im Louvre in Paris befindet *(Abb. 179 a)*. Die darauf eingeritzten Bilder sind in zwei Zonen eingeteilt. In der oberen befinden sich Vögel, in der unteren Fische. Diese Einteilung bringt die Aussage, daß mit der oberen Zone die Oberwelt, mit der unteren die Unterwelt gemeint ist. Es ist also im Grunde der Kosmos dargestellt, und in diesem Sinne sind auch alle anderen Bilder von weltanschaulicher Bedeutung.

In der »Unterwelt« steht eine Figur, die durch das Schoßdreieck und durch die Hörnertiara als Mondgöttin gekennzeichnet ist. Mit den Füßen befindet sie sich im Wasser, das durch Wellenlinien nochmals besonders angegeben ist, und im gleichen chthonischen Bereich, auf der Rückseite des Gefäßes, steht der bärtige Stier, Symbol des Mondgottes *(Abb. 179 b)*. Auch die Schildkröte neben der Göttin ist ein Symbol. In der Gliederung des Panzers wurde vielleicht, wie im alten China, das »Netz« erkannt. Auch hier tritt damit zu der Lunarsymbolik das Prinzip der allgemeinen Weltordnung. Es könnte hier als Gottesdeterminativ angeführt worden sein, denn als »Ordnungen von Gott und Göttin« wurden im alten Zweistromland die Götter apostrophiert.

Während im Orient naturalistisch dargestellte Götter entwickelt wurden, verblaßte die bildhafte Darstellung in Europa mehr und mehr. Das gilt auch für weibliche Darstellungen, die mit dem Ende des Jungpaläolithikums immer abstrakter wurden. Solche abgewandelten Figuren aus dem späten Magdalénien sind z. B. aus Ritzzeichnungen bekannt, die in der französischen Station Tayac, Dép. Dordogne, gefunden wurden *(Abb. 180)*. Ähnliche, aus

Gagat geschnittene jungpaläolithische Figuren stammen aus der Petersfelshöhle bei Engen, Kreis Konstanz. Neuerdings sind zahlreiche Ritzfiguren auf Schieferstein und kleine Statuetten weiblicher Körper in Gönnersheim bei Andernach am Rhein gefunden worden. Sie zeigen die vom naturalistischen Abbild immer mehr abweichende Stilisierung, die beim Dreieck endet *(Abb.*

Abb. 180. Ritzfiguren, die stilisierte weibliche Körper zeigen, aus der französischen Station Tayac, Dép. Dordogne. Spätes Jungpaläolithikum.

181). Die gleiche Tendenz läßt sich auf den weiblichen Figuren verfolgen, die in Oelknitz bei Jena lagen. Auch dort wurde auf die Darstellung von Kopf, Armen und Füßen verzichtet und als bedeutsam die von der Seite dreieckig gesehene Gesäßpartie hervorgehoben. Kleine Statuetten zeigen sie dann als Dreieck, wobei nur noch Andeutungen an die Herkunft von der weiblichen Figur erinnern. Nach Grabungsberichten stammen diese Figuren vom Ende des Jungpaläolithikums, um 11 000 v. Chr. Sie bestätigen die allgemeine Nei-

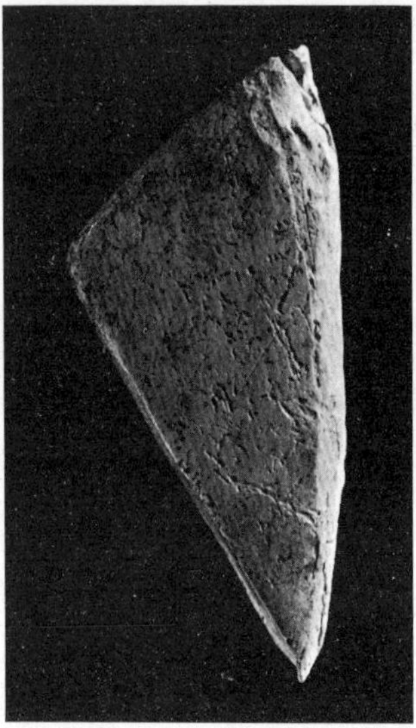

Abb. 181. Der als Dreieck dargestellte weibliche Körper. Elfenbeinstatuette aus Gönnersdorf, nordwestlich von Koblenz. Magdalénien, spätes Jungpaläolithikum (G. Bosinki).

gung dieser Zeit zur Abstraktion, die auch auf den Kieseln von Mas d'Azil festgestellt wurde.

Die Figuren leiten zu den geometrischen Formen über, die in vielen Teilen Europas gefunden wurden. Bei den Gagatplastiken in Petersfels befanden sich 45 dreieckige Steinplättchen, sie sind durchlocht, und man kann annehmen, daß sie als Amulette getragen wurden. Der Drei muß, gleich in welcher Form des Ausdrucks, apotropäische Kraft zugeschrieben worden sein. In diesem Sinne könnten sie auch den Toten begleitet haben. In Scalusse bei Molona, Prov. Breonio, wurden bei einer Bestattung, aus Silex sehr sorgfältig zurechtgehauen, 17 dreieckige, 3 kreuzförmige und 5 ovale Steinfiguren gefunden, die sich heute im Museo Preistorico ed Etnografico Luigi Pigorini in Rom befinden *(Abb. 182)*.

Nur wenn wir die Bedeutung dieser Objekte erfassen, können wir verstehen, daß hinter diesen uns schlicht erscheinenden Formen der Glaube an

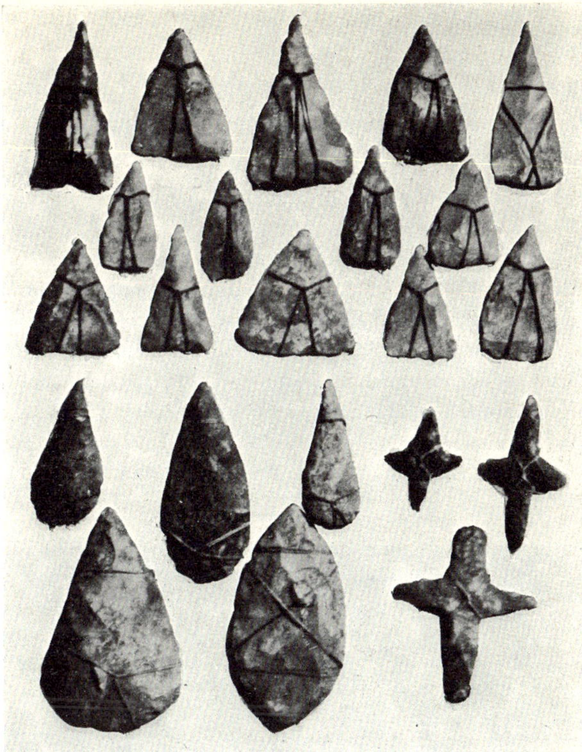

Abb. 182. Silexfiguren von einer Bestattung in Scalusse bei Molona, Prov. Breonio, Italien. Museo Preistorico ed Etnografico Luigi Pigorini.

eine Allmacht stand. Welche Diskrepanz scheint für uns Heutige zwischen der äußeren Form und dem inneren Gehalt der Objekte zu bestehen! Aber gerade die tiefste Frömmigkeit verinnerlicht und bedarf nicht großer Manifestationen. Wir dürfen immerhin annehmen, daß der frühe Mensch, der noch hilflos den unberechenbaren Naturgewalten ausgesetzt war, sich mehr als in späteren Zeiten um Rat und Hilfe an überirdische Mächte gewendet hat und die Ordnung suchte, um sein Leben menschenwürdig zu gestalten.

Kapitel IV Die Neumondphase und ihr Bezug auf Tod und Wiedergeburt

1. Der Pfeil als Symbol des Sterbens

Die Angst vor dem Tode und die Frage nach dem Weiterleben war zu allen Zeiten das größte Problem. Gegen den Hunger konnte man sich schützen, aber gegen den Tod war kein Kraut gewachsen. Den in Existenzängsten befangenen Menschen gab der Mond durch sein Beispiel Mut und Hoffnung. Auch er durchlief scheinbar den Kreislauf des Lebens, zu dem das Verlöschen gehörte. War es die Zeit des Todes? Wie war es möglich, daß er, der nach ewigem Gesetz immer wieder »sterben« mußte, unentwegt zu neuem Leben erstand? Welches Geheimnis stand hinter dieser Phase der Regeneration?

Abb. 183. Detail aus der Höhle »Rochers des Potets«, Dép. Seine-et-Marne. Links drei parallele Striche, daneben Pfeil, darunter Linienkreuz.

Abb. 184. Ritzzeichnung eines Bisons aus der Höhle Gabillou, Dép. Dordogne, mit drei parallelen Linien und Pfeil. Jungpaläolithikum.

Mit diesem Problem hat sich die Menschheit immer auseinandergesetzt. Jede Zeit suchte eine Erklärung dafür, und jede gab darauf in den ihr entsprechenden Denkformen Antwort. Wir finden es schon in der Île-de-France ausgedrückt.

Die drei Lichtgestalten des Mondes prägten sich dem Auge leicht ein, die vierte Phase war dunkel, wie sollte man sie darstellen? Wollte man genauere Angaben machen, so mußte dafür ein Ausdruck gefunden werden, und zwar mit den Mitteln dieser Zeit. Wir sahen, daß mit drei gleichlaufenden Linien die drei sichtbaren Mondphasen angegeben werden konnten, in manchen Höhlen sind sie durchgestrichen, zerkratzt, vielleicht könnte damit das Erlöschen des Mondes ausgedrückt worden sein. Wenn in der dunklen Phase aber die Todesnacht gesehen wurde, so konnte als Symbol des Sterbens auch

Abb. 185. Felsblock mit Ideogrammen in der Höhle »Marie König«, Dép. Seine-et-Oise. Der Höhlenraum.

die todbringende Waffe, der Pfeil angesehen werden. Sein Bild ließ sich aus geraden Linien zusammensetzen.

Entsprechende Darstellungen sind schon G. Courty aufgefallen. In einer Publikation vom Jahre 1902 zeigt er ein Beispiel. Er bildet drei gleichlaufende Linien ab, neben denen ein Pfeil steht (73). Ähnliche Zeichen befinden sich z. B. in der oben genannten Höhle »Rochers des Potets«. Auch hier sind drei tief eingeschliffene Linien und ein Pfeil dargestellt *(Abb. 183)*.

Den Pfeil als Sinnbild des Todes kannte auch der Jungpaläolithiker. Er hatte das Bild des »Himmelsstieres« entwickelt, aber auch dieser mußte, wie der Mond, sterben. Ein Beispiel unter vielen befindet sich in der jungpaläolithischen Kulthöhle Gabillou, Dép. Dordogne. Hier wurde ein Bison gezeichnet, dessen Hörner gedreht sind, und zwischen beiden gegenständigen Bogen liegt das Auge. Das Bild ist überlagert durch drei parallele Linien und einen Pfeil. Es ist dadurch als Symbol der Zeitordnung gekennzeichnet *(Abb. 184)*.

Der Mond war nicht nur die große Himmelsuhr, er gab auch dem Zeitlichen des Menschen Ziel und Grenze. Aber wie er das Gesetz des Sterbens

Abb. 186. Der Kultblock in der Höhle »Marie König«, Dép. Seine-et-Oise.

vorlebte, so verhieß er zugleich die Aussicht auf einen neuen Anfang. Tod und Leben waren unlösbar verknüpft, und im Überdenken des kosmischen Geschehens könnte der Mensch Hoffnung auf ein Weiterleben nach dem Tode geschöpft haben. Als Symbol des ewigen Lebens wurde der Stier verehrt, das zeigt uns auch eines der schönsten und größten Stierbilder in der jungpaläolithischen Kulthöhle Lascaux.

Das Stierbild (Windels Nr. 18) befindet sich an der Deckenwölbung im »Saal der großen Stiere« *(Abb. 98)*. Die Ausführung ist sehr sorgfältig, und es mußten Gerüste errichtet werden, um die Höhe zu erreichen. Spiegelnde Lichter modellieren die dunklen Teile des Kopfes, die Hörner sind »harfenförmig« zueinander gebogen. In den Nüstern steckt der tödliche Pfeil, aber dem Maul des Tieres entströmt der Atem des neuen Lebens. Das Ohr steht senkrecht am Halse.

Das Sterben des Stieres ist kein natürlicher Vorgang, dieser Stier ist kein irdisches Wesen, er ist der bildhafte Ausdruck der Weltordnung. Ihm wurden das Linienkreuz und die Vier in Form von vier Punkten beigefügt, die die kosmische Natur der Darstellung unterstreichen. Der Glaube der Schöpfer dieser Bilder an das Weiterleben der Gestorbenen wird durch die sorgfältigen Bestattungen bezeugt, mit denen schon in der Neandertalerzeit begonnen wurde, als noch keine Bilder gemalt wurden, sondern nur die Zeichen herrschten. Keine Zeit hat den Glauben an das Jenseits und die Hoffnung auf die Wiederkehr wieder aufgegeben, das beweisen die kontinuierlich fortgeführten rituellen Bestattungen.

Der Pfeil war das Zeichen des Sterbenmüssens, und wie das Bild in Lascaux zeigt, wurde auch versucht, durch die Darstellung des Atems das neue Erwachen zum Leben anzugeben. Für die Wiedergeburt ließ sich aber noch ein anderer Ausdruck finden. Das Tod-Lebenproblem ist in einer Höhle in der Île-de-France auf andere Weise angegeben. Es ist die Höhle »Marie König«, die sich in der Nähe von Milly-la-Forêt, Dép. Seine-et-Oise, befindet *(Abb. 185)*. Sie muß einmal sehr groß gewesen sein, aber die Deckplatte ist zum größten Teil abgebrochen, wie ein Trümmerfeld liegt sie am Boden. Im Gegensatz zu den anderen Kultstätten wurde hier nicht der Höhlenraum mit Zeichen überzogen. Sie sind alle nur auf einem einzigen gerundeten Felsblock angebracht, der sich ungefähr in der Mitte des Raumes befindet *(Abb. 186)*. Wie erklärt sich dieser Unterschied zu den anderen Kultstätten?

Zum Verständnis müssen wir auf die vorhergehenden Ausführungen über die doppelte Möglichkeit der Weltsicht zurückgreifen. In subjektiver Sicht konnte man sich das All, sozusagen von innen her gesehen, als einen gewölbten Raum denken. Noch in der christlichen Kirche werden die himmlischen Heerscharen deshalb auf die Innenseite der Kuppel gemalt. In objektiver Sicht, d. h. von außen her gesehen, war das All eine Kugel, so wie die Kuppel der christlichen Zentralkirche äußerlich einer Halbkugel ähnlich sieht. Das Weltbild ist in beiden Fällen das gleiche, nur die Weltsicht ist verschieden.

Die Gravierungen in der Höhle »Marie König« sind auf den in objektiver Sicht gedachten Kosmos bezogen, der im runden Felsblock sein Gleichnis fand. Es sind die alten Zeichen, die hier wiederholt wurden, manche sind besonders tief eingeschliffen, wie z. B. die Schale, das Linienkreuz, das Viereck mit den vier vertieften Eckpunkten, das Diagonalkreuz im Viereck, das Netz, der Pfeil... Es gab also eine lückenlose Tradition, aber diese Ideogramme sind größer, sie stehen getrennt und verraten eine fortgeschrittene Bewußtseinsstufe. Außerdem ist zu den alten Zeichen ein neues Symbol hinzugetreten, das erst der jungsteinzeitliche Bauer gekannt haben kann: das Beil. Mit ihm müssen wir uns näher beschäftigen *(Abb. 186)*.

Die Klinge des dargestellten Beiles ist dreieckig, an einer Ecke beginnt der Schaft. Ein solches Instrument war nicht zum Gebrauch geeignet, es wird, wie die Doppelaxt, nur Symbol gewesen sein. Hier war die Form der Klinge von Bedeutung, das Dreieck. Im Symbol des Beiles war die himmlische Dreiheit

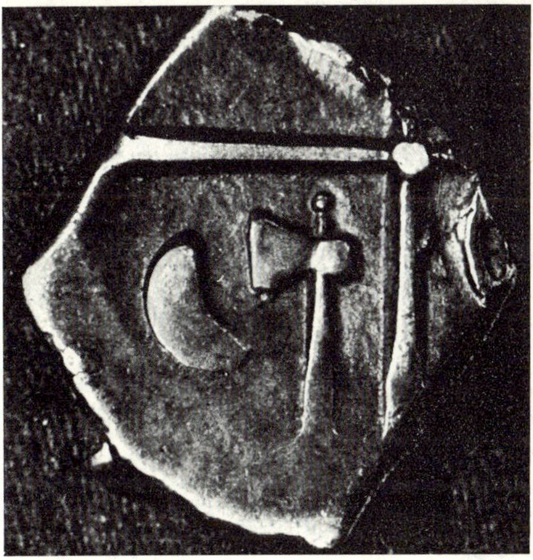

Abb. 187. Silbermünze des keltischen Stammes der Tectosagen. Im Kreuz steht das Beil mit dem Mond. Latour (90) 3132 var.

gemeint. Diese Bedeutung wurde nicht vergessen, als das Beil wie ein alltägliches Werkzeug dargestellt wurde. Das zeigen uns die keltischen Tectosagen auf ihrer Kreuzmünze. Sie stellten das Beil als Handwerkszeug dar, gaben aber durch die beigefügte Mondsichel die lunarsymbolische Natur des Beil-Symboles an *(Abb. 187)*.

Wir sind gewohnt, im Beil ein Werkzeug zu sehen, und müssen erst wieder zur Bedeutung der dreieckigen Klinge zurückfinden. Die Entwicklung ging im Gegenteil davon aus und jederzeit konnte darauf zurückgegriffen werden.

Abb. 188. Detail vom Kultblock in der Höhle »Marie König«, Dép. Seine-et-Marne. Unter dem Beil stehen Vulva und Pfeil.

In den Megalithbauten der Bretagne sind viele ungeschäftete Beile dargestellt, im Tumulus Gavr'Inis im Morbihan sind es allein 33 Stück. In ihrem Schatten hofften die Toten auf Erneuerung, auf das Erwachen zum Leben.

Einen graphischen Ausdruck für diesen Gedanken der Neugeburt fand der Mensch in der Île-de-France. Unter dem Beil in der Höhle »Marie König« ist nicht nur ein Pfeil eingeritzt, das Zeichen des Sterbenmüssens, unmittelbar daneben und im gleichen Duktus wurde eine Vulva beigefügt, die in die-

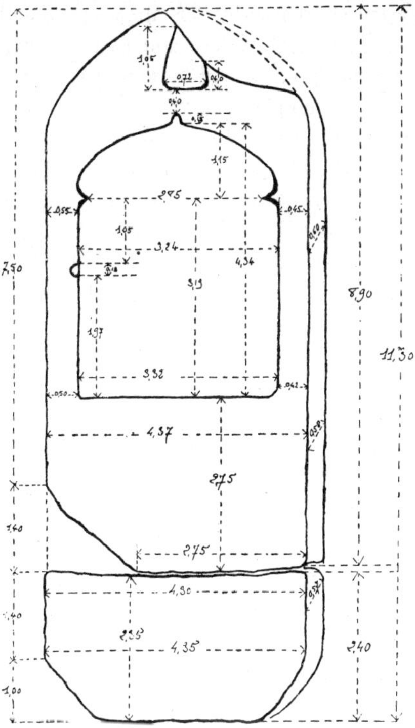

Abb. 189. Ideogramm im Dolmen Mané Rutual bei Locmariaquer in der Bretagne. Aus der Megalithzeit.

sem Zusammenhang als das Zeichen der Neugeburt verstanden werden muß. Tod und Leben stehen hier unzweideutig zusammen und gehören zum Machtbereich des Beiles, unter dem sie eingraviert sind *(Abb. 188).*

Dieser Gedanke führt uns wieder in die jungpaläolithischen Kultstätten zurück, in das Reich des sterbenden Stieres. In der Höhle Ganties-Montespan, Dép. Haute-Garonne, ist z. B. eine aus Lehm modellierte Vulva an der Wand dargestellt, sie könnte auch hier den Anfang des neuen Zyklus, den Beginn der Lebensbahn bedeuten.

In der Jungsteinzeit wurden nicht mehr die natürlichen Höhlen zum Kult benutzt, man begann damit, Großsteinbauten zu errichten. Neuere Radiokohlenstoff-Datierungen sprechen dafür, daß die Hauptgrabkammer der Insel Carn auf eine Entstehungszeit um 3390 v. Chr. zurückgeht und daß die benachbarten Dolmen um 3440 v. Chr. und 2890 v. Chr. errichtet wurden (FAZ. 1970, Nr. 301). Damit wären die Bauten am Atlantik älter als die monumentale Grabkammerarchitektur am östlichen Mittelmeer – 1500 Jahre vor dem Bau der Pyramiden. Dies spricht nach Colin Renfrew für den Kulturfluß vom Westen zum Osten. (»Der Spiegel« 1971, 49, Seite 172). Ein Bau verlangt einen Plan. Im Jungpaläolithikum wurden diese Voraussetzungen für einen Bauplan entwickelt, im Megalithbau wurden sie angewendet. Es ist der Gedanke der geordneten Kulturwelt, dem die Großsteinbauten Ausdruck verleihen. Dieser Plan ist immer wieder in die großen Steinplatten eingeschlagen worden und kündet vom Sieg des Geistes über die Natur. Ein solches Ideogramm ist im Dolmen Mané Rutual bei Locmariaquer in der Bretagne

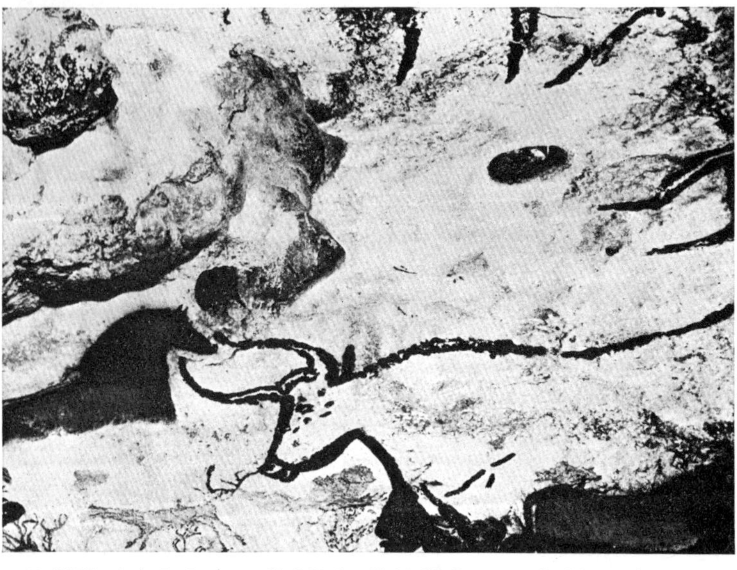

190. Höhlendecke in der jungpaläolithischen Kulthöhle Lascaux, »Saal der großen Stiere«.

Abb. 191. Deckenformen in der Kulthöhle Lascaux, Dép. Dordogne. Jeder Abschnitt der Höhle ist vom andern wie durch einen Bogen getrennt, dessen höchster Punkt eine Vertiefung zeigt.

besonders gut erhalten, weil es auf der Unterseite der großen Deckplatte angebracht worden ist *(Abb. 189)*. Die Zeichnung zeigt den bekannten viereckigen Grundriß der Welt, dem der Aufriß der Himmelswölbung auf der Oberkante hinzugefügt ist. Dieser Himmelsbogen trägt meist im Scheitelpunkt eine Ausstülpung. Sie kann den Zenit angeben, es ist also mit dieser Wölbung die »Oberwelt« gemeint. Ihre polare Gegenseite, die »Unterwelt«, trägt als Kennzeichen des Nadir eine Einbuchtung. Die Gegenüberstellung dieser zwei Typen zeigt sich in der »Allée couverte des Pierres plates« bei Locmariaquer.

Der Jungpaläolithiker hatte schon die seinen Raumbegriffen entsprechende Höhle gesucht und in Lascaux beinahe ideale Voraussetzungen gefunden. Die Decke dieser Höhle besteht ganz aus Kuppeln, die jedesmal in der Mitte eine Vertiefung oder Verfärbung erkennen lassen. Soweit die Decke erreichbar war, wurden die Tierbilder auf ihre Wölbungen gezeichnet und auf den Mittelpunkt bezogen. Im »Saal der großen Stiere« müssen dafür, wie schon ausgeführt, sogar Gerüste errichtet worden sein. Dort recken die großen Stiere dem Zentralpunkt ihre Hörner entgegen *(Abb. 190)*. Im runden Deckenabschnitt des »Querganges« kreisen drei Stierprotome um den Mittelpunkt. Schattengleich ist ein viertes beigefügt, in dessen Brust der Speer steckt (Windels Nr. 23, 24, 44).

Außerdem ist jeder Abschnitt der Höhle vom anderen wie durch einen Bogen getrennt, dessen höchster Punkt die gleiche Eintiefung zeigt, wie sie später in den Megalithbauten gezeichnet wurde *(Abb. 191)*. Hinzusetzen mußte der Jungpaläolithiker nur das, was er nicht finden konnte, den viereckigen Raum. Er zeichnete deshalb ein Viereck an die Wand. Wer heute aufmerksam die Höhle betritt, findet es im »Saal der großen Stiere« bei einem Hirschkopf (Windels Nr. 46) unter dem lochförmigen Mittelpunkt der Decke.

Der Plan war also schon um 15 000 v. Chr. im Herzen Europas bekannt, aber erst in der Megalithzeit war die Technik so weit fortgeschritten, daß nach ihm gebaut werden konnte. Im Dolmen auf der Île Longue im Morbihan wurde dann die viereckige Kammer errichtet und die Kuppel darüber gewölbt. Im Schutze dieser Weltordnung und unter dem Gebot des Beiles schlummerten die Toten.

3. Der Anfang der Personifizierung

Aus der intuitiven Betrachtung des Himmels gewann der Mensch der Frühzeit sein Weltbild. In Zeichen und symbolischen Bildern gab er ihm Ausdruck. Zum Inhalt dieses Weltbilds gehörte auch die unsichtbare Macht, von der das All erfüllt schien. Man glaubte sie im Symbol gegenwärtig und konnte dieses als Amulett tragen. Es sind z. B. zahlreiche »Beile« gefunden worden, die nur diesem Zweck gedient haben können. Mit der wachsenden Klärung des Weltbildes wurden die Wesenseigenschaften der allgemeinen Begriffe der Frühzeit differenziert.

Dazu gehörte die Kraft, die bis dahin unsichtbar im Zeichen oder Symbol gegenwärtig war. Mit der Spezialisierung wurde das Numinose herausgelöst denkbar und mußte veranschaulicht und bezeichnet werden, denn Begriff und sprachlicher Ausdruck hängen zusammen. Das Wort wurde nicht überliefert, aber die neue Gestalt konnte erhalten bleiben.

Die bronzezeitlichen Bilder auf den schwedischen Felsen zeugen von der

Entwicklung des spezialisierten Begriffes. Das alte Zeichen der geordneten Welt, das Viereck mit Linienkreuz oder das Ringkreuz, wurden beibehalten, aber mit neuen Zügen ausgestattet. Es wurden ihm menschliche Gliedmaße beigefügt, so daß es »vermenschlichte«. Es entstanden anthropomorphe Figuren, die nicht mehr nur Ideogramm und auch noch keine Menschen waren. Sie entwickelten sich durch die geistige Genese und waren nicht biogenetisch verbunden. An ihnen erkennen wir, daß mit der steigenden Prägnanz neue Denkkategorien erworben wurden, die eine neue Entwicklungsstufe einleiteten.

Die gleiche Entwicklung hatte sich im Orient viel früher angebahnt. Aus dem Ordnungsschema der Neun wurde in Ägypten die Götterneunheit gebildet, die wiederum in neun einzelnen Göttern denkbar wurde. Es war die Götterneunheit von Heliopolis. Aus der Sieben ergaben sich die sieben Gestalten der Ea, und aus diesem Begriff entstanden wiederum sieben mit Namen bezeichnete Gottheiten (74).

Die archetypischen Zahlen sieben und neun sind älter als die Götter des Niltales. Diese Ordnungsprinzipien hatte der jungpaläolithische Mensch entwickelt, wie die Dokumente in den Kulthöhlen bezeugen.

Im Gegensatz zum Orient blieb der Okzident länger bei der unpersönlichen Darstellung der Ordnungsmächte. In Schweden tragen von Gletschern glatt geschliffene Felsplatten noch heute das Glaubensbekenntnis der geistigen Übergangszeit, die mit der Bronzezeit einsetzte. Die dort eingeschlagenen Felsbilder beweisen, daß diese Religion in der Vergangenheit wurzelte. Die Bevölkerung war dem zurückweichenden Eis nachgerückt und hatte das Wissen und den Glauben ihrer Vorfahren mitgebracht. Diese Tradition wurde auf den Felsplatten festgehalten. Es sind dort die damals schon uralten Symbole zu finden, wie Schälchen, Kreuze, Ringkreuze, Vierecke und andere Ideogramme. Es fehlt nicht die Bildsymbolik des Jungpaläolithikers, der Himmelsstier, der Eber und Pferde, es gibt Spiralen, das Labyrinth, Beile, Wagen und den Pflug. Neben den überlieferten Ideo- und Ikonogrammen stehen neue anthropomorphe Figuren, die von den alten Heilszeichen ausgehen.

Auf der Granitplatte bei Hamm, Kreis Kville, in Schweden wurde eine runde Scheibe eingehauen. Sie könnte das Symbol der Kugel darstellen, das graphisch wiedergegeben zur runden Fläche werden mußte. Wahrscheinlich war die Darstellung ursprünglich rot gefärbt, und man hat hier und an vielen anderen Orten die rote Farbe erneuert *(Abb. 192)*. Schon der frühe Mensch

Abb. 192. Figur von der Granitplatte bei Hamn, Kreis Kville in Schweden. Die rote Farbe ist erneuert.

hatte an eine unsichtbare Macht geglaubt, die allgegenwärtig war, wenn er sie auch noch nicht als spezialisierte Gegebenheit denken konnte. Der bronzezeitliche Mensch bemühte sich, dem Glauben neuen Ausdruck zu verleihen. Er gab dem alten Sphäroid Beine. Nun konnte man sehen, daß im All eine handlungskräftige Macht war.

Durch die genauere Orientierung hatte der Kosmos im Ringkreuz oder auch im Viereck Ausdruck gefunden. Auch diese Zeichen wurden in Schweden

Abb. 193. Figur vom Felsen Aspeberget bei Tanum, Prov. Bohuslän, Schweden, mit Pfeil und Bogen.

mit menschlichen Gliedmaßen versehen *(Taf. III, Abb. 2)*. Wir finden solche anthropomorphen Figuren auf dem Felsen Aspeberget bei Tanum, Prov. Bohuslän. Sie stehen sich paarweise gegenüber, recken sich auf kräftigen Beinen und schwingen Beile. Ihr »Leib« besteht noch aus den alten Ideogrammen, dem Ringkreuz oder dem Viereck mit vierfacher Unterteilung. Auch das Symbol des Beiles war übernommen. Es ist also eine Macht dargestellt, die den Raum und die Zeit beherrscht, eine »Allmacht«. Da es später

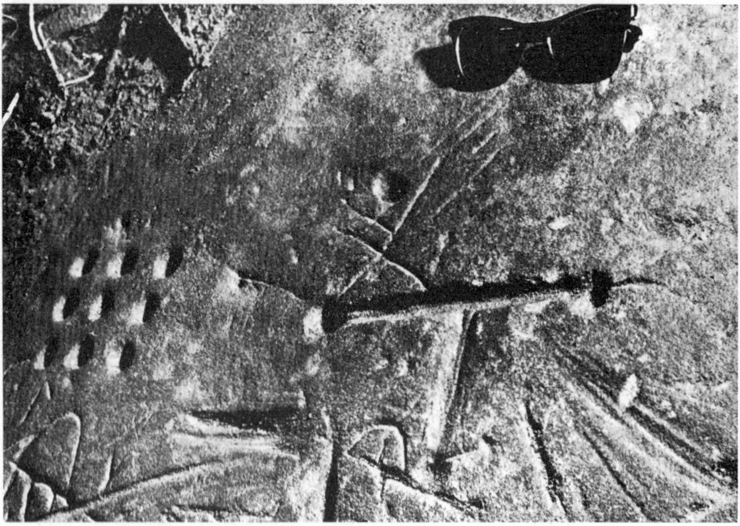

Abb. 194. Bogen mit Pfeil neben dem T-förmigen Ideogramm auf dem Boden der Kulthöhle »Jean Angelier« bei Noisy-sur-Ecole, Île-de-France.

Beilgötter gab, die besondere Funktionen ausübten, zeigen diese schwedischen Darstellungen, daß die Entwicklung der Gottesbegriffe von unspezialisierten, allgemeinen Begriffen ausging.

Wie wir sahen, hatte die Lunarsymbolik in mancherlei Gestalten Ausdruck gewonnen, die nach Belieben das Beil ersetzen konnten. Auf dem gleichen Felsen ist eine Figur dargestellt, bei der wohl noch der Leib als Ringkreuz gebildet ist, die in der Hand aber Pfeil und Bogen trägt *(Abb. 193)*. Wie konnte sie entstehen?

Der Himmel zeigte den Mondbogen, und der Jäger könnte in ihm eine Ähnlichkeit mit seinem Jagdgerät gefunden haben, dem der bedeutungsvolle Pfeil wie selbstverständlich auf der Sehne lag. Entsprechende Figuren, die als Pfeil und Bogen verstanden werden können, gibt es schon in den Kulthöhlen der Île-de-France. Eine solche Gravierung steht auf dem Boden der Kulthöhle »Jean Angelier« neben schon angeführten lunarsymbolischen Ideo-

Abb. 195. Bogen mit Pfeil am unteren Rand auf dem Kultblock in der Höhle »Marie König«, Dép. Seine-et-Oise. Île-de-France (siehe auch Abb. 188).

grammen *(Abb. 194)*. Wie ein Strich kreuzt der »Pfeil« die Sehne des »Bogens«. Die Darstellung ist relativ klein, an das größere T-förmige Ideogramm gedrängt und damit leicht zu übersehen, doch ist sie noch in anderen Höhlen zu finden. In ungefähr gleicher Größe tritt sie zu dem Pfeil und der Vulva unter das Beil auf dem runden Felsblock in der Höhle »Marie König« *(Abb. 195)*. Es ist deshalb möglich, daß die anthropomorphe Figur mit Pfeil und Bogen in Schweden auf dem Felsen Aspeberget den gleichen Weltherrscher meint, den auch die Beilschwinger am gleichen Ort oder die große Figur mit der langen Lanze in Listleby bei Tanum wiedergaben. Ob hier schon eine Differenzierung eingetreten ist? Später gab es viele Götter, die sich den weiten Machtbereich teilten. Donar mit dem Beil ist z. B. ein anderer Gott als Wotan mit der Lanze. Einer der alten Bogengötter ist Apollon. Nach Homer war er der verderblichste aller Götter, dessen Pfeile den Tod brachten. Hier hatte sich die uralte Bedeutung des Pfeiles noch erhalten, der in der Symbolik nicht mit der Jagd verbunden wurde, sondern mit dem Sterben. Apollon war im Griechischen aber auch der Ordner des religiösen Lebens, das nach Aristoteles durch die dreifache Wiederholung geregelt war. »Das Maß steht am Höchsten« war delphische Weisung.

Mit dem Gedankengut der Eiszeit wurde auch das Bild des lunarsymbolischen Stieres überliefert. Es steht neben den angeführten anthropomorphen Figuren auf der Felsplatte von Aspeberget *(Abb. 196)*. Kopf und Hörner des

Abb. 196. Stierbild auf der Felsplatte von Aspeberget bei Tanum, Prov. Bohuslän, Schweden. Gedrehte Hörner.

Tieres wurden am tiefsten eingehauen, die Hörner sind gedreht. Über dem Stierbild deutet eine Schlange auf das Prinzip des Chthonischen und das grobe Zeugungsorgan des Himmelsstieres auf seine Kraft zur Regeneration.

Der Himmelsstier wurde in jener Zeit an vielen Orten verehrt, das zeigen die zahlreichen Bilder an, die sich erhalten haben. Die vergrößerten und gedrehten Hörner veränderten das Abbild eines natürlichen Geschöpfes zum kosmischen Symbol. Vom sumpfigen Wasser überspült, schillert sein Bild oft

Abb. 197. Die Geste von drei und vier erhobenen Fingern. Auf dem Felsen Vitlyke bei Tanum.

in vielen Farben wie auf den Felsplatten in SO-Norwegen in der Provinz Ostfold.

Wie oben ausgeführt, wurden schon im Paläolithikum Ordnungsprinzipien durch Zahlen wiedergegeben. Zahlen ließen sich durch Finger demonstrieren. Vielleicht stellte der Jungpaläolithiker durch die Hand mit den fünf Fingern die ihm bekannte Zahl der fünf Kardinalpunkte, die Weltordnung dar. Mit den Bildern verschwanden auch die Hände. In Form von Strichen und Punk-

Abb. 198. Große anthropomorphe Figur, die mit jeder Hand fünf Finger zeigt und das Beil. Sie steht im Lauf einer Quelle. Größe 1,60 m. Auf der Felsplatte von Backa bei Brastad, Schweden.

ten standen im Azilien die Zahlen auf den Kieselsteinen. Als man zur bildhaften Aussage zurückkehrte, erschienen wieder die bedeutungsvollen Gesten. Zum Zeichen der Drei konnte man drei Finger heben, und vier Finger ergaben die Vier. Sie ergänzten sich zur Sieben. Das zeigt eine Figur auf dem Felsen Vitlyke bei Tanum *(Abb. 197)*. Neben ihr steht die lunarsymbolische Lanze, die ebenfalls zur Weltordnung gehört und diese Äquivalenz durch eine Linie anzeigt, die sie mit der Figur verbindet.

Wir sahen, daß sich aus der Drei, dem Dreieck, das Symbol des Beiles entwickelte. Es war ideengleich mit der Geste der drei Finger und konnte diese ersetzen. Das zeigt auch eine viereckige Gestalt auf dem Felsen Flyhov in Västergötland. Sie hebt mit der einen Hand vier Finger und mit der anderen statt der drei Finger das Beil *(Taf. III, Abb. 1)*. Sie ist von kosmischen Symbolen umgeben. Schälchen stehen paarweise angeordnet oder zu dritt und im Geviert. Auch das Ringkreuz bringt den Stempel der Weltordnung.

4. Die Fahrt ins neue Leben

Zur Weltordnung gehörte immer das Sterben. Der Tod blieb auch für die bronzezeitlichen Menschen die zentrale Frage. Auf den schwedischen Felsen steht das Zeugnis ihres Glaubens. In diesem Sinne muß die Felsplatte von Backa bei Brastad genauer angesehen werden *(Abb. 198)*. Dort ist eine 1,60 m hohe anthropomorphe Gestalt dargestellt. Der Körper ist viereckig, den Kopf bildet ein Diskus. Sie hebt beide Hände und zeigt je fünf Finger. Über der rechten Hand steht das Beil, das die Herrschaft über Tod und Leben bezeugt, was auf dem Felsblock in der Höhle »Marie König« durch Pfeil und Vulva genauer angegeben wurde. Die Potenz der Erneuerung verkündet in Schweden das große männliche Organ, das die Gestalt sichtbar zum Erzeuger des Lebens stempelt. Durch diese Angabe erhielt die Allmacht in Schweden männliche Züge.

Neben dem Phallus der großen Figur in Backa ist ein Vogel dargestellt. Verkündet er wie die Vögel in der Natur das erwachende Leben? Neben den Füßen der Gestalt zeigt sich ein kleiner Pferdewagen. Er ist teilweise verwittert. Stellt er wie in der griechischen Mythologie den Sonnenwagen dar, der hier aus dem Lauf einer Quelle auftaucht und im Erscheinen des großen Gestirnes symbolisch das Erwachen des neuen Tages, das erwachende Leben wiedergibt?

Durch das Beil verkündet die anthropomorphe Gestalt die Macht über das Werden und Vergehen, über Leben und Tod. Das Reich der Toten wollte man im Wasser finden, und den Eingang dazu bildeten die Quellen. Wie das Bild zeigt, entsprang am oberen Rand der etwas abfallenden Felsplatte ein Rinnsal. Es windet seinen dunkel gefärbten Lauf über die Fläche, und in diesem Quellwasser steht mit beiden Füßen die große anthropomorphe Figur. Sie gibt sich dadurch als Herrscher über das Wasser, über die Unterwelt zu erkennen.

Das Wasser setzt seinen Lauf fort, in ihm treibt ein Schiff *(Abb. 199)*. Wer müßte dabei nicht an den Kahn denken, der nach der griechischen Sage die Seelen der Toten über den Styx brachte? Wie kamen die Griechen zu dieser Vorstellung?

Der Jäger konnte ein Horn in der Mondsichel erblicken, der Schiffer ein Schiff. Das haben uns die Sumerer schriftlich überliefert. Ein altes sumerisches Götterlied auf Nanna-Su'en preist Nanna, den Mondgott, und bezeichnet ihn auch als »Heiliges Himmelsschiff«. Wir lesen: »Vater Nanna, wenn Du wie ein Schiff auf hoher Flut dahinfährst...« Dieses Mondschiff war das einzige, das die Gefahren der Unterwelt überwinden konnte. Gewiß mußte es untergehen, sterben. Doch es durchquerte die Unterwelt, fand von Westen wieder nach Osten, um dort strahlend zu erscheinen. Es hatte in den dunklen Nächten den Tod besiegt und die Kraft zum neuen Wandel gewonnen *(Abb. 273 a)*. Diesem Schiff vertraute man wohl auch in Schweden die Seelen der Verstorbenen an. Auf zahllosen Felsen sehen wir sie durch das Wasser fahren.

Das »Himmelsschiff« im Wasserlauf der Felsplatte in Backa steht unter besonderem Schutz. Zwei große Hände schirmen es auf beiden Seiten. Sie sind so gedreht, daß man die in Punkten endenden Finger zählen kann, es sind je fünf. Wieder spiegelt sich in einer Geste die Weltordnung mit ihrer apotropäischen Macht. Ihrem Gebot entsprechend hatte der Kreislauf des Lebens kein Ende, das kosmische Schiff wird sicher sein Ziel erreichen.

Wohin geht in Backa die Reise? Das Schiff fährt dem Ende des Rinnsals entgegen, dorthin, wo es den Felsen verläßt und versickert. An dieser Stelle stehen drei Vögel im Wasser *(Abb. 199)*. Sie haben lange Beine und Hälse. Könnten Störche gemeint sein? Erinnert das Bild nicht an den alten Glauben, daß der Storch die kleinen Kinder aus dem Wasser holt und ins neue Leben bringt? Ist hier die Fahrt durch die Todesnacht zu Ende und die Seelen der Vorfahren leben in ihren Nachkommen weiter? Auch darin spiegelt sich ein alter Glaube.

Auf der Felsplatte von Backa ist das alte Tod-Leben-Problem dargestellt, das zu Füßen und im Schutze der großen anthropomorphen Figur abrollt. Die Bezeichnung dieser Gestalt bereitet Schwierigkeiten. »Anthropomorph« ist

Abb. 199. Der großen Figur folgt im Wasserlauf ein Schiff, das vorn und hinten je eine Hand mit fünf Fingern zeigt. Am Ende des Rinnsals, wo es vom Stein abfließt, stehen drei Stelzvögel. Störche?

Abb. 200. Szene im »Puits« von Lascaux, Dép. Dordogne. Jungpaläolithikum.

eine rein positivistische Angabe der sichtbaren Form. Aber steht nicht die Welt des Glaubens dahinter? Darf man den Terminus Gott verwenden? Oder müssen Götter wie Menschen aussehen? Vermied man in der Frühzeit absichtlich die naturalistische Gestalt, gehörten diese Mächte doch zur Welt des Geistes und nicht zur Naturwelt? Vielleicht sollte die Zusammensetzung der Gestalt aus kosmischen Ordnungssymbolen gerade verhindern, daß Götter als organische Lebewesen angesehen wurden. Es gab in jener Zeit noch kein Buch, das die Gesetze verkündete, und keine Schrift, die sie festhielt. Das alles war Aufgabe der Felsbilder. In der anthropomorphen Gestalt wurden der Ordner und die Ordnung verkündet. Die Gestalt war das Modell für die Kulturentwicklung und brachte dem Gläubigen Trost im Sterben.

Diese Religion hatte sich in viel früheren Zeiten entwickelt, es bleibt die Frage nach den ersten Anzeichen solcher anthropomorphen Figuren im Kult.

Auf der Suche danach müssen wir im Buch der Zeiten zurückblättern. Anthropomorphe Gestalten hat schon der Jungpaläolithiker gezeichnet, wie in der viel beachteten Szene im »Puits« von Lascaux *(Abb. 200)*. Sie befindet sich in einem engen Schacht unterhalb der »Apsis«. Während die anderen Bilder sich meist auf die Deckenwölbung beziehen, steht diese Darstellung im Gegensatz dazu an der tiefsten Stelle (68). Dort unten befindet sich der sterbende Bison, Symbol des erlöschenden Mondes. Was verhilft ihm zum neuen Leben? Diese Rolle ist einer anthropomorphen Figur zugedacht. Es ist kein Lebewesen dargestellt, wie es der Alltag sieht, auch kein Jäger. Wir sehen den ungefähr viereckigen Körper und an den erhobenen Händen je vier Finger. Das große Zeugungsorgan weist auf seine Potenz, das neue Leben zu erschaffen. Die kräftigen Beine verankern die Gestalt im Diesseits, während der Vogelkopf und der hinzugesetzte Vogel den Begriff mit dem Himmel und der Erweckung verbinden.

Die anthropomorphe Figur trägt auch hier in Lascaux schon alle Züge kosmischer Ordnung. Es ist das Mysterium des Todes dargestellt, und in neuer, lunarsymbolischer Gestalt verläßt der Stier als Nashorn den Ort der Wandlung.

Wir wissen, wie sorglich der Jungpaläolithiker seine Toten bestattete, er glaubte an ein Weiterleben. Diesen Glauben schildert das Bild, das hier in der Kulthöhle den Vollzug des Mysteriums wiedergibt, tief unter der »Apsis« vom »Kirchenschiff«. Aber das Bild zeigt auch, daß der Mond sich nicht aus eigener Kraft erneuerte, es war eine kosmische Macht, die diese »Wieder-

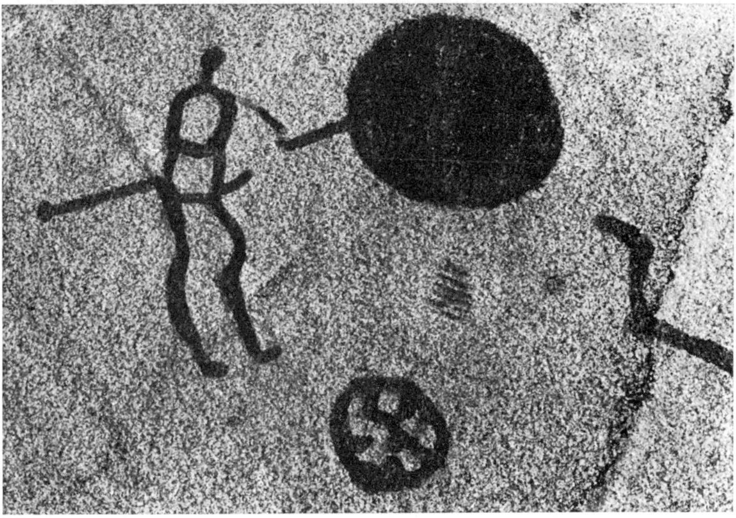

Abb. 201. Anthropomorphe Gestalt mit Kugel. Auf dem Felsen Vitlyke bei Tanum in Schweden.

geburt« befahl. Man gab ihr ähnliche Züge wie vielleicht 15000 Jahre später in Schweden, als die Fahrt durch das Jenseits so viel genauer geschildert wurde.

Wenn sich im Orient die kosmischen Gewalten auch zu wirklichen Menschen im Bilde verdichteten, ihre Macht blieb die gleiche. Die alte Mondgöttin Hathor in Ägypten trug noch in den beiden Hörnern und der Scheibe die alte Mondsymbolik auf dem Kopfe, und sie war noch immer die Beschützerin der Toten. Inanna war die Mondgöttin von Sumer. Als »Göttin über das Schlachtgetümmel« hatte sie die Macht, den Tod zu schicken, doch war sie zugleich Erweckerin des Lebens durch ihre Herrschaft über die Fruchtbarkeit.

Auch das Grundprinzip der Dreiheit geriet nicht in Vergessenheit. In allen Religionen stehen Dreiheiten an der Spitze des Götterhimmels, wie die Ternitäten der antiken Religionen, die indische Trimurti, die christliche Trinität.

Wir verfolgten die kulturelle Entwicklung vom Symbol der Kugel ausgehend mit den anschließenden Spezialisierungen und Differenzierungen bis zu dem Punkt, an dem die unsichtbare Macht Gestalt gewann. Damit glich sie einem Menschen. Ihm mußte das Zeichen seiner Herrschaft beigegeben werden. Dazu wurden die alten Sinnbilder verwendet, wir erkannten Figuren mit dem Beil, der Lanze, mit Pfeil und Bogen und auch mit der Kugel in der Hand.

Eine solche Gestalt mit der Kugel wurde in den Felsen Vitlyke bei Tanum in Schweden tief eingehauen *(Abb. 201)*. Sie setzt sich aus Kreis und Viereck zusammen, der Arm streckt sich nach einer großen Scheibe, in der wir wohl die graphisch dargestellte Kugel sehen dürfen. Noch ist hier das sphärische Symbol verhältnismäßig groß, aber es ist erst ein Anfang. Nach und nach wird sich die Kugel wieder der menschlichen Hand anpassen, so wie zu Beginn, und es entstehen Bilder wie auf dem Goldsolidus des byzantinischen Kaisers Michael VII., der als Zeichen seiner Allmacht die Weltkugel in der Hand trägt *(Abb. 167)*.

Im vorhergehenden Teil wurde versucht, die Entwicklung des Weltbildes rückschauend zu erfassen. Aus der fast unübersehbaren Fülle materieller Dokumente mußte eine Auswahl getroffen werden, damit die Übersicht gewahrt blieb.

Jedes einzelne Objekt zeugt von einem Denkakt, und es war die Aufgabe gestellt, den Vollzug der Denkbewegung zu rekapitulieren. Dafür mußte die ganze Symbolik zuerst auf den gemeinsamen Nenner gebracht werden, den der Grundbegriff lieferte. Von diesem ausgehend fanden die Dokumente im Sinne der steigenden Prägnanz die Erklärung.

Besonders schwierig war die Erfassung des Zeitbegriffs. Der Mond war die Himmelsuhr, man sah seine Formen und verglich sie mit irdischen Dingen. So konnten nach Belieben viele symbolische Bilder erdacht werden, die keine äußerliche Ähnlichkeit besaßen und doch dem gleichen Prinzip entsprachen.

Vor allem erregte die Neumondphase die Phantasie der Menschen, denn man glaubte an Zusammenhänge zwischen dem Mondzyklus und dem menschlichen Problem von Leben und Tod.

Wenn wir in diesem Sinne das Gewordene überblicken, so zeigt es sich, daß die mit der Schrift beginnenden Kulturen eine hochspezialisierte Geistesschicht darstellen. Sie setzt alle vorhergehenden Prägnanzstufen voraus. Die Grundprinzipien wurden viel früher gefunden. Sie stammen, wie die Dokumente lehren, aus dem Paläolithikum, also aus einer Zeit, die lange vor den orientalischen Kulturen sichtbare Spuren kultureller Entwicklung in Europa hinterlassen hat.

Kapitel V Die Weltordnung im Zeichen der Zahl

Die geistige Besitzergreifung der Welt begann damit, daß das universale Weltbild entwickelt wurde. Später folgte die genauere Erkenntnis der Existenz im Raum und in der Zeit. Dadurch differenzierte sich das ursprünglich Einheitliche, aber als Teile des Ganzen gehören Raum- und Zeitbegriffe zusammen.

Hier wurde zuerst die Idee des Raumes und ihre Entwicklung untersucht. Im gleichen Sinn ist anschließend die Zeitordnung behandelt worden. Dadurch wurde der innere Zusammenhang, der sie verbindet, zerrissen.

Abb. 202. Ideogramme aus der Höhle »Villetard«, Dép. Seine-et-Marne.

Der Zergliederung muß die Zusammenschau folgen. Die Überlieferung ältester Begriffe blieb erhalten, und doch gab es kein Zurück zum Anfang. Die Orientierung in der Welt war genauer geworden und erforderte neue Ausdrucksformen. Ihre Entwicklung erfolgte nach dem Schema der Grundprinzipien. Diese geistige Bewegung soll nun an Hand von Beispielen verfolgt werden, soweit nicht schon vorher darauf eingegangen wurde. Auch dieses Kapitel könnte bei der Fülle des Materials ins Endlose führen, es ist deshalb eine Übersicht angestrebt, die das Wesentliche hervorhebt und auf weitere Beispiele verzichtet.

1. Sieben als Baustein der Kultur

Die Differenzierung des Weltbildes in Raum- und Zeitordnung hatte viele verschiedene Ideogramme gebracht, die als Zeichen für die Raumordnung dem Charakter der Vier entsprachen und als Zeitordnung dreiwertig waren. Die Synthese dieser verschiedenartigen Begriffe ergab den Symbolwert der Sieben. Dabei konnte auf beliebige der bekannten Ideogramme zurückgegriffen werden, und die Sieben gewann immer wieder neue Gestalt.

Wenn wir die oben gezeigten Bilder aus der Île-de-France genauer betrachten, so zeigt sich ein gewisser Zusammenhang unter den Zeichen. Ein Beispiel dafür bietet das Bild aus der Kulthöhle »Rochers des Potets«, wo ein Linienkreuz an die drei Parallelen mit dem Pfeil grenzt *(Abb. 183)*.

In allen Kulthöhlen gibt es entsprechende Ergänzungen, dabei konnten verschiedene Ideogramme, statt getrennt gezeichnet, auch zu einer einzigen Figur verbunden werden. Ein solches Zeichen befindet sich in der Höhle Villetard im Dép. Seine-et-Marne. Es stellt ein Linienkreuz dar, und die Endpunkte von zwei nebeneinander stehenden Kreuzarmen sind durch eine senkrechte Linie verbunden *(Abb. 202)*. Damit schließt das Kreuz das Dreieck ein, der Symbolwert der Drei und der Vier verschmelzen zu einer neuen Figur, die aus beiden zusammen den Symbolwert der Sieben wiedergibt.

Diese Lösung erscheint auf den ersten Blick so schlicht, daß man an einen Zufall glauben möchte, doch die Tatsache, daß solche Sinnzeichen wiederholt wurden, spricht dagegen. Sie sind in vielen Höhlen zu erkennen, wie an der Wand der Kulthöhle am »Chapeau de Napoléon«, Dép. Le Loiret *(Abb. 108)*. Dort ist das Zeichen nur flüchtig gezogen im Gegensatz zu der Darstellung in der »Grotte aux Fées«, wo es oberhalb des hervorstehenden Kopfes sehr sorgfältig in den harten Stein der Höhlenwand geritzt wurde *(Abb. 136).*

Eine andere planmäßige Zusammenstellung von Ideogrammen ist in der angeführten »Schalenhöhle« im Felsmassiv der »Dame Jouanne« zu erkennen. Dort brachte das Dreieck den Symbolwert der Drei, die Vier wurde dagegen durch vier in einer Reihe stehende kleine Schälchen hinzugefügt. Sie stehen im Inneren des Dreiecks, bilden mit ihm eine einzige Figur, und man darf wohl annehmen, daß eine Addition der Symbolwerte gemeint war, d. h. daß man dieses Ideogramm im Sinne von Drei und Vier, also als Zeichen der Sieben verstehen sollte *(Abb. 203).*

In der gleichen Höhle gibt es diesen Gedanken noch in anderer Form. Drei lange parallele Linien sind in ihrem mittleren Abschnitt durch drei senkrecht stehende verbunden. So entwickelte sich aus den drei Geraden zugleich das Viereck, das in vier Vierecke unterteilt ist *(Abb. 204).* Solche Linien-

Abb. 203. Zwei Dreiecke mit je vier Schälchen im Innern der Dreiecke in der »Schalenhöhle« im Felsmassiv der »Dame Jouanne« bei Larchant, Dép. Seine-et-Marne.

kombinationen konnten unklar werden, ein anderer Versuch führte zu einem gangbaren Weg. Man konnte die Symbolwerte addieren und dann die Sieben in Form von sieben Strichen wiedergeben. Auch diese Gestaltung gibt es in der Schalenhöhle. Unterhalb des oben angeführten Ideogramms befindet sich ein kleiner Felsvorsprung. Er trägt sieben parallele Linien.

Diese Inzisionen in der zusammengebrochenen »Schalenhöhle« lagen unter dem Sand. Sie wurden mit Quarzitwerkzeugen ausgeführt, sind aber kaum genau zu datieren. Stammt der Ursprung dieses Ordnungsprinzips aus dem Paläolithikum?

Es müssen altsteinzeitliche Kulthöhlen untersucht werden, um festzustellen, ob zu jenen Zeiten diese Ideen schon bekannt waren. Dafür eignet sich die z. T. sehr gut erhaltene Höhle Lascaux, Dép. Dordogne, die um 15000 v. Chr. bemalt wurde (76). Gewiß fesseln die großen farbigen Tierbilder den Eintretenden, wer aber eingehender die Wände untersucht, findet eine Fülle abstrakter Zeichen. Sie sind aus Linien und Punkten zusammengesetzt, zu dritt oder viert gruppiert, bilden Kreuze, Vierecke, Netze. Sie stehen auf den

Abb. 204. Drei gleichlaufende Linien über einem vierfachen Viereck, darunter auf einem Felsvorsprung sieben gleichlaufende Linien, in der »Schalenhöhle«.

Abb. 205. Große dunkle Kuh mit hellen Hörnern, die auf zwei Vierecken steht und das dritte mit der Schwanzspitze berührt, im großen Höhlenraum, genannt »Kirchenschiff«, der jungpaläolithischen Kulthöhle Lascaux, Dép. Dordogne.

Bildern und neben ihnen. Diese Ideogramme, die es auch in den Kulthöhlen der Île-de-France gibt, waren also schon dem altsteinzeitlichen Menschen vertraut.

Es gibt in Lascaux noch mehr Hinweise darauf, daß die Sieben bekannt war. Im Quergang der Höhle steht ein großes schwarz-braunes Rinderbild (Windels 60–61). Darunter befindet sich ein Viereck von 60 cm Seitenlänge, das in sieben Felder unterteilt ist. Eine Bestätigung der Annahme, daß mit diesem Ideogramm die »Sieben« gemeint ist, bringt der größte Raum der Höhle. Er wurde bei der Entdeckung als »Kirchenschiff« bezeichnet, weil er mit seiner kuppelartigen Deckenwölbung und der »Apsis« überraschende Ähnlichkeit mit einem Kirchenraum zeigt. Ein monumentales Bild zieht dort den Blick an (Windels Nr. 63). Es stellt ein 2,15 m langes Rind dar. Schlanke Beine tragen den schweren Körper mit doppelter Bauchlinie. Das Tier ist dunkel, nur die zur Deckenwölbung gereckten Hörner waren hell, sind aber schon in der Frühzeit restauriert worden. Zarte Lichter umspielen die Muskeln der Brust, der Schenkel. Aus dem Maul strömt der Atem *(Abb. 205)*. Das Bild ist ganz besonders sorgfältig ausgeführt. Unter ihm bildet die Wand einen Vor-

Abb. 206. Ideogramm in Form einer Kartusche, das in zwei Teile geteilt, durch drei und vier Schälchen bezeichnet ist. Auf den Steinen des Megalithbaues »Allée couverte des Pierres plates« bei Locmariaquer, Morbihan, Bretagne.

sprung. Das Tier ist so gezeichnet, daß seine Hinterbeine auf diesem zu stehen scheinen. Die Hufe berühren dabei zwei Vierecke, die auf dem Gesims in ungefähr waagerechter Lage angebracht sind, das dritte Viereck befindet sich unter dem Schwanz, dessen Spitze hineinhängt. Die drei Vierecke sind durch diese Anordnung offensichtlich mit dem Tierbild verbunden.

Die drei Vierecke zeigen eine schachbrettartige Unterteilung. Ursprünglich waren es sieben Felder. Sie sind in verschiedenen Farben getönt. Dadurch wurde die Gliederung hervorgehoben. Auch die Dreizahl der viereckigen Ideogramme brachte schon den Symbolwert der Sieben. Die Bilder und Zeichen in Lascaux sind vielfach überarbeitet und korrigiert worden. Bei diesen Vierecken sind aus sieben Feldern neun gemacht worden, wie schon Abbé Breuil konstatierte (72). Jede Mondphase bestand aus neun Nächten, drei mal neun wäre damit die Zeit der drei Mondwochen, des sichtbaren Mondwech-

Abb. 207. In je zwei Dreiecke zerlegte Vierecke, eingehauen in die Innenwand des Megalithbaues »Newgrange«, Co.Meath, Irland. (Claire O'Kelly R 21.) Gegen 2000 v. Chr.

sels. Die allgemeine Weltordnung als Sieben könnte zu der genaueren, spezielleren der Neun geworden sein, die sich aus der Beobachtung des Mondes ergab. Auf diesem in Zahlen ausgedrückten Symbol der Zeitordnung stand das Bild des »Himmelsstieres«, der nach sumerischen Texten die Zeit bestimmte, hoch oben an der Deckenwölbung. Das Bild findet seine Ergänzung in der kalendarischen Angabe.

Der Jungpaläolithiker überlieferte uns seinen Glauben in symbolischen Bildern, denen aber immer der Schlüssel im Ideogramm beigegeben wurde. Leider wurde sowohl die Bedeutung der Bilder als auch die der Zeichen vergessen, und ihre Aussage verstummte. Wir müssen uns deshalb noch weiter in der Höhle umsehen, um Beweise für die Existenz der Sieben zu finden.

In einer besonderen Nische im »Kirchenschiff« sind zwei große Tierbilder eingeritzt und schwarzbraun getönt worden. Das eine stellt einen Bison (Windels Nr. 62) von 1,40 m Länge dar, das andere ein Pferd, das 1,05 m groß ist (Windels Nr. 59). Eine mächtige, übernatürlich groß gezeichnete Mähne umgibt den Kopf des gebogenen Pferdehalses. Sollte damit der Hinweis auf den Strahlenkranz der Sonne angegeben sein, so wie die Hörner des Bisons Symbol der Mondbogen waren? Auf jedem der beiden Tiere sind sieben parallele Pfeile sorgfältig eingraviert. Ihre Zahl ist noch niemandem entgangen, und es wurde schon oft darauf hingewiesen. Der Pfeil diente hier als Kommunikationsmittel, wichtig war die Anzahl der Pfeile. Sie stehen in gleichlaufender Anordnung auf den Sinnbildern von Sonne und Mond. Es könnte der Bezug auf die beiden großen Gestirne angedeutet sein, die es dem Menschen ermöglicht hatten, die Raum- und Zeitordnung zu finden und damit das Ordnungsgesetz der Sieben.

Mit dem Ende der Eiszeit wurde die bildhafte Symbolik aufgegeben, doch die Sinnzeichen blieben erhalten. Das Zeugnis dafür liefern die Kiesel aus Mas d'Azil. Diese wurden in der alten Kultstätte deponiert, ihr Sinn ist noch immer auf das alte Weltbild bezogen. Unter diesen Steinen gibt es solche, die mit sieben roten Punkten oder sieben gleichlaufenden Strichen in roter Farbe gekennzeichnet sind *(Taf. II, Abb. 2)*.

Vorübergehend verschwanden die Bilder, die Ausdrucksweise wechselte, doch der Sinn blieb erhalten und konnte später wieder als Bild erstehen. So erwachsen in gewissen Abständen alte Sinnbilder zu neuem Leben, die durch Jahrtausende versunken schienen. Jetzt dominierten wieder die Ideogramme.

Die traditionelle Überlieferung reichte bis in die Zeit der Megalithbauten in der Bretagne. Schalen, Stierbilder und Ideogramme legen davon Zeugnis ab. Wir finden auch hier das Ordnungsprinzip der Drei und Vier.

Auf den Steinen der »Allée couverte des Pierres plates« bei Locmariaquer ist ein Viereck in den Fels gepickelt worden, das in zwei Teile unterteilt ist. In der einen Hälfte sind drei Schälchen eingeschlagen, die von kleinen Kreisen umgeben sind, in der anderen Hälfte des Vierecks gibt es davon vier. Jede

Abb. 208. Dreiecke, Vierecke, Spiralen auf dem großen Block des inneren Steinkranzes von »Newgrange«. (Claire O'Kelly K 67.)

dieser Gruppen ist durch eine Linie zusammengehalten, so daß der Zahlenwert klar in Erscheinung tritt. Eine weitere Linie umgibt das Ganze wie eine Kartusche, damit das Getrennte doch in seiner Zusammengehörigkeit zu erkennen ist *(Abb. 206)*.

Viele Megalithbauten trägt auch der irische Boden. Der bedeutendste Bau ist Newgrange, Co Meath, erbaut ungefähr 2000 v. Chr. Der rund aufgeschichtete Hügel ist von zwei Steinkreisen umgeben. In die großen Steinplatten sind Ideogramme eingeschlagen worden, es dominieren das Dreieck und das Viereck. Manchmal sind beide Figuren zusammengefügt, in das Viereck ist ein Dreieck vertieft eingehauen *(Abb. 207)*. Da das Dreieck dem Prinzip der Drei entspricht und das Viereck dem der Vier, so kann man in ihrer Verbindung eine Addition zur Sieben erkennen.

Dieses Prinzip wurde in der Megalithzeit in die Wirklichkeit umgesetzt, der Kosmos mit seinen Ordnungen wurde als Bau errichtet. Davon zeugt auch der Grundriß von Newgrange. Die kosmische Rundung spiegelt sich im Tumulus. Die subjektive Weltsicht führt hinein in den viereckigen Innenraum, dessen vier Ecken nach den vier Himmelsrichtungen orientiert sind. Dem Schema der Drei entsprechend weitet sich dieses Gemach in drei Nischen mit den großen Kultschalen. Solche sogenannten Kleeblattgrundrisse finden wir auch bei den steinzeitlichen Tempeln in Malta. In Newgrange wölbt sich über der Vierung die Kuppel.

2. *Der Auferstehungsglaube im Sinnbild der Spirale*

Zwischen den Dreiecken und Vierecken sind in Newgrange Spiralen eingepunzt, z. B. auf einem großen Block des inneren Steinkreises *(Abb. 208)*. Das Prinzip des Kreises nimmt auch die Spirale auf, doch rollt sich der Weg der Linie nicht zum Anfang zurück, er führt in vielen Windungen zum Mittelpunkt. Als Mittelpunkt der Welt konnte der höchste Punkt am Himmel verstanden werden, der Zenit, oder der tiefste, abseitige, der Nadir. Es gab deshalb zwei Spiralen, eine führte hinauf, die andere hinab. In diesem Sinne könnten die beiden sich auf dem Block im inneren Steinkreis im Gegensinn

Abb. 209. Dreiecke, Vierecke und Spiralen auf dem großen walzenförmigen Stein, (3,50 × 1,35 m) der durch eine Mittellinie halbiert ist. Er liegt quer vor dem Eingang von »Newgrange«. (Claire O'Kelly K 1.)

Abb. 210. Drei Spiralen an der Innenwand des Mittelraumes von »Newgrange«. (Claire O'Kelly c 10.)

windenden Spiralen zu verstehen sein. Die eine Spirale drehte sich nach oben, führte also hinauf zum Licht, zum Himmel, die andere versank im Gegensinn ins Jenseits, ins Dunkel. Es wurde das Problem von Tod und Leben ausgedrückt.

Die beiden im Gegensinn laufenden Spiralen setzen den Begriff der beiden polaren Halbkugeln voraus, auf denen sich der Weg abrollt. Diesem Gedanken könnte der große Stein vor dem Eingang entsprechen, der durch eine

Mittellinie in zwei Teile von je halbkugeliger Form getrennt ist. Der walzenförmige Block ist 3,50 m lang und 1,35 m hoch. Er liegt quer vor dem Eingang und ist besonders sorgfältig bearbeitet *(Abb. 209)*. Er erinnert an den großen, doppelkugeligen Härtling in der Höhle bei Noisy-sur-Ecole in der Île-de-France, der dort im Mittelpunkt des Kultes stand. Allerdings hatte ihn dort die Natur geformt; ob er einst bemalt war oder andere Spuren von Händen trug, ist heute nicht mehr zu erkennen. Aber die schöpferische Idee, die in der Spirale Ausdruck fand, ersann der Jungpaläolithiker. Er zeichnete die ersten Spiralen. Im Lehm der Höhlendecke von Altamira finden wir ihre Spuren; und kräftig eingetiefte Spiralen auf den halbrunden Geweihstäben aus der Höhle Isturitz, Dép. Basses-Pyrénées, beweisen die Kenntnis dieses Ideogramms auch in weiteren Bereichen.

Der walzenförmige Block vor Newgrange ist mit Ornamenten überzogen, die sich alle auf die Weltordnung beziehen. Es sind Dreiecke, Vierecke und große Spiralen. Diese sind hier doppelläufig. Wenn man der Spirallinie folgt, führt sie zum Mittelpunkt, macht dann eine Kehrtwendung und läuft wieder zurück *(Abb. 209)*. Wenn im Mittelpunkt der Spirale der Nadir gesehen wurde, so ergab sich aus der Abrollung der Weg in die Tiefe, in die Unterwelt, ins Reich der Toten. Der Reise ins Jenseits folgte nach der Wendung die Rückkehr ins Leben. Die Spirale gab damit auch der Auferstehungshoffnung Ausdruck. Diese Idee lebte weiter, auch als die Spirale zum Labyrinth wurde. F. C. Bursch hat nachgewiesen, daß damit immer der Begriff der Lebenserneuerung verbunden war. Das gilt noch für die christlichen »Trojaburgen«. Sie waren, wie Bursch schreibt, mit einem Umzug verbunden, der mit dem Halleluja endete, »Christ ist auferstanden« (78). In seinem Werk »Labyrinth-Studien« hat Karl Kerenyi das Labyrinth-Problem durch weite Teile der Welt verfolgt, ob es in bildlicher Darstellung oder als Bewegung, als Tanz ausgeführt wurde. Er fand, daß die Spirale überall einen Weg darstellt, der in Richtung des Todes führt und schließlich die Rückkehr zum Leben bringt. Vielleicht gehörte auch in Newgrange ein Umzug zum Kult, und man umkreiste zwischen den Steinringen den künstlichen Berg, der, mit weißem Quarz bedeckt, hell wie der Tag schimmerte, und zog dann in die Tiefe der nächtlichen Kuppel, um von dort zum Tageslicht zurückzukehren. Wie auf dem großen Block, so heben sich auch dort unten wieder drei zu einer Figur vereinigte Spiralen von der mittleren Wand ab *(Abb. 210)*. Schrieben sie vielleicht das Gesetz vor, nach welchem der Umzug dreimal wiederholt werden

Abb. 211. Stele vom Grabhügel der Becherkultur von Ellenberg bei Kassel, gegen 1800 v. Chr.

mußte? Gerade der Ritus war immer stark von den bedeutungsvollen Zahlen bestimmt. Das beweist noch das alte Testament. Es heißt Jos. 6,4: 7 Priester mit 7 Posaunen 7 Tage einmal, schließlich 7 mal um Jericho ziehend.

Die Drei, die Vier, die Sieben sind klassische Zahlen der kultischen Wiederholung. Nachweisen kann man sie erst durch die schriftliche Überlieferung. Das schließt nicht aus, daß sie schon viel früher als Kultregel galten. Die Ornamente in Newgrange sind wohl nicht als Schmuck der Wände gedacht gewesen. Sie gaben Gesetze wieder, die den Kultbau und die Kultordnung bestimmten. Der Plan war, wie wir sahen, uralt und galt nicht nur für Irland.

Mit dem Begriff der Dreiheit war, wie ausgeführt, immer der Gedanke des Vergehens und die Kraft zur Regeneration verbunden. Dieser Glaube dokumentierte sich auch im Totenkult. Auf einem Grabhügel der Becherkultur von Ellenberg bei Kassel wurde gegen 1800 v. Chr. eine Stele errichtet. Sie ist viereckig und mit vertieften und hervortretenden Dreiecken überzogen *(Abb. 211)*. Auch in dieser Darstellung können wir den Glauben an die Weltordnung erblicken, die den Toten nicht vergehen ließ.

Eine Fülle apotropäischer Zeichen, wie z. B. Dreiecke, Vierecke, Netze, Kreuze, Spiralen usw., finden wir auf den Gefäßen der Urnenzeit. Sie werden als Schutz für die Asche des Toten gedacht gewesen sein. O. F. Gandert hat nachgewiesen, daß auf einem keramischen Gefäß, dem »Lausitzer Opferbecher«, bestimmte Zahlenwerte angegeben sind, und zwar die Drei und die Vier (79). Wir dürfen aber annehmen, daß in jener Zeit der Glaube noch integrierender Bestandteil des gesamten Daseins war und deshalb auch das Gebrauchsgeschirr Heilszeichen tragen konnte.

3. Keltische Münzprägungen unter dem Gebot der Sieben

Diese Grundprinzipien, die wir getrennt als Drei und Vier, vereint als Sieben lesen können, waren im Paläolithikum entwickelt worden und bestimmten seit dieser Zeit die geistige Haltung der Europäer. Sie besaßen noch für die Kelten verpflichtende Kraft.

Dieses Volk hütete das geistige Erbe der Vergangenheit. Durch ihre Münzprägungen haben sie den ganzen Katalog überlieferter Heilszeichen festgehalten. Es gab viele keltische Stämme, aber kein einheitliches Münzsystem, wie z. B. im römischen Reich. Jeder Stamm prägte eigene Münzen und hatte sein besonderes Münzbild, dessen Typ er aus dem reichen Schatz der Überlieferung frei zusammensetzte.

Ihre typische Eigenprägung begann gegen 150 v. Chr. und endete schon nach hundert Jahren. Als Vorbild dienten antike Münzen, deren Münzbilder sie allmählich veränderten, bis sie der eigenen religiösen Symbolik gerecht wurden (80).

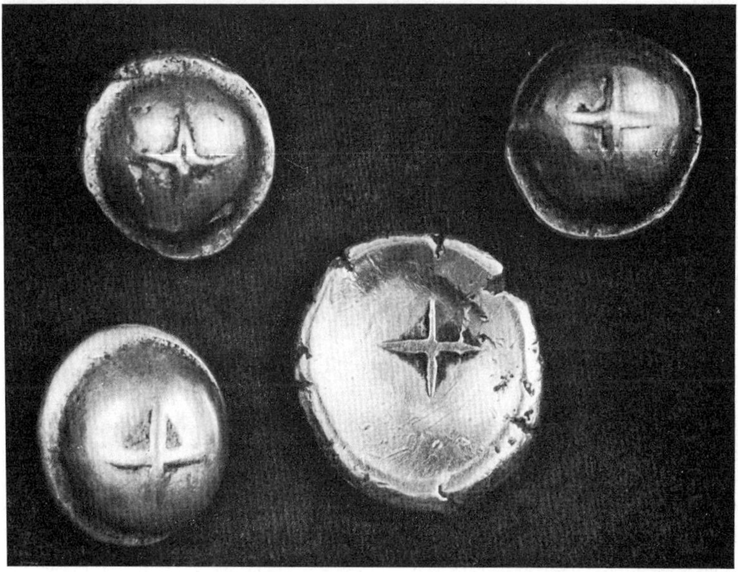

Abb. 212. a) Keltische Goldstater, sogenannte »Globules«. Verschiedenen keltischen Stämmen zugeschrieben. Forrer S. 264 Fig. 468, um 100 v. Chr. – b) Keltischer Goldstater in Form eines Schüsselchens mit Linienkreuz. Sogenanntes »Regenbogenschüsselchen«, Forrer (92), S. 8 Fig. 1. Verschiedenen keltischen Stämmen zugeschrieben, um 100 v. Chr.

Diese Keltenprägungen zeigen keine naturwahren Bilder, keine Handlungen oder Szenen. Für den an antiken Vorbildern geschulten Blick der heutigen Zeit waren sie unverständlich. Es sind Dokumente aus der urgeschichtlichen geistigen Entwicklungsstufe, und es ist für uns schwer, in die Denkart unserer Vorfahren zurückzufinden. Wie von einer Schallmauer ist das Einst vom Jetzt getrennt. Dafür sind diese keltischen Münzbilder für die Geschichtsforschung ein einzigartiges Quellenmaterial von besonderem Wert. Die Münzen bestehen meist aus Elektrum oder Gold und sind damit unvergänglich. Sie bilden, in ihrer Gesamtheit gesehen, das Weltbild jener frühen Zeit ab, obwohl die Keltenprägung in eine relativ späte Zeit, kurz vor der Zeitenwende, fällt. Der Begriffsschatz, den wir verfolgten, war entsprechend angewachsen und sehr umfangreich. Oft stehen Ideo- und Ikonogramme, die aus verschie-

Abb. 213. a) Goldenes »Regenbogenschüsselchen« mit Triskeles, dem keltischen Stamm der Boier zugeschrieben. Forrer S. 221/222 Fig. 399, um 100 v. Chr. – b) Goldenes »Regenbogenschüsselchen« mit fünf Punkten zwischen den Bogenenden und drei Punkten in der Mitte. Dieses Exemplar stammt aus dem Besitz von Viktor v. Scheffel. Es wird dem keltischen Stamm der Boier oder den Germanen zugeschrieben. Forrer S. 15 Fig. 20 (»aus Bayern«), um 100 v. Chr. – c) Goldener Muschelstater mit einer Prägung, die als Bild von Sonne und Mond verstanden werden kann. Stammt aus dem Fund von Stradonice in Böhmen. Forrer (92) S. 34, Fig. 65, um 100 v. Chr.

denen Zeiten stammen, hier auf dem engen Raum des Münzbildes zusammen. Es ist, als ob sich in ihnen das Gedächtnis der Menschheit vor uns ausbreitete.

Die keltischen Priester, die wahrscheinlich diese Typen inspirierten, kannten noch das Weltbild in einheitlicher Gestalt. Das bezeugen kleine runde Goldkugeln, die sogenannten »Globules«, die von verschiedenen keltischen Stämmen hergestellt wurden. Als Kennzeichen der kosmischen Natur dieses Symbols tragen sie das Linienkreuz, das Zeichen der Weltordnung. Das gilt auch für die Schälchen, die jetzt aus Gold angefertigt wurden *(Abb. 212)*.

In Mittel- und Süddeutschland wurden solche Schälchen gefunden, die im Zeichen des Triquetrum sich auf die Drei beziehen *(Abb. 213)*. Die Drei und die Vier gehören zu den Ordnungselementen aller keltischen Münzprägungen. Von diesen Grundprinzipien ausgehend, entwickelten die Kelten ihre oft phantastisch anmutenden Münzbilder. Es ist ein Glaubensbekenntnis, das mit den Zungen alter Zeiten die Macht der Weltordnung verkündet.

Die Drei ist am Himmel abgelesen worden und fand deshalb im Himmelsbogen ihren Platz. Dieser Bogen, der, wie ausgeführt, den Aufriß der Welt meinte, fand im Regenbogen seine leuchtende Verkündigung. Das mag der Münze den Namen Regenbogenschüsselchen verliehen haben, und nicht Scheffels späteres Märchen, das daran anknüpft *(Abb. 213 b)*.

Der Himmel stand auf den Kardinalpunkten der Welt. Das können, wie gesagt, auch fünf sein. Hier stützt sich der Bogen auf fünf Punkte, die in einer Linie die Bogenenden verbinden. Für diese Anordnung gibt es ein viel älteres Vorbild auf den Kieseln von Mas d'Azil. Dort sind fünf Punkte in der

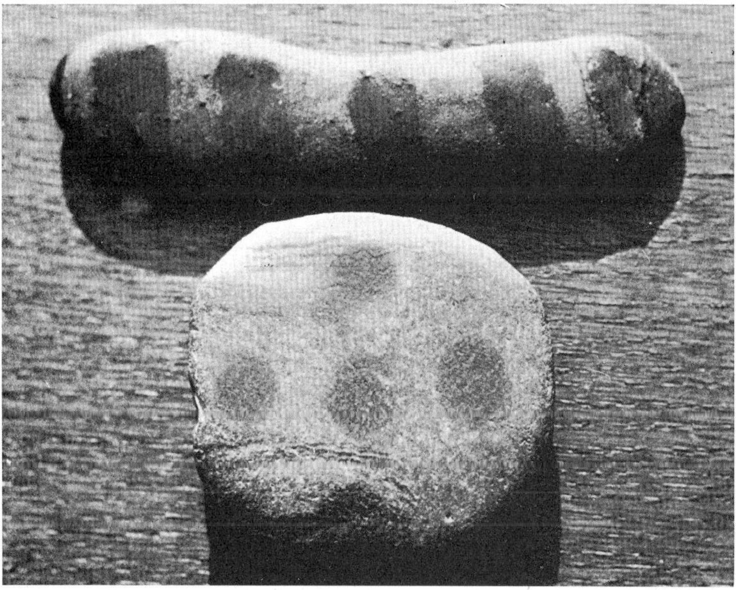

Abb. 214. Zwei Kiesel mit je fünf Punkten aus der Höhle Mas d'Azil, Dép. Ariège. Mittelsteinzeit.

Abb. 215. Silberstater der Ostkelten.
Stilisierter Reiter.
Forrer (92) S. 216. Taf. XXXI.

klassischen Anordnung zu finden, d. h. vier im Geviert mit dem Mittelpunkt. Diese Zusammenstellung entsprach aber keiner Regel. Auf anderen Kieseln der gleichen Fundstelle sind fünf Punkte nebeneinandergereiht *(Abb. 214).*

Solche Angaben konnten die mythisch denkenden Römer nicht mehr lesen, aber Cäsar berichtete, daß die Germanen Sonne und Mond verehrten. Der Goldstater von Stradonice bestätigt seinen Bericht. Er zeigt das Bild beider Gestirne *(Abb. 213 c).* Gewiß fanden sie religiöse Beachtung, hatten sie doch dem Menschen die Weltordnung geschenkt. Wenn wir die vielen keltischen Prägungen näher betrachten, so finden wir diese Idee auf allen bestätigt, sei es im ostkeltischen oder westkeltischen Raum. Es sollen hier nur zwei Beispiele herausgegriffen werden.

Die Ostkelten, die sich im Donauraum niedergelassen hatten, benutzten als Vorlage für ihre Münzung den Silberstater Philipps II. von Makedonien (359–336 v. Chr.). Er zeigt den Zeuskopf und auf der Rückseite einen reitenden Epheben. Im keltischen Münzbild ist der Reiter kaum noch zu erkennen *(Abb.*

Abb. 216. Goldstater der westkeltischen Parisii. Stilisiertes Pferd. Forrer (92) S. 253. Fig. 444. Um 100 v. Chr.

Abb. 217. Goldstater der Aulerci Eburovices (Westkelten). Latour (90) XXVIII/7019, um 100 v. Chr.

215). Das natürliche Bild hat eigenartige Formen angenommen, z. B. ist der Schwanz des Pferdes zum Halbmond geworden und gibt durch drei Haare den Bezug auf das Prinzip der Zeitordnung. Zahlreiche punktförmige Verdickungen sind festzustellen, dabei kommen immer die bedeutungsvollen Ordnungszahlen heraus, die Drei und die Vier. Am oberen linken Rand,

Abb. 218. Silberstater der Ostkelten. Stilisierter Reiter. Forrer (92) S. 347, Fig. 546 (»Ungarn-Siebenbürgen, Rumänien«).

durch Striche sorgfältig zusammengehalten, wurde aus der Drei und der Vier die Sieben.

Die Westkelten, von den Römern auch Gallier genannt, ließen sich vor allem von dem goldenen Apollonstater Philipps II. von Makedonien inspirieren. Dieses bedeutendste Goldstück des Altertums zeigt den Kopf von Apollon und auf der Rückseite den mit zwei Pferden bespannten Sonnenwagen, die Biga. Aber auch im Westen kam es schnell zu einer Abänderung des Prototyps. Dem keltischen Stempelschneider war die schwierige Aufgabe gestellt, das schöne Vorbild in bedeutungsvolle Sinnzeichen umzumodeln. Es ist zu bewundern, mit welcher Kunstfertigkeit er diese Aufgabe manchmal gelöst hat, z. B. bei den Münzen der Parisii *(Abb. 216)*.

Die Münze ging von der Biga aus, aber nur das Pferd ist noch in vagen Umrissen zu erkennen. Den oberen Teil der Münze überspannt, wie ein Baldachin, das bekannte Ordnungsnetz. Der Körper und der Schwanz winden

Abb. 219. Silberstater der Ostkelten, »Epona« auf dem Pferd. Latour (90) 9870, um 100 v. Chr.

sich zur angedeuteten, gegenständig laufenden Spirale, große Punktgruppen verkünden die Macht der Weltordnung. Teilweise sind sie dem Pferdekörper eingeprägt, aber unter dem Pferd sind sie zu einer Gruppe zusammengezogen: Es sind sieben Punkte, die zur Rundung geballt zusammenstehen.

Dieser abstrakte Ausdruck weist auf den umfassenden Gedanken, auf die Ordnung des Kosmos, die einfacher, klarer und sinnvoller wohl nicht wiederzugeben war. Es ist das alte Weltbild, das nach langer Zersplitterung wieder zur Einheit zurückfand, wenn auch nicht wieder zum Sphäroid, so doch zur Sieben.

Abb. 220. Goldener Viertel-Stater der Redones, Westkelten. Latour (90) XXII, 6760/6765.

Die Zahl, Ausdruck der kulturellen Ordnung, zersetzte immer stärker das aus der Natur abgeleitete griechische Vorbild. Manchmal ist der Prototyp kaum noch zu erkennen. Ein Beispiel dafür liefert der Goldstater der Aulerci Eburovices *(Abb. 217)*. Auch diese keltische Prägung ging von der Biga aus, doch der Pferdekörper ist zerrissen, besteht jetzt aus drei Teilen, die sich in der Bildmitte zu drei großen Punkten verdicken, zur Dreiheit. Der Lenker der Biga hat seine menschliche Gestalt eingebüßt. Der Kopf besteht aus vier im Viereck angeordneten Punkten, den gleichen Gedanken der Vierung nehmen die Schultern auf, zeigen aber die vier Punkte in einer Reihe. Pferd und Lenker ergänzen sich zur Sieben. Außer diesen durch ihre Größe auffallenden Angaben sind noch viele Ideogramme zu finden, die den Raum der Prägung füllen, wie das aus neun Punkten zusammengesetzte Kreuz, das Schrägkreuz im Viereck, und auch die bedeutungsvollen Hörner durften nicht fehlen. Die Figur der Zeichen wechselte, doch haben sie alle Bezug auf die kosmische Ordnung. Die Münze hat die Form einer kleinen Schale, doch diese ist jetzt nicht mehr leer. Sie zeigt die Fülle der erkannten Gesetze, die im All regieren. Alle zusammen geben das wieder, was am Anfang stand, die Ordnung des Daseins. Wir haben diese Entwicklung Schritt für Schritt verfolgt, denn nur als Resultat des Werdens ist das Gewordene verständlich. Was wir verstreut fanden, vereinigten die Kelten in einem einzigen Münzbild. Dieses ganze geistige Gut konnten sie gewiß nicht selbst entwickelt haben, nur dank der ungestörten Überlieferung bildete es ihr geistiges Eigentum.

Die Kelten sind aber nicht im Ererbten steckengeblieben. Jede Entwicklungsstufe leitet zur nächsten über. Die keltische Epoche wurde durch die gallo-römische abgelöst. Dieser geistige Vorgang machte sich auch im Münzbild bemerkbar. Wir wollen ihn am Beispiel von zwei donaukeltischen Münzen verfolgen.

Die erste ist ein typisch keltisches Stück *(Abb. 218)*. Die Anregung dazu ging vom griechischen Silberstater aus mit dem Bild des reitenden Epheben. Die Nachprägung ist aus dem gleichen Metall, aber schüsselförmig gebogen. Sie trägt alle Kennzeichen des keltischen Geistes. Sie hebt die Bedeutung der Sieben hervor. Als Reiter sitzt die Drei auf dem Pferd, der Schwanz hat nur drei Haare. Auf die Vier deuten der viereckige Kopf, die Punktgruppen in den Beinen. Sphärisch wölbt sich ein runder Schenkel. Bei manchen Münzen ist er in starkem Relief gerundet. Das antike Bild des Reiters war für die Kelten eine banale Angelegenheit. Erst durch die Umwandlung wurden für sie die Ordnungsgebote sichtbar, die ihr Leben regelten und bestimmten.

Die stark von der Tradition bestimmte Denkart der Kelten verzögerte den Kontakt mit den antiken Kulturen, doch sie konnte ihn nicht verhindern. Wir wollen dieses Problem an Hand der folgenden Münze untersuchen. Es ist eine keltische Silbermünze aus dem gleichen Raum, die mit der vorhergehenden zweifellos verwandt ist *(Abb. 219)*. Das Münzbild stellt eine reitende Person dar. Wir fragen uns, welche der beiden Silbermünzen die ältere ist, ob die zweite der hier angeführten zeitlich unmittelbar dem griechischen Vorbild folgt, oder ob diese bereits der späteren gallo-römischen Zeit nähersteht.

Betrachten wir z. B. das eigenartig verlängerte rechte Vorderbein des Pferdes auf der zweiten Münze. Wie erklärt sich diese »Barbarisierung«? Wenn wir vom antiken Vorbild ausgehend danach suchen, so ist unsere Mühe vergeblich. Anders dagegen, wenn wir die erste Keltenmünze voranstellen. Hier war das Gelenk des Beines durch den Punkt stark verdickt. Er beanspruchte einen gewissen Raum. Das könnte dazu geführt haben, daß, als man den Punkt fortließ, das Bein entsprechend länger wurde. Deshalb muß die zweite der beiden angeführten Keltenmünzen später entstanden sein als die erste. Das gilt auch für den Kopf der reitenden Figur. Das dreieckige Auge, der halbmondförmige Gesichtsausschnitt, die zu Punkten umgeformten Profilenden, die einzelne Locke, das alles deutet auf die fortgeschrittene Keltenprägung. Die Münze knüpft nicht unmittelbar an das antike Vorbild an.

Grundlegend neu ist, daß hier eine weibliche Figur auf dem Pferde sitzt. Auf keinem antiken Vorbild reitet eine Göttin. Wurde noch unmittelbar vorher die Dreiheit abstrakt in Form von drei Punkten dargestellt, so erleben wir hier im Münzbild unmittelbar den Sprung in eine neue Denkkategorie. Aus der Abstraktion wurde ein Bild. Die Zahl wurde durch einen Menschen ersetzt, aber sie prägte noch immer den Stil der Darstellung. Der Wissende erkannte die Drei in der Zahl der Schwanzhaare, die Vier im graphisch dargestellten Pferdekopf, den Kosmos im runden Schenkel und die betonte Sieben in den sieben Enden des »Zweiges«, den die Hand trägt. Es ist die alte Weltordnung, wenn sie auch jetzt in menschlicher Gestalt auf dem Pferde thront als die Macht in Person. Da sie sich aus der Drei entwickelt hatte, ist anzunehmen, daß sie über den Machtbereich der Mondgöttinen verfügte, die Entscheidung über Tod und Leben zu treffen. Darauf deutet auch das Zeichen in ihrer Hand, dessen Bedeutung bei den Münzen der keltischen Osismii, wie ausgeführt, genauer zu erkennen ist *(Abb. 73)*. In der Hand der Göttin zeigen die Nebenlinien am Hauptstamm nach unten, in die Tiefe, ins Jenseits. Damit dürfte angegeben sein, daß sie eine Göttin der Toten ist.

Dafür gibt es auch einen anderen Beleg. Eine keltische Grabstele aus Agassac, Dép. Haute-Garonne, trägt ihr Bild. Der Zusammenhang mit der Bestattung reiht sie in den Gedankenkreis um Tod und Leben ein. Auf dieser Stele reitet die Göttin auf einem Pferd, das die Unterwelt galoppierend durchmißt. Dies chthonische Reich ist durch Wassertiere gekennzeichnet, wobei auch das Sinnbild des Stieres, hier mit Fischschwanz als im Wasser lebend bezeichnet, nicht fehlen durfte. Als Totenbegleiterin führt Epona durch die Nacht zum Licht. Noch immer suchte der Mensch im Sterben Hilfe bei der Lunarsymbolik.

Die Entwicklung von der Dreizahl zur Göttin, die wir bei den Ostkelten verfolgten, hat auch bei den Westkelten Spuren hinterlassen. Die geistigen Übergänge zeichnen sich z. B. auf zwei Goldmünzen der gallischen Redones ab. Beide zeigen die Reiterin auf dem Pferd. Auf der ersten Münze ist noch eine anthropomorphe Figur zu sehen *(Abb. 220)*. Der weibliche Körper ist

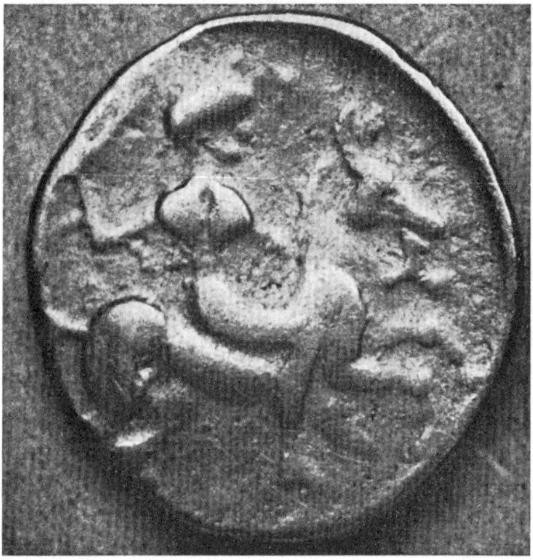

Abb. 221. Goldener Viertel-Stater der Redones, Westkelten. Latour (90) XXII 6758.

aus drei Teilen zusammengesetzt, die jeweils in Punkten enden. In den verdickten Gelenken der Tierbeine sind Zahlenwerte zu erkennen, unter dem Leib des Tieres, das einen dreieckigen Kopf besitzt, steht ein Ideogramm. Auf drei Strichen lagern vier Punkte und bringen deutlich den Bezug auf die Sieben. Die Zahlen verdichten die Darstellung zum Weltbild.

Die zweite Münze der Redones hat auf die alte Symbolik schon weitgehend verzichtet *(Abb. 221)*. Nur schwach sind Punkte angedeutet, nun sitzt zweifellos eine weibliche Person auf dem Pferd. Nur am Kopf und am Schenkel des Pferdes zeichnen sich noch Mondformen ab. Der Raum zwischen den Tierbeinen ist leer. Die alte Dokumentation des Weltbildes ist verschwunden, es ist ein neuer Begriff dargestellt, der in der Welt des Geistes beheimatet ist und doch die Welt regiert. Es ist eine Denkkategorie erworben worden, die uns heute noch geläufig ist, eine Göttin.

Wären die Zahlen nur banale Ziffern gewesen, so hätte sich daraus nicht ein Gottesbegriff entwickeln können. Das Grundprinzip muß schon entsprechende Wesenszüge besessen haben, die auch in der Sieben schlummerten, damit sie spezialisiert als Gottheit in Erscheinung treten konnte. Die weite Verbreitung dieser Göttin im keltischen Raum bezeugen viele Reliefplatten. Der Name wurde nicht überliefert. Die Römer, die die alte Symbolik nicht verstanden, bezeichneten sie als Pferdegöttin, als Epona.

Die keltischen Münzen dokumentieren eine geistige Entwicklungsstufe. Ihre Hersteller kannten noch das alte Weltbild mit seinen Ordnungsmächten, den alten Bausteinen der Kultur, doch begannen sie auch damit, den alten Bau von neuem mit Leben zu erfüllen. In Form von naturalistischen Bildern zogen die Götter in ihr Haus ein.

In die überlieferte Weltbildidee wurden damit neue Spezialisierungen eingebaut, die sich nun im Münzbild spiegeln.

4. Neun, ein universales Ordnungsschema

Die Neun ist eine zusammengesetzte Zahl. Sie besteht aus der dreifachen Drei und wurde meist entsprechend dargestellt.

Die Drei war, wie ausgeführt, das Gesetz der Zeitordnung, die sich nach den drei Mondphasen orientierte. Die Neun brachte das genauere Schema, abgeleitet von der Erkenntnis, daß jede Mondphase neun Nächte umfaßte.

Dieses Wissen besaßen schon die Jungpaläolithiker. In der Höhle Lascaux gaben sie dem lunarsymbolischen Stierbild dies besondere Kennzeichen bei. Wir erwähnten schon die drei Vierecke mit Neunerteilung unter den Füßen des großen »Himmelsstieres« (Windels Nr. 63) im »Kirchenschiff« *(Abb. 205).* Als potenzierte Drei wurde das Ideogramm in Form von drei mal drei Strichen vor dem größten Stierkopf von Lascaux (Windels Nr. 9) und auf dem Kultstab aus El Pendo gezeigt *(Abb. 121).*

Diese Zeitordnung überlebte die Eiszeit, die Menschen der Mittelsteinzeit waren sich ihrer bewußt und gaben sie durch dreimal drei Punkte auf einem Kiesel wieder, der in der Höhle Mas d'Azil gefunden wurde *(Abb. 222).*

Statt der Punkte konnten auch Schälchen als Kommunikationsmittel dienen. Aus ihnen ist das Ideogramm zusammengesetzt, das sich auf dem Boden der schon erwähnten Kulthöhle Jean Angelier befindet *(Abb. 223).* Diese Vertiefungen sind dort sorgfältig rund eingeschliffen und alle gleich groß. Sie sind so angeordnet, daß sie in drei Reihen zu dritt stehen und alle zusammen ein Viereck bilden.

Abb. 222. Zwei Kiesel mit je neun Punkten aus Mas d'Azil, Dép. Ariège, Mittelsteinzeit.

Diese viereckige Anordnung war kein Zufall. Wie oben angeführt, war schon in Lascaux die Neunerteilung in einem Viereck zusammengefaßt, und der mittelsteinzeitliche Mensch hatte einen möglichst viereckigen Kiesel gesucht, um darauf die Punkte anzubringen. In allen alten Kulturen konnten Zeitbegriffe im Viereck wiedergegeben werden, und sprechen nicht auch wir heute noch von Zeit-Räumen?

Wenn mit der Neun auch ein Zeitbegriff verbunden war, so ist dieser doch nicht unseren heutigen Begriffen entsprechend einzuengen. Durch die in ihm enthaltenen Grundprinzipien der Drei und der Vier stellt auch dieses Ideogramm immer noch ein Weltbild dar. Auf dem Boden der Kulthöhle Jean Angelier steht außer dem Ideogramm der neun Schälchen ein anderes Viereck mit schrägem und senkrecht stehendem Kreuz *(Abb. 224)*. Die Zeichen lagen unter den Wurzeln von Eichen und waren dadurch geschützt.

Abb. 223. Drei mal drei Schälchen im Geviert auf dem Boden der Kulthöhle »Jean Angelier« bei Noisy-sur-Ecole, Dép. Seine-et-Marne, Île-de-France.

Abb. 224. Viereckiges Ideogramm mit neun Schälchen auf dem Boden der Kulthöhle »Jean Angelier« bei Noisy-sur-Ecole.

Abb. 225. Viereckiges Ideogramm mit neun Feldern und Punkten, neun Punkte im Kreis und Pferd auf einem goldenen Viertelstater der westkeltischen Parisii. Durocasses? (Dreux) Latour (90) XXXI 7804.

Das Viereck mit doppeltem Innenkreuz ist in vielen Kulthöhlen der Île-de-France zu finden, doch unterscheidet sich dieses Beispiel von den anderen dadurch, daß jeder Schnittpunkt durch ein Schälchen vertieft ist. Der wichtigste Punkt ist der Mittelpunkt, denn in ihm schneiden sich alle Achsen. Er ist deshalb auch am sorgfältigsten ausgeführt. In acht Punkten treffen die Enden der Kreuzarme das Viereck, sie sind ebenfalls durch Schälchen gekennzeichnet. Es sind im Ideogramm also zusammen neun Schälchen zu finden, und sie lassen sich, wenn man nicht auf die Achsen achtet, auch im Sinne der drei mal drei lesen.

Die Neun war ein Ordnungsprinzip der Zeit, man konnte in ihr aber auch die Zahl der Kardinalpunkte und damit ein Gesetz der Raumordnung finden. Es ist ein typisches Merkmal der allgemeinen Begriffe, daß ihr Denkbereich sehr weit ist und nicht nur einen bestimmten genauen Sinn bezeichnet. Wir dürfen in der Neun ein universales Ordnungsschema des Kos-

Abb. 226. Lage der Felsplatte von Bedolina bei Capo di Ponte, Valcamonica, Prov. Brescia.

mos sehen. Deshalb hat dieses Denkschema auch weltweite Verbreitung gefunden. Im alten Mesopotamien thronten die Götter auf diesem Ideogramm, was uns viele der erhaltenen Rollsiegel zeigen. Ihr Thron ist das aus neun Feldern zusammengesetzte Viereck. Das gleiche Zeichen wurde im sogenannten »Lo-Dokument« in China verehrt. Es galt dort als Musterbeispiel des geordneten Kosmos.

Den Kelten war dieses Ordnungsprinzip nicht weniger geläufig, sie prägten es auf ihre Münzen. Auf einer Goldmünze der Parisii ist ein in neun Felder geteiltes Viereck dargestellt. Jedes Feld enthält einen Punkt. Es sind neun Felder und zugleich neun Punkte. Sie ballen sich im Mittelpunkt der Münze zur Neunheit *(Abb. 225)*.

Ein ähnliches Ideogramm befindet sich auf dem Felsen von Bedolina bei Capo di Ponte, Valcamonica *(Abb. 226)*. Dort umschließt ein Viereck neun

Abb. 227. Ideogramm von drei mal drei Punkten im Viereck. Auf der Felsplatte Bedolina bei Capo di Ponte.

flache punktförmige Schälchen *(Abb. 227)*. Drei dünne Linien unterteilen das Viereck in drei gleichgroße Felder, in denen je drei Punkte stehen. Damit ist die Dreierordnung hervorgehoben. Dieses Viereck steht in Bedolina nicht für sich allein, die Felsplatte ist mit Ideogrammen bedeckt, die durch Linien untereinander verbunden sind *(Abb. 228)*. Wir sahen schon wiederholt, daß der geistige Bezug unter verschiedenen Symbolen durch eine Linie angegeben wurde, sowohl auf den Felsbildern in Schweden als auch auf den keltischen

Münzen. Es könnte also auch hier der Fall sein, und wir wollen deshalb die Linie verfolgen, die bei der Neun beginnt *(Abb. 228)*. Sie führt zu einem Dreieck, an das sich ein vierfach unterteiltes Viereck anschließt. Sind es nicht ebenfalls Ideogramme der kosmischen Ordnung? Ein anderes, nicht weit entferntes Zeichen drückt die gleiche Idee anders aus. Dort stehen sieben Punkte im Kreis.

Dreieck und Viereck stehen in Bedolina ungefähr im Mittelpunkt der Steinplatte. Hier beginnen (oder enden) die Linien des weit verzweigten Systems. Es sieht aus, als ob sich auf der Grundlage der einfachen Zahlen der Aufbau immer genauerer Ordnungen vollzogen habe.

Ein einzelnes Zeichen am linken oberen Ende der Steinplatte von Bedolina hebt sich von allen anderen durch seine besondere Form *(Abb. 229)* ab. Es geht von der Fünf aus. Die Anordnung der fünf Punkte im Geviert mit dem Mittelpunkt zeigt das typische Bild der fünf Kardinalpunkte, das wir in der

Abb. 228. Verschiedene Ideogramme, darunter das Dreieck und das viergeteilte Viereck, auf der Felsplatte von Bedolina bei Capo di Ponte. Valcamonica. Das Ideogramm der Neun unten links.

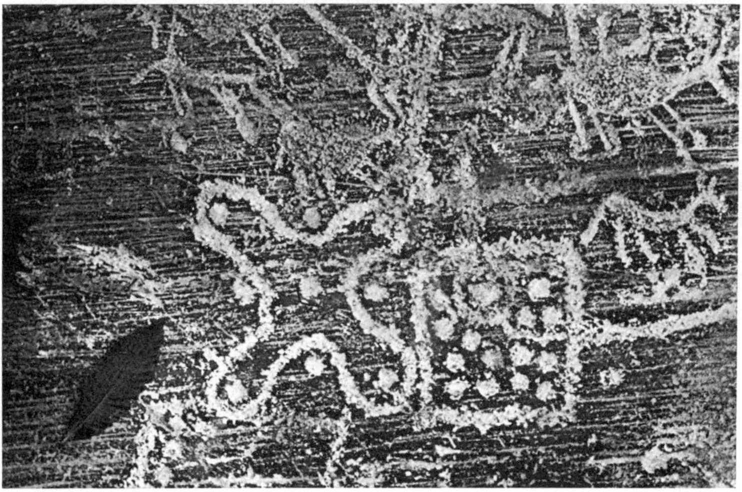

Abb. 229. Vier Punkte mit Mittelpunkt in einer kreuzförmigen Kartusche. Felsplatte von Bedolina bei Capo di Ponte. Valcamonica.

gleichen Anordnung schon auf dem Würfel von Maz d'Azil sahen *(Abb. 115)*. Eine Linie umschlingt aber diese Punkte und verleiht der Figur einen Umriß, der an ein Kreuz erinnert. Zwischen den Kreuzarmen stehen außerhalb der Linie in den Ecken wieder vier Punkte im Geviert. Sie können als die vier Kardinalpunkte der Nebenhimmelsrichtungen verstanden worden sein. Wir können auch in diesem Zeichen neun Punkte zählen.

Die Neun stellte also ein allgemeines Ordnungssystem dar, das, wie im Fall der drei mal drei, von der Zeitordnung ausging und, wie das letzte Ideogramm zeigt, auch die Raumordnung beinhaltete. Als »Weltordnung« stimmen beide im Prinzip überein. Sie besitzen also eine Äquivalenz, die sie auch mit den anderen Ideogrammen der Felsplatte verbinden müßte. Es bietet sich deshalb als Arbeitshypothese der Begriff der Weltordnung an, von dem ausgehend die in den Vierecken dargestellten Zahlen zu interpretieren wären. Wir fragen uns, wann der Mensch mit einer solchen systematischen Ordnung begonnen haben könnte, und stoßen dabei auf die Bestattungen von La Ferrassie, Dép. Dordogne. Sie stammen vom Neandertaler und enthalten

Reste, die auf Bestattungsriten schließen lassen. Zwischen den georteten Toten wurden neun kleine »Hügel« entdeckt, die genau zu dritt angeordnet sind. Eine solche Regelmäßigkeit kann nicht durch Zufall entstanden sein. Sie setzt einen Plan voraus, der hier schon in Anwendung getreten ist. Der Ordnungsgedanke selbst müßte älter sein.

Dieses Schema geriet nicht in Vergessenheit, es beeinflußte noch die Entwicklung der Gottesbegriffe im alten Ägypten. Wir können im Pyr. 1655 lesen, daß aus der »Bogenneunheit« sich die Neunheit der Götter von Heliopolis entwickelte. Wußte man zu dieser Zeit noch, daß dem Begriff der Bogenneunheit die Beobachtung der neun Mondbogen einer Phase zugrunde lag (81)?

5. Die Zwölf als Rüstzeug der Hochkulturen

Als Kommunikationsmittel wurde in den Kulthöhlen der Île-de-France vor allem die gerade Linie verwendet. Aus Linien wurden geometrische Figuren zusammengestellt, und es entwickelte sich, den vier Kardinalpunkten entsprechend, das Abbild der Welt zum Viereck. Es blieb immer mit dem Zahlenwert der Vier verbunden. Drei Vierecke entsprachen der Multiplikation 3 mal 4. Es entstand damit das Symbol für ein weiteres Ordnungsschema, für die Zwölf.

Eine entsprechende Darstellung fanden wir auf dem Boden der Kulthöhle Jean Angelier. Obwohl der Sand das Ideogramm bedeckte, ist der Stein verwittert, doch ist das Zeichen noch sichtbar. Es besteht aus drei Vierecken, das größte umschließt die beiden anderen, die stufenweise kleiner werden *(Abb. 230).*

Diese Abstufung nach innen – dem Mittelpunkt zu – könnte man sich plastisch als Stufenbau denken, der sich zum Zenit erhebt. Dieses dreifache Viereck ist ein Weltplan und zeichnet den Gedanken der Stufenpyramide vor.

Auf Spuren dieser Zwölferordnung stoßen wir immer wieder; sie führen bis in die Altsteinzeit zurück. In der Kulthöhle Mas d'Azil, Dép. Ariège, ist eine Elfenbeinfigur gefunden worden, die Steinböcke darstellt. Auf dem »Griff« dieses Objektes sind parallele Striche eingeritzt. Auf der einen Seite sind es vier Gruppen von je drei gleichlaufenden Geraden, die durch Richtungswechsel die Gliederung sichtbar machen und durch die Gruppierung um einen Zentralpunkt die Zusammengehörigkeit betonen. Auf der anderen

Abb. 230. Drei ineinander geschachtelte Vierecke aus der Kulthöhle »Jean Angelier« bei Noisy-sur-Ecole, Dép. Seine-et-Marne, Île-de-France.

Abb. 231. Kiesel aus der Höhle Mas d'Azil, Dép. Ariège, aus der Mittelsteinzeit. Zwei Kiesel mit je 10 Punkten, ein ungefähr viereckiger mit vier mal drei Punkten.

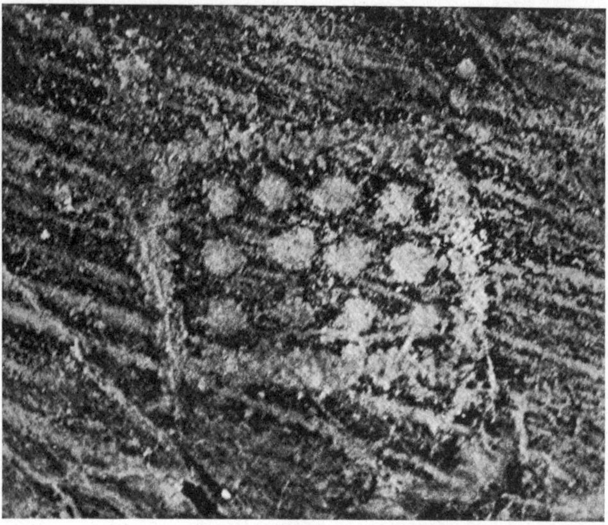

Abb. 232. Ein Viereck mit vier mal drei Punkten von der Felsplatte Bedolina bei Capo di Ponte, Valcamonica.

Seite der Skulptur sind zwei mal sechs Parallelen angebracht, die ebenfalls *zwölf* ergeben. Diese Elfenbeinplastik stammt aus dem Jungpaläolithikum. Als die Bilder aufgegeben wurden, blieb die Zahl erhalten.

Es ist deshalb das Zeugnis eines bemalten Kieselsteins nicht zu übersehen, der in der gleichen Höhle entdeckt wurde, aber in einer späteren Schicht. Ihn bemalte der mittelsteinzeitliche Mensch. Er setzte in roter Farbe in vier Reihen je drei Punkte darauf *(Abb. 231)*. Der Plan zu dieser Einteilung lag vorher fest. Man hat in Gedanken die zur Verfügung stehende Fläche überschlagen und eingeteilt. Es wurde schon mit entsprechend kleinen Punkten begonnen und die erste Reihe so nahe an den Rand gelegt, daß der Platz für alle ausreichte. Auch die Form des Steines, das Viereck, war gewiß von Bedeutung.

Ein ähnliches Ideogramm stammt aus viel späterer Zeit und zeigt die Überlieferung dieses Ordnungsschemas durch die Jahrtausende. Es befindet sich auf den Felsen von Bedolina bei Capo di Ponte, Prov. Brescia (um 500–300 v. Chr.). Hier ist es kein viereckiger Stein, der das Zeichen trägt, dafür

Abb. 233. Viereckiges Ideogramm, bestehend aus vier mal drei Feldern, von der Felsplatte Bedolina bei Capo di Ponte, Valcamonica.

umschließt es ein Viereck *(Abb. 232)*. In diesem Rahmen befinden sich *zwölf* Schälchen. Sie stehen in vier Reihen zu dritt. Es ist eine andere Technik, eine viel spätere Zeit und doch noch immer der alte Gedanke.

Auf dem gleichen Felsen von Bedolina ist ein Viereck durch Querlinien schachbrettartig unterteilt. Die Schleifspuren der Gletscher verwirren etwas das Bild, die menschliche Hand hat die Fläche des Vierecks in vier Reihen zu je drei Feldern, also in zwölf Teile gegliedert *(Abb. 233)*. Diese Ideographie beherrschte schon der Jungpaläolithiker, der in der Kulthohle Lascaux nach dem gleichen Schema Zahlensymbole überliefert hat.

Weit entfernt, im Norden Europas, auf einem Felsen von Daland in Schweden, wurde das gleiche netzförmige Ideogramm aufgezeichnet. Dort begannen die Felsgravierungen in der Bronzezeit. Die Idee, die das Zeichen wiedergibt, ist aber nicht an diesem Ort entstanden. Die dortige Bevölkerung brachte das geistige Gut ihrer Vorfahren mit *(Abb. 234)*.

Den Kelten um 100 v. Chr. war die Zwölf sicher ein Begriff. Wenn auf ihren Münzen so oft die Zahlenwerte Drei und Vier sichtbar gemacht wurden, könnte damit zugleich eine Addition zur Sieben oder die Multiplikation zur Zwölf verstanden worden sein (*Abb. 235*). In diesem Sinne war z. B. das ostgallische Münzbild aus dem Jura vieldeutig zu verstehen.

Die Zwölf gehörte zum geistigen Rüstzeug der Hochkulturen. Ihre Kenntnis, die in der Eiszeit entwickelt wurde, beeinflußte die Struktur der späteren

Abb. 234. Viereckiges Ideogramm, bestehend aus vier mal drei Feldern, auf einem Felsen aus Daland in Schweden.

Kulturen. Es können hier nur ein paar Beispiele angegeben werden. Als zwei mal sechs liegt die Zwölf dem Sexagesimalsystem zugrunde und bestimmt damit in vielen Kulturen auch die Maß-, Mengen- und Gewichtsordnung. Kaufen wir nicht noch heute mit Vorliebe im Dutzend ein?

Die Zwölf erkennen wir in der Einteilung des Jahres in zwölf Monate und in den zwölf Tierkreiszeichen. Die Zwölf bestimmte aber auch die religiöse und die politische Ordnung. Die Griechen und die Römer hatten zwölf

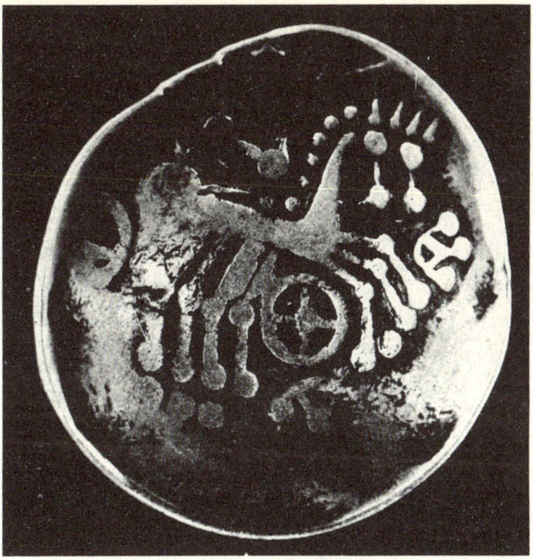

Abb. 235. Schüsselförmiger Elektronstater der »Ostfranzösischen Kelten«. Stilisierte Biga vom griechischen Apollon-Stater. Latour (90) XXXVI/8901, Forrer (92) S. 257 Fig. 454 (»Spät-Helvetisch«).

große Gottheiten, Israel wurde in zwölf Stämme gegliedert, und die Etrusker vereinigten sich zum Bund der zwölf Stadt-Staaten. Zwölf Jünger scharten sich um Jesus.

6. Vierundzwanzig als Schema des Weltberges

Die oben angeführte Figur der drei geschachtelten Vierecke (*Abb. 230*) auf dem Boden der Höhle »Jean Angelier« war die Voraussetzung für eine prägnantere Darstellung, die sich auf dem runden Felsblock in der Höhle »Marie König« befindet (*Abb. 236*). Drei Vierecke sind auch dort ineinanderliegend dargestellt, doch wurde in das größte Viereck ein senkrechtes Kreuz hineingesetzt. Es durchschneidet zugleich die beiden inneren Vierecke. Kultschläge bezeugen die Anrufung dieser Weltordnung. Wir erkennen sie noch heute an kleinen Schlagmarken im Stein.

Abb. 236. Drei geschachtelte Vierecke mit senkrecht stehendem Kreuz, das alle drei schneidet. Höhle »Marie König«, Dép. Seine-et-Oise, Île-de-France. Mit Kultschlägen versehen.

Durch das Kreuz wurde die Zahl der Schnittpunkte vermehrt. Es sind zwölf neue Fixpunkte, die zu den zwölf Eckpunkten hinzutreten. Zusammen ergibt sich daraus die Zahl 24. Sie paßt in das alte Schema, das sich immer aus Dreierwerten und Viererwerten zusammensetzte, denn 24 kann auch als zwei mal drei mal vier verstanden werden.

Der Mittelpunkt, also der 25. Punkt im Ideogramm, fiel aus dem Rahmen der alten Ordnung, vielleicht mußte er deshalb verschwinden. Jedenfalls ist bei den meisten dieser Ideogramme in den Höhlen der Île-de-France der zentrale Punkt fortgelassen worden. Es entstand damit ein Zeichen, das uns heute als Mühlebrett bekannt ist. Ein solches befindet sich an einer abschüssigen Stelle an der inneren Seite des Höhleneingangs zur »Reiterhöhle« auf dem »Mont des Ancêtres« im Coquibus *(Abb. 237)*. Es ist sehr klar und übersichtlich eingeritzt und steht in Beziehung zu anderen Ideogrammen, wie Kreuzen, Vierecken, Netzen. In der heutigen Zeit ist aus dem sakralen

Zeichen ein Spiel geworden, aber noch immer zählen die Eck- und die Schnittpunkte, und es gewinnt der, der die meisten Dreier hat, das heißt, der drei nebeneinander liegende Punkte besetzen konnte (Mühle). J. L. Baudet hat bei Grabungen solche Ideogramme gefunden. Er schreibt, daß die frühesten aus dem Magdalénien stammen, also vom Ende der Altsteinzeit (82).

Dieses Ideogramm wurde weit verbreitet, es ist z. B. auch in den Alpen zu finden. In Naquane über Capo di Ponte, Valcamonica, steht auf dem obersten Abschnitt des Felsens Nr. 50 über der großen anthropomorphen Figur das gleiche Zeichen *(Abb. 238).*

Die Zahl Vierundzwanzig kehrt auch auf dem angeführten Felsen von Bedolina auf der anderen Talseite wieder. Dort ist sie in Form von kleinen punktförmigen Vertiefungen angegeben. Die Angabe zeigt kein willkürliches Durcheinander, sondern eine straffe Gliederung in vier Reihen zu je sechs Stück *(Abb. 239).* Dieses Zeichen fällt schon deshalb auf, weil der viereckige Umriß leicht abgerundet ist. Er scheint durch einen Kopf und vier Beine ergänzt zu sein. Die Figur erinnert an eine Schildkröte. Das mag Zufall sein,

Abb. 237. Sogenanntes »Mühlebrett« in der »Reiterhöhle« auf dem »Mont des Ancêtres« im Coquibus, Île-de-France.

gibt aber zu denken, weil sie wegen der Gliederung ihres Panzers in Sumer und in China symbolische Bedeutung hatte.

Dieses Bild, das im Mittelpunkt des angeführten Ausschnittes steht, ist mit anderen Vierecken durch Linien verbunden, die Zusammenhänge andeuten. Auf der linken Seite schließen sich zwei Vierecke an. Das unterste der beiden enthält sechs Punkte. Sie sind in zwei Reihen gegliedert zu je drei. Das allein würde schon auf ihre Natur als kosmisches Ordnungsschema deuten. Die Verdoppelung der Drei sehen wir hier nicht zum erstenmal. Sie wurde schon in der Kulthöhle Lascaux besonders hervorgehoben. Sechs klare schwarze Punkte stehen über dem Stierbild (Windels Nr. 18) an der Deckenwölbung im »Saal der großen Stiere«. Damit könnte die Zahl der sechs Kardinalpunkte gemeint sein, wobei zu den vier Eckpunkten der Zenit und der Nadir hinzugefügt sind.

In Bedolina schließt sich an das Viereck mit den sechs Punkten ein anderes an, das zwölf Punkte trägt. Sie gruppieren sich um einen Mittelpunkt, der, durch einen Ring eingefaßt, sich besonders hervorhebt. Auch die Zwölf ist eine kanonische Zahl, und der Zwölfte mag eine besondere Stellung innegehabt haben. Von diesem Zentrum aus führt jedenfalls eine Linie zu einem weiter oben stehenden Ideogramm, zu einem Viereck mit drei Teilungslinien. Zwischen Drei, Vier, Zwölf bestehen Zusammenhänge, spiegelt sich doch in jeder Zahl das Prinzip der kosmischen Ordnung. Aus zwölf Monaten setzte sich das Mondjahr zusammen und jeder Monat aus drei Mondphasen. Wenn wir den Zahlen nachgehen, stoßen wir immer wieder auf Ordnungsprinzipien. Eine Linie verbindet auch die Zwölf mit der schon erwähnten Vierundzwanzig. Diese Zahl ist sorgfältig aus vier Sechserreihen zusammengesetzt. Könnten mit der Vierundzwanzig die Stunden des Tages gemeint sein? Da diese Ideogramme vielleicht spät, zur Zeit der Verbindung mit den antiken Kulturen, in die Felsen geschliffen wurden, kannte man gewiß schon die Einteilung der Tageszeit in Stunden.

Von dem Ideogramm in der Mitte des Bildausschnittes führen drei Linien zu den drei Ideogrammen am rechten Rand. Auch diese sind viereckig. Im mittleren sind die Schälchen besonders groß. Fünf Punkte bilden je eine Reihe, und dies in fünffacher Wiederholung. Damit war der gewünschte Zahlenwert noch nicht erreicht, zwei Punkte wurden hinzugesetzt, damit es 27 waren. Auch diese Zahl hat kalendarische Bedeutung, denn aus 27 Nächten setzen sich die drei Mondwochen zusammen, der Monat.

Abb. 238. Sogenanntes »Mühlebrett« von dem Felsen Naquane Nr. 50 bei Capo di Ponte, Valcamonica.

Unter diesem Viereck und durch eine Seitenlinie mit ihm vereint, befindet sich ein kleineres Viereck mit höheren Zahlen. Es umschließt sieben Reihen von je sechs Punkten in straffer Organisation. Diese Anzahl unterlag nicht dem Zufall. Die Größe der Punkte, die Zahl der Reihen waren geplant, sie entsprachen genau der Größe des Vierecks. Da die Faktoren, die Sechs und die Sieben, »heilige« Zahlen waren, ist anzunehmen, daß auch das Ergebnis besondere Bedeutung hatte. Denken wir doch z. B. an die vierzehn heiligen

Nothelfer, die nur zu dieser Bezeichnung kamen, weil die Vierzehn sich aus zweimal sieben zusammensetzt.

Auf dem Felsen von Bedolina stehen zwischen den Ideogrammen auch symbolische Tierbilder. Gewiß behielten die Gestirne immer ihre Bedeutung, aber genauere Ordnungsvorstellungen, wie sie z. B. die Siebenundzwanzig

Abb. 239. Ideogramme vom Felsen Bedolina, in Vierecken stehen je sechs, zwölf, vierundzwanzig, siebenundzwanzig und mehr Punkte.

ausdrückt, ließen sich nicht mehr in Form von Bildern wiedergeben. Mit der steigenden Prägnanz der Zeitordnung mußte man zur Zahl greifen. Nur im Tierkreis blieb die jungpaläolithische Ausdrucksform erhalten.

Es wäre ein Studium für sich, der Bedeutung der vielen Ideogramme in Bedolina im einzelnen nachzuspüren. Da sie viereckig dargestellt sind, ist anzunehmen, daß geistige Ordnungen gemeint waren, der Kosmos in Zahlen.

Die Ordnung der Welt ließ sich also klarer als durch Bilder in Form von geometrischen Figuren und Zahlen wiedergeben. So ist es zu erklären, weshalb auf der Tschötscher Heide auf einem Vorberg über Brixen fast nur geometrische Figuren aufgezeichnet wurden *(Abb. 240)*. Es gibt dort Schalen, Vierecke mit Mittelpunkt und vor allem das sogenannte »Mühlebrett« *(Abb.*

Abb. 240. Sogenanntes »Mühlebrett« auf der Tschötscher Heide, auf einem Vorberg über Brixen.

241). Dieses bekannte Ideogramm zeigt im Gegensatz zu den Darstellungen in der Île-de-France eine weitere Genauigkeit. Während dort nur das senkrechtstehende Kreuz die drei Vierecke schnitt, ist ihm hier noch zusätzlich das Schrägkreuz beigegeben, es durchquert auch noch die Ecken der drei Vierecke.

Abb. 241. Senkrecht stehender Stab im »Mühlebrett« und wandernder Schatten. Tschötscher Heide, über Brixen.

Diese Ecken wurden schon immer mitgezählt. Nun sind aber aus den Eckpunkten Schnittpunkte geworden, und der bekannte Zahlenwert Vierundzwanzig tritt klarer hervor.

Keine der Achsen schneidet das kleinste Viereck der Figur. Es ist eine ungeteilte Fläche. Wenn wir uns die Zeichnung ins Plastische übersetzt denken, so hatte der »Weltberg« auf der Höhe ein Plateau. In seinem Mittelpunkt, dem Zentrum aller Vierecke, befindet sich eine Vertiefung. Es ist kein Schälchen. Das Loch ist so tief, daß ein Stab hineinpaßt und darin senkrecht stehen bleibt *(Abb. 241)*.

Im Gegensatz zu den horizontalen Linien des Ideogramms betont der Stab die Vertikale, die Richtung von oben nach unten. Sie entspricht der dritten Weltachse, der gedachten Verbindungslinie von Zenit und Nadir. Diese dritte Achse fanden wir schon in den Vierecken der Höhlen in der Île-de-France.

Inzwischen war der Gedanke der geordneten Welt, für den ursprünglich das Kreuz genügte, immer genauer geworden. Das hatte dazu geführt, daß zusammengesetzte geometrische Formen entwickelt wurden, die mit vielen Zahlenwerten beladen waren. Eine senkrechte Linie hätte in dieses Ideogramm Unklarheit hineingebracht. Anders dagegen die erwähnte Vertikale, die zugleich in der Richtung stimmte und sich bedeutungsvoll heraushob.

Den Ordnungscharakter hatte sie dadurch nicht verloren. Ihr Schatten wandert wie ein Uhrzeiger über das Ideogramm, dessen Einteilung an unser Zifferblatt erinnert. Die Anlage könnte als Sonnenuhr gedient haben, doch läßt sich daraus auch die Himmelsrichtung ablesen.

Eine solche Einrichtung kann bis in die christliche Zeit benutzt worden sein, deshalb ist sie schwer zu datieren. Doch wenn wir die ganze Entwicklung überblicken, scheint es, daß die kosmische Orientierung immer im Mittelpunkt des Kultes stand.

Den Stab konnte man sich vergrößert auch als freistehenden Pfeiler, als Stele oder als vierkantige, in einer Spitze endende Säule vorstellen. Solche Form zeigen die Menhire und die Obeliske. Sie wurden von den Ägyptern auch als Zeitmesser benutzt, denn man maß den Zeitverlauf nach Schritten, die ihr Schatten zurücklegte.

Wenn wir das Ideogramm von Brixen betrachten, so sehen wir, daß das eigentlich »Aktive«, das »Handelnde«, die Senkrechte war, denn sie »warf« den Schatten, der sich dann drehte. Durch diese Bewegung bestimmte sie Zeit und Raum.

Als die Allmacht menschliche Züge erhielt, konnte man die Stele als Prinzip der Leibhaftigkeit benutzen, denn auch der aufrechtstehende Mensch zeigt die senkrechte Haltung. Die Entwicklung von der Stele zum Gottesbild finden wir in vielen Kulturen, besonders gut läßt sie sich in Korsika verfolgen (3000–2000 v. Chr.).

Dort gibt es viele Menhire, das sind glattgeschliffene Steinsäulen von länglich hoher Gestalt. Sie stammen aus der Megalithkultur, überschreiten in der Höhe immer die menschlichen Proportionen und stehen oft in langen Reihen zusammen. Ein solches »alignement« ist in der Gemarkung von Pagliaiu gefunden worden. Eine dieser Stelen (Höhe 2,47 m) unterscheidet sich von den übrigen. Ihr ist auf der Vorderseite ein großes Langschwert in senkrechter Stellung eingeritzt.

Dieses Langschwert blieb auch auf den Stelen von Cauria erhalten *(Abb. 242)*. Aber am oberen Ende der Stelen läßt eine leichte Einschnürung den Kopf und das Gesicht erkennen, dessen Züge schwach ausgeprägt sind. Arme sind nicht angegeben. Die Form der Stele ist ganz auf die Senkrechte bezogen. In leichtem Relief ist auf dem Kopf eine Bedeckung angedeutet, in der noch heute Löcher zu sehen sind, in denen einst Hörner steckten. Die Stele trug das alte Symbol der Hörner-Tiara.

Neben dem Kultzentrum Filitosa im Südwesten von Korsika stehen hohe

Abb. 242. Stelen aus der Megalithzeit aus Cauria auf Korsika, mit Langschwert, senkrecht gehalten, und schwachen Gesichtszügen. Am Kopf Helm mit Löchern, in denen einst Hörner steckten.

Abb. 243. Stele mit senkrechter Rückenlinie bei dem Kultzentrum Filitosa im Süd-Westen von Korsika.

Steinsäulen, die an entlegenen Plätzen gesammelt wurden, um hier Schutz zu genießen. Auf ihrer Rückseite läuft von oben bis unten eine tiefe, gerade Linie. Diese Senkrechte unterstreicht die Form der Stele und bringt den graphischen Ausdruck für den formalen der Steinsäule. Diese senkrechte Linie könnte das Ordnungsprinzip der dritten Weltachse meinen, wie wir schon in den Höhlen der Île-de-France sahen *(Abb. 243)*.

Abb. 244. Oberster Teil einer zerbrochenen Stele vom Kultzentrum Filitosa im Süd-Westen von Korsika. Am Rücken senkrechte Linie mit schräggestellten Seitenlinien.

Genauere Angaben bringt eine andere Stele, die auf dem Bergrücken in Filitosa gestanden hat. Eindringende Eroberer haben sie gestürzt, in drei Teile zerbrochen und als Mauersteine verwendet. Die Stücke sind wieder gefunden und aufeinandergesetzt worden *(Abb. 244)*. Die Stele glich einst den anderen in ihrer langen, glatten Gestalt und besaß auch die Hörnertiara. Die senkrechte Linie im Rücken ist aber durch zusätzliche, schräggestellte Seitenlinien ergänzt. Ihre Schrägung bildet Winkel, deren Spitzen nach oben weisen. Im Sinne der alten Aussage müßte damit das aufsteigende Licht, die Macht über den Tod gemeint sein. Mit der Stele war also eine Allmacht dargestellt, die Zeit und Raum ordnete und auch den Tod überwinden konnte.

Die Weltordnung durch den senkrecht aufgestellten Pfahl auszudrücken, ist sehr alt. Neben dem Opferteich in Stellmoor bei Ahrensburg in Norddeutschland hatte der Jungpaläolithiker einen über 2 m langen Pfahl aus Kiefernholz aufgerichtet. Er war sorgfältig bearbeitet und an einem Ende zugespitzt. Oben trug er die Schädeldecke eines Rentieres mit dem Geweih. A. Rust führt überzeugend aus, daß dieser Pfahl einst als Kultmal gedient hat. Der Gedanke, dem hier im Pfahl Ausdruck verliehen wurde, könnte der gleiche sein, der die Menhire der Megalithreligion und später die Stelen in Korsika hervorbrachte.

Obwohl die Weltordnung immer spezialisierter gedacht werden konnte, bestimmten die Grundprinzipien den Aufbau der Kulturwelt, auch als man nicht mehr wußte, warum man an diesen ungeschriebenen Gesetzen festhielt. Vielleicht lebte im Volke noch manches alte Wissen, das die Bücherweisheit vergessen hatte. Ein Beispiel dafür haben wir aus der Zeit Karls des Großen.

Auf der Empore seiner ehemaligen Palastkapelle im Aachener Dom steht noch heute seine Sitzbank aus Marmor. In eine ihrer Platten ist das sogenannte Mühlebrett eingeritzt. Man wußte noch, daß damit die Weltordnung gemeint war, denn der Gesetzgeber saß ja wortwörtlich darauf, er »besaß« die Macht über die Welt. Deshalb ist diese Bank keine gewöhnliche Sitzgelegenheit, sondern ein »Thron«.

Wie wir sahen, entwickelte der Mensch der Vorzeit zuerst die Weltbildidee. Von ihr ausgehend, entstand der Grundplan der kulturellen Ordnung. Ohne diese geistige Leistung hätten sich die Hochkulturen nicht entfalten können.

Kapitel VI Eine geistige Entwicklungsschicht im Spiegel der Felsbilder von Valcamonica

Das Lehrbuch der Menschheit ist der Himmel gewesen. Alle Generationen beobachteten die Gestirne, sowohl der Jäger als auch der Bauer. Sie fanden die überlieferten Grundprinzipien bestätigt und fügten genauere Erkenntnisse hinzu. So weitete sich der Begriffsschatz, von dem noch heute Bilder und Zeichen künden.

Jede Manifestation eines Begriffes ist ein Kulturdokument. So können wir, wie oben ausgeführt, der Begriffspyramide entsprechend auch von einer Kulturpyramide sprechen. Durch waagerechte und senkrechte Schnitte soll sie untersucht werden.

Zuerst wurde, von den Grundbegriffen ausgehend, die gleiche Idee durch die verschiedenen Entwicklungsstufen verfolgt. Es zeigte sich die kontinuierliche Überlieferung. Damit wurde ein senkrechter Schnitt durch die Entwicklungspyramide gezogen.

Die Kulturpyramide baut sich, wie das Schema der Begriffspyramide lehrt, aus waagerechten Entwicklungsschichten auf. Sie bewahren jeweils das Wissen der Vergangenheit, entwickeln aber geistige Kräfte und finden neue Ideen, die in die Zukunft führen. Durch diese genetische Sicht ergeben sich historische Aspekte. Jede Kulturschicht ist zugleich ein lebendiges Ganzes, und es muß deshalb nach ihrer Eigenart gefragt werden. Wenn eine einzelne, bestimmte Schicht untersucht werden soll, so heißt das, theoretisch gesehen, daß ein Querschnitt durch die Entwicklungspyramide gezogen wird. Da immer die ganze Vergangenheit mitspricht, ist jede Schicht komplex. Sie beinhaltet ererbtes Geistesgut und neue, auf diesen Voraussetzungen aufbauende Schöpfungen. Da die Voraussetzung eben das Erbgut ist, wurde mit den Untersuchungen der Grundprinzipien begonnen. Damit ist es möglich, eine einzelne Kulturschicht zu verstehen, denn sie ist immer das Resultat des Werdens.

In diesem Sinne soll als Beispiel die Kulturprovinz untersucht werden, deren Spuren sich in Valcamonica, Prov. Brescia, erhalten haben. Dieses Alpental durchfließt der Oglio, der in den Iseosee mündet. Zu beiden Seiten des Tales steigen Berge über 2000 m hoch auf, und ihre Gletscher haben die Felsplatten an den Abhängen glattgeschliffen. Manche von diesen tragen Petroglyphen, über 40 000 sind bekannt, und neue werden immer wieder freigelegt. Einzelne Typen wurden häufig wiederholt. Die meisten Felsbilder wurden in der Nähe von Capo di Ponte im Oglio-Tal gefunden, hier scheint eine Art von Zentrum gewesen zu sein. Das Gestein ist ein harter Schiefer, in den die Figuren hineingepickelt sind, er hat über zwei Jahrtausende ungeschützt dem Wetter getrotzt und manche Bilder erstaunlich gut erhalten. Aber ihr Relief ist schwach, und zahllose Kultschläge überziehen die Felsen, oft auch die Bilder, die darunter gelitten haben.

1. Geistiges Erbe

E. Anati hat in Capo di Ponte ein Forschungszentrum geschaffen. Auf seine Publikation »Capo di Ponte, centro dell'arte rupestre camuna« wird bei der Bezeichnung der Bilder Bezug genommen (83). Nach ihm stammen die ältesten Kultbilder hier aus dem Neolithikum, und erst das Vordringen der antiken Kulturen setzte dem Kult ein Ende. Es ist erstaunlich, wie gut die Darstellungen, selbst kleine Schlagmarken noch heute zu sehen sind. Wenn der jungsteinzeitliche Mensch, wie Anati schreibt, in diesem Tal mit dem Kult begann, so erhebt sich die Frage, welche kultischen Vorstellungen er mitbrachte und wo wir ihr Zeugnis finden. Mit der Suche nach dem geistigen Erbe muß begonnen werden.

Solche Überlieferungen sind nicht schwer zu erkennen. Seit der Neandertalerzeit wurden kleine Mulden in Steine geschlagen oder geschliffen, sogenannte Schälchen. Wie ein Leitfaden durchziehen sie alle folgenden Epochen und sind auch in Valcamonica zu finden. Sie beweisen die Kontinuität der Überlieferung ältester Begriffe.

In Valcamonica gibt es zwei Typen davon, alleinstehende Schalen und solche, die als Kommunikationsmittel verwendet wurden und so besondere Gruppierungen bilden. Es sind dann kleine, flache Einkerbungen, sie gleichen Punkten und waren vielleicht einst rot getönt.

Im Kultzentrum Naquane bei Capo di Ponte gibt es auf den von Gletschern glattgeschliffenen Felsen bestimmte Gruppierungen, die wiederholt wurden. Ihre Anordnung war kein Zufall *(Abb. 245)*. Der Bildausschnitt zeigt vier

Abb. 245. Der Kultfelsen von Naquane bei Capo di Ponte, Valcamonica. Abschnitt der »Großen Felsplatte« (etwa 50 m lang).

Abb. 246. Detail von der »Großen Felsplatte« in Naquane (Anati, Fig. 109).

Abb. 247. Ideogramm von der Bergnase in Bedolina über Capo di Ponte.

Punkte, die im Geviert stehen, drei im Dreieck und fünf in der klassischen Anordnung im Geviert mit Mittelpunkt. Die Zusammengehörigkeit von zwei Punkten ist manchmal durch eine sie verbindende Linie betont *(Abb. 246)*. Damit treten Zahlenwerte in Erscheinung, die uns aus den Höhlen der Île-de-France, den jungpaläolithischen Kulthöhlen und von den Kieseln des Azilien bekannt sind. Hier sind sie mit Schlagmarken bedeckt, die die Anrufung dieser Zeichen bezeugen.

Ein anderes, seit der Neandertalerzeit bekanntes Ideogramm war das Linienkreuz, das auch in die Felsen über Capo di Ponte, in die Bergkuppe von Bedolina, eingeschlagen ist *(Abb. 247)*. Hier kommen aber genauere Aussagen hinzu. An den vier Enden der Kreuzarme stehen vier Schälchen im Geviert, so daß zur Angabe der Himmelsrichtungen die der vier Kardinalpunkte hinzutritt. Dieses Zeichen ist von einer geschlossenen Linie umgeben, die sich der Form des Kreuzes anpaßt und deshalb zwischen den vier Armen eingebogen ist. In diesen Winkeln stehen außerhalb der geschlossenen Linie wiederum vier Punkte im Geviert, die ihrer Stellung nach die Nebenhimmelsrichtungen angeben. Das Zeichen steht auf einem Vorsprung des Berges, und

Abb. 248. Viereck mit Kopf und Armen, die je fünf Finger weisen. Vom Mittelteil der »Großen Felsplatte« (Anati, Fig. 51).

der Blick von dort beherrscht das Tal. Kultschläge bezeugen, daß Gläubige aus dem Tal heraufzogen, um im Zeichen die Weltordnung anzurufen.

Es war auch keine Erfindung der Bewohner dieses Tales, bedeutungsvolle Zahlen durch erhobene Finger wiederzugeben. Solche Gesten zeichnete bereits der Jungpaläolithiker, und zahlreich erschienen sie auf den schwedischen Kultfelsen. In Valcamonica mischen sich solche Manifestationen unter die Bilder und Zeichen. In Naquane ist ein Viereck dargestellt, es ist eine anthropomorphe Figur, denn es trägt einen Kopf. Jeder Arm ist im rechten Winkel nach oben gebogen, und jede Hand streckt fünf Finger *(Abb. 248)*. Der Sinn dieser Geste dürfte mit der Bedeutung der fünf Punkte übereinstimmen, in beiden Fällen wird es sich um die Manifestation der Fünf gehandelt haben. Vielleicht konnte durch zwei Hände, also mit der doppelten Fünf, auch die Zehn gemeint sein, die in Form von zehn Punkten schon auf den Kieseln aus dem Azilien vorkommt *(Abb. 231)*.

Die Kenntnis der vier Kardinalpunkte hatte dazu geführt, daß die Welt viereckig gedacht wurde und dementsprechend als Viereck zum Ausdruck kam. Vierecke spielen eine dominierende Rolle im Kult von Valcamonica, das zeigt z. B. der sogenannte »Altarstein« auf dem Kultplatz Naquane bei Capo die Ponte *(Abb. 249)*. Es ist ein geglätteter und abgerundeter Felsblock, in dessen Oberfläche ein Viereck flach eingeschlagen ist. Dieses Ideogramm war kein Einfall der Neolithiker, es war schon dem Paläolithiker, dem Menschen der Eiszeit, bekannt, wir können es an der Wand der Höhle Lascaux sehen.

Kleinere Vierecke sind manchmal zu Ketten verbunden worden; auf einer Felsplatte in Naquane stehen sie zu dritt, zu viert, auch in Form von sieben Stück übereinander. Damit könnten wieder Zahlenwerte gemeint sein *(Abb. 250)*. Ein größeres Viereck, das auf der gleichen Platte steht, ist durch drei kleine Punkte ergänzt. Sein Mittelpunkt stimmt mit einem anderen überein, der aber im Kreis steht. Alle diese Ideogramme sind auf die Weltordnung bezogen. Schlagmarken, die so hell sind, als wären sie frisch, bezeugen die Verehrung. Solche Ketten aus viereckigen Gliedern zeichnete der Jungpaläolithiker an die Wände seiner Kulthöhlen Altamira und El Castillo in Nord-

Abb. 249. Altarstein von Naquane mit flach eingearbeitetem Rechteck.

spanien. Es sind dort lange Reihungen ohne genauere Bezeichnungen, der Gedanke ist noch unklar ausgedrückt. Aber es war ein Anfang gemacht. Diese »Ketten« wurden überliefert, und es gibt auf dem Monte Bego solche aus späterer Zeit, die genaueres aussagen (84). In jedes der aufgereihten Vierecke sind dort Punkte hineingezeichnet, deren Zahl wechselt. Verschiedene Felder haben nur einen Mittelpunkt, in anderen stehen zwei oder drei Punkte zusammen, vier im Geviert, fünf und eine Folge mit steigender Zahl. Es sieht aus wie eine Reihe von Dominosteinen, aber es war zweifellos kein Spiel. Die Zahlen hatten Bedeutung. Die Anzahl der Punkte entspricht kosmischen Ordnungen, und die Ideogramme werden deshalb nicht zu Unrecht als »Himmelsleitern« bezeichnet.

Das Sinnzeichen des Vierecks ist in allen Kulturprovinzen zu finden, in großer Anzahl auch auf den Felsen in Valcamonica. Oft stehen größere davon ohne sichtbaren Zusammenhang zwischen den Tierbildern. Es sind zwei Typen zu unterscheiden. Bei dem ersten ist nur der Umriß eingemeißelt, im Inneren

Abb. 250. Kleinere Felsplatte von Naquane. Ideogramme und Kultschläge.

Abb. 251. Hirschbild und helles Viereck ohne bearbeitete Innenfläche. Verbunden mit einem Kreis. 27 x 12 cm. Auf der »Großen Felsplatte« von Naquane.

des Vierecks blieb der Fels unberührt, er ist glatt und sieht deshalb hell aus *(Abb. 251)*. Der andere Typ ist auf der ganzen Innenfläche durch feine, sorgfältig ausgeführte Pickelung aufgerauht. Er macht einen dunklen Eindruck *(Abb. 252)*. Der Grundgedanke des Vierecks muß der gleiche geblieben sein; aber wurde die Welt jetzt vielleicht differenziert gesehen, und gab es eine helle und eine dunkle Seite?

Auf dem Felsen von Naquane gibt es auch Vierecke mit dem senkrecht stehenden Kreuz, wie in der jungpaläolithischen Kulthöhle Gabillou *(Abb. 253)*, und andere, die das Diagonalkreuz schneidet. Viereckig sind die Netze und das Mühlebrett. In all diesen Ideogrammen zeichnet sich noch der Begriffsschatz der Paläolithiker ab. Die Talbewohner übernahmen diese Ordnungsprinzipien und gaben das ererbte Wissen weiter.

Abb. 252. Viereck mit bearbeiteter Innenfläche, es erscheint deshalb »dunkel«. Verbunden mit kleinerem Viereck. Hirsch mit Hund und Wassergeflügel (?). (Anati, Fig. 146, 145, 144, 148). Auf der »Großen Felsplatte« von Naquane.

Abb. 253. Viereck mit senkrecht stehendem Kreuz, das die Fläche in vier Vierecke zerlegt, auf einem Felsen von Naquane.

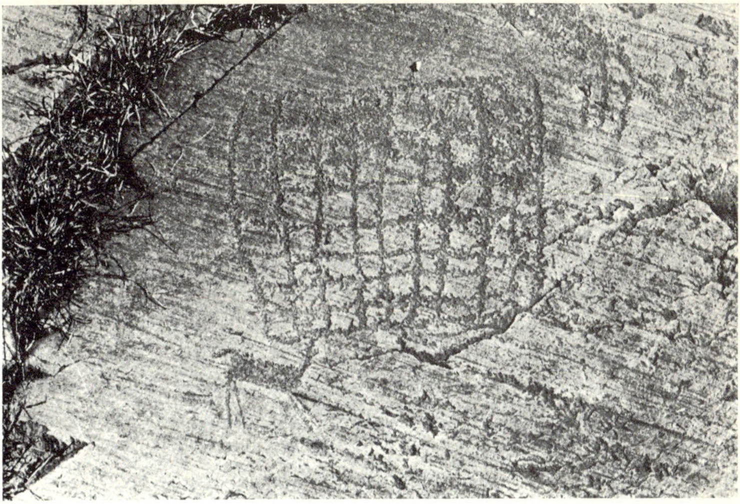

Abb. 254. Netzförmiges Ideogramm und Hirschbild
auf einem Felsen von Naquane.

Der Mensch, der den Raum gegliedert hatte, wird auch eine Zeitordnung gekannt haben. Von Anfang an war der Mond die Himmelsuhr und das Bild seiner drei Phasen der erste Kalender. Diese Drei konnte auf verschiedene Art festgehalten werden, in Form von drei Strichen, drei Punkten, als Dreieck und auch als Geste der drei Finger. Auch dafür gibt es in Naquane ein Zeugnis. Auf der großen Felsplatte ist eine Figur in waagerechter Lage gezeichnet, die wie die Gestalt in Vitlyke bei Tanum in Schweden *(Abb. 197)* mit der einen Hand drei, mit der anderen vier Finger weist (Anati Fig. 84).

Auf dem gleichen Felsen steht das Bild des Himmelsstieres, das eine schöpferische Idee des Jungpaläolithikers gewesen war *(Abb. 255)*. Das Tierbild ist gröber eingehauen und stärker verwittert als die fein eingepickelten Figuren in seiner Umgebung. Es könnte älter sein. Die Hörner des Stieres sind vergrößert und gedreht dargestellt, denn aus ihnen, den »Mondhörnern«, ergab sich die Bedeutung des Tierbildes. Sie sind deshalb oft allein, ohne den Tierkörper, dargestellt worden, der am Himmel nicht sichtbar war, den die Phantasie hinzusetzte. Paarweise sind sie auf dem Felsen Nr. 50 in Naquane zu finden *(Abb. 256)*.

Über dem Stierbild auf der »großen Felsplatte« von Naquane trägt eine kleine Gestalt eine riesige Lanze mit übergroßer ovaler Spitze. Das Oval hatte schon im Jungpaläolithikum sakrale Bedeutung und mit ihm die Lanze. Die keltischen Tectosagen haben auf ihrer Münzprägung die lunarsymbolische Bedeutung der Lanzenspitze aufgezeichnet *(Abb. 157)*. Die Tierohren zeigten aber auch eine ovale Form und konnten damit dem Bild die lunarsymbolische Bedeutung verleihen. Wie in der jungpaläolithischen Kulthöhle Covalanes in Nordspanien steht auch in Naquane das Bild einer Hirschkuh *(Abb. 257)*.

Vor allem gibt es auf den Felsen von Valcamonica viele Hirschbilder, es ist deshalb anzunehmen, daß dieses Symbol eine wichtige Rolle im Glauben spielte *(Abb. 258)*. Hirsche zeichnete schon der Jungpaläolithiker in seinen Kulthöhlen. Auf der gleichen Deckenwölbung im »Kirchenschiff« von Las-

Abb. 255. Kleine dreieckige Figur mit überdimensionierter Lanze und Schild-Bogen (Anati, Fig. 44), darunter ein etwas größeres Stierbild (Anati, Fig. 38) von der Zone 1 der »Großen Felsplatte« in Naquane.

Abb. 256. Zwei Hornpaare von Fels Nr. 50 in Naquane.

caux, die das Bild des Himmelsstieres trägt, ist eine 5 m lange Reihe von fünf Hirschköpfen mehrere Meter über dem Boden in schwarzer Farbe gezeichnet.

Der Mond erlaubte es, den Zeitablauf nach Monaten zu gliedern, er verriet aber nichts über die Jahreszeiten, die die Wanderungen des Wildes verursachten. Vielleicht sah der Jäger im Sommer eine bestimmte Anordnung von Sternen, die jährlich wiederkehren, und er fand für das Sternbild die Bezeichnung als Hirsch. Dieses Sinnbild wurde überliefert, denn alle Menschen

Abb. 257. Hirschkuh von der »Großen Felsplatte« in Naquane.

werden den Sommer herbeigesehnt haben, der Licht, Wärme und Leben brachte. Hirschskelette oder Teile von ihnen wie Geweihe, Geweihknospen, auch Hirschbilder sind als Grabbeigaben gefunden worden. Sollte diese Symbolik zur Lebenserneuerung beitragen? Noch in der Edda galt der Hirsch als Sternbild (85).

Den regelmäßigen Wechsel von Kommen und Gehen kennen alle Gestirne, den Zyklus des Lebens zeigte aber am anschaulichsten der Mond. Er verband mit dem Wechsel der drei Phasen immer die Zäsur der drei dunklen Nächte. In ihnen sah schon der Paläolithiker die Zeit des Mondtodes und zeichnete deshalb Pfeile und Lanzen, die todbringenden Waffen, auf die Tierbilder. Auch diese Idee ging im Bewußtsein der Menschheit nicht verloren. Auf dem zentralen Teil der großen Felsplatte von Naquane ist ein Reiter dargestellt,

Abb. 258. Hirsche von rundem Fels in Cemmo über Capo di Ponte.

der auf einem Pferde steht und die dreieckige Lanzenspitze auf den Mond richtet *(Taf. IV, Abb. 1)*.

Mit dem Untergehen der Gestirne wurde der Gedanke vom Abstieg in die Unterwelt verbunden. Der Jungpaläolithiker suchte deshalb das Reich des sterbenden Stieres im Inneren der Berge. Er glaubte, daß sich dort, wie er in der Szene im Puits von Lascaux schildert, das Geheimnis der Wiederbelebung vollzog, denn nach den dunklen Nächten ging der Mond von unten wieder auf.

Der Glaube, daß auch der Mensch ins Jenseits hinab mußte, um dort das neue Leben zu finden, hat die Menschheit durch alle Zeiten begleitet. Von dieser Erwartung sprechen alle rituellen Bestattungen, mit denen schon der Neandertaler begann. Dieser Vorstellung konnte auf mancherlei Art Ausdruck verliehen werden, auch durch das Labyrinth. Ein solches Zeichen steht unter vielen dunklen Vierecken auf der großen Felsplatte in Naquane *(Abb. 259)*. Es ist aus einer einzigen Linie gebildet, die sich in vielen Windungen zum Mittelpunkt schlängelt, und so, wie sie zu diesem Punkt hinführt, kommt

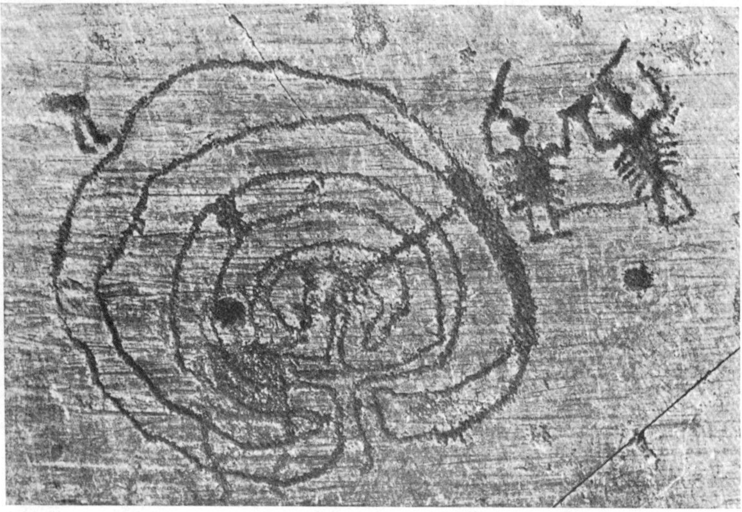

Abb. 259. »Labyrinth« auf der Zone Nr. 1 der »Großen Felsplatte« in Naquane

Abb. 260. Viereckige Figur, daneben Triskeles. Bedolina über Capo di Ponte. (Anati, Fig. 270).

sie nach vielen Kehren auch wieder nach außen. Dieses Labyrinth bezeugt, daß der alte Glaube an die Erneuerung des Lebens im Jenseits auch den Bewohnern von Valcamonica nicht fremd war. Es ist gewiß kein Zufall, daß auf der gleichen Felsplatte, die das Bild des Mondes trägt, den die Lanzenspitze treffen wird, auch das Labyrinth wiedergegeben ist.

Jede Zeit muß sich mit den Problemen des Daseins befassen und auf letzte Fragen Antwort geben, aber wie konnte man die Erkenntnisse ohne Schrift festhalten?

Abb. 261. Alter Wasserlauf mit Figuren. Bedolina über Capo di Ponte, Valcamonica.

Da die Mitte des Labyrinthes ein Punkt ist, konnte die Allmacht nicht an diesem Wirkungsort dargestellt werden, sie ist deshalb neben dem Ideogramm wiedergegeben, auch hier mit viereckigem Körper, und eine Linie verbindet sie mit dem Nadir.

Es gab auch die überlieferten Schemata der Lunarsymbolik, die noch immer Verwendung finden konnten, wie das alte Zeichen der Drei in Form

Abb. 262. Talmulde, in der zwei große bearbeitete Steinblöcke liegen, bei Cemmo, über Capo di Ponte. Valcamonica.

von drei Schälchen. Ein solches Ideogramm steht auf dem Felsen von Bedolina über Capo di Ponte. Diese Drei ist durch eine Linie eingeschlossen, die den drei Punkten entsprechend drei Arme hat und damit an das Triskeles erinnert, das so häufig auf keltischen Münzprägungen zu finden ist *(Abb. 260)*. Der bedeutungsvolle Mittelpunkt blieb, wie meist im Triskeles, so auch hier erhalten. Neben dieser Dreiheit steht die anthropomorphe Gestalt mit viereckigem Körper.

Das Bild und das Zeichen standen im Laufe einer Quelle, und das Wasser hat mit der Zeit den Stein angegriffen, zahlreiche Kultschläge verflachten, aber der Wasserlauf zeichnet sich noch heute durch einen hellen Streifen gut sichtbar auf dem Felsen ab *(Abb. 261)*. Durch das Wasser könnte auch hier die chthonische Natur dieser Symbolik angegeben sein und ihr Bezug auf das Tod-Lebenproblem.

Wie in vielen Kulturprovinzen, so gibt es auch in Valcamonica das Symbol des Beiles. Das Dreieck gehörte schon zum paläolithischen Kulturgut und

Abb. 263. Dreieckiger Felsblock von Cemmo.

wurde überliefert. Forderte es vielleicht an vielen Orten zum Vergleich mit der Beilklinge heraus, oder kam ein einzelner auf diese Idee und gab sie weiter, so daß sie durch direkten oder indirekten Kontakt Allgemeingut werden konnte? Diese Frage wird wohl offenbleiben müssen. Während auf vielen Felsen in Valcamonica Beile dargestellt sind, spielte auf dem Kultplatz in Cemmo dieses Symbol des Beiles, wie Größe und Stellung beweisen, wohl eine überragende Rolle.

Vom hohen Bergmassiv des Monte Concarena (2549 m) sind zwei mächtige Schieferblöcke abgestürzt und ins Tal gerollt, sie blieben in einer Schlucht

Abb. 264. Figuren auf der Spitze des dreieckigen Felsblockes von Cemmo. Dargestellt sind zwei Beile, Kreis, Dolch und Tierbilder.

bei dem Dörfchen Cemmo liegen. Sie wurden bearbeitet, je auf einer Seite mit Petroglyphen versehen und durch megalithische Mäuerchen verbunden (86). In dieser Talmulde, tief im Erdreich versunken, liegen sie noch heute *(Abb. 262)*.

Die Form der Blöcke ist verschieden. Der erste, den man, vom Dorfe kommend, antrifft, ist ungefähr dreieckig. Eine Spitze ragt in die Höhe *(Abb. 263)*. Sie trägt als dominierendes Zeichen ein Beil mit dreieckiger Klinge. Daneben sieht man noch den Griff eines zweiten Instrumentes, aber der Stein ist hier stark verwittert, Teile fehlen. Es kann nicht mehr festgestellt werden, was einst an diesem Griff getragen wurde. Unmittelbar unter dem Beil steht ein Kreis, der auch eine runde Scheibe darstellen könnte. Von ihr scheinen Strahlen auszugehen, die durch kurze, strahlenförmig angeordnete Linien angedeutet sind. Sollte damit die Sonne gemeint sein? An Sonne und Mond orientierte sich die Ordnung der Welt. Beide können hier an einem Kultplatz Verehrung genossen haben *(Abb. 264)*.

Auf der Felsplatte sind außerdem große Dolche dargestellt. Ihre Klinge ist dreieckig, der Griff hat einen halbmondförmigen Abschluß. Wie die dreieckige Beilklinge, so könnte auch das Dolchblatt den Hinweis auf die Lunarsymbolik bringen, die durch die gebogene Form des Griffes ebenfalls angedeutet wird. Viele verschiedene Bilder konnten der gleichen Idee entsprechen und erlaubten, wie mit vielen Zungen die Gestirne zu verehren.

In kleinerem Maßstab folgen Tierbilder, manche von ihnen mit großen gebogenen Hörnern, außerdem weitere dreieckige Dolche mit mondförmigem Griff.

Zwischen den Tierbildern stehen kleine menschliche Figuren. Sie haben im Gegensatz zu den Tieren kein körperliches Volumen, sondern sind nur aus Strichen zusammengesetzt. Die Arme stehen ungefähr waagerecht zum Körper, sie bilden mit ihm zusammen ein senkrechtes Kreuz. Durch die Beinspreizung ergibt sich eine dreieckige Form. Es sind keine wirklichen Menschen dargestellt, es könnte die Idee der Sieben sein, die Gestalt gewann *(Abb. 265)*. Sie zeigen damit das Weltbild, das sich aus der Raum- und Zeitordnung zusammensetzt.

Abb. 265. Darstellungen auf dem dreieckigen Felsblock von Cemmo, Dolche und stilisierte menschliche Figuren.

Abb. 266. Darstellungen auf dem dreieckigen Felsblock von Cemmo, zwei Stiergefährte, ein Wagen und ein Pflug.

An der unteren linken Ecke ist ein dreieckiges Stück aus dem Felsblock herausgebrochen. Neben diesem Loch steht ein Bild für sich allein, das sich wesentlich von den anderen Darstellungen abhebt. Es sind zwei von Stieren gezogene Gespanne dargestellt, ein Wagen und ein Pflug. Die Tiere sind in Seitenansicht gegeben, nur die Köpfe sind so gedreht, daß beide Bogen, die die Hörner bilden, gut zu sehen sind. Sie weisen damit auf ihre Bedeutung als Lunarsymbol. Der Bauer hatte ein neues Sinnbild gefunden, das der Jäger

Abb. 267. Runder Felsblock in der Talschlucht
bei Cemmo, Valcamonica.

nicht kannte, den Wagen. Man sah jetzt im Mondzyklus die Fahrt des Stierwagens über den Himmel, oder den Weg des Stierpfluges, bei dem die Pflugschar als Mondhorn bedeutsam war. Es ist wieder fraglich, von wo aus diese Idee ihren Siegeszug durch die Geistesgeschichte antrat, denn der Stierpflug steht auch auf dem schwedischen Kultfelsen von Aspeberget bei Tanum *(Abb. 266)*.

Die Bilder auf der Felsplatte stehen ohne einheitlichen Maßstab und ohne

Beziehung zueinander wie Chiffren zusammen und veranschaulichen in vielerlei Gestalt das Prinzip der Weltordnung.

Der zweite Felsen in Cemmo liegt ungefähr 15 m vom ersten entfernt im Boden. Beide waren zugeschwemmt, sind aber wieder freigelegt worden. Seine bearbeitete Fläche ist gerundet. Sie trägt viele Bilder, die vielfach überarbeitet sind *(Abb. 267)*. Man kann nach Anati drei Arbeitsgänge unterscheiden. Aus hörnertragenden Tieren sind Hirsche gemacht worden, aus anderen auch Dolche *(Abb. 268)*. Ungefähr in der Mitte der Felsplatte ist ein Hornträger dargestellt, der nicht verändert wurde. Leider ist der hintere Teil abgeblättert, doch die Vorderbeine und auch der Kopf sind erhalten *(Abb. 269)*. Zwischen den gedreht dargestellten Hörnern steht, wie beim Apisstier in Ägypten, eine gerundete Scheibe, hier ist sie allerdings länglich oval, aber auch diese Form spiegelt, wie ausgeführt, die Vollmondphase.

So verschiedenartig die Bilder auf den Felsblöcken auch sind, sie beziehen sich alle, auch nach der Bearbeitung, auf das Grundprinzip der Weltordnung. Sie sind deshalb äquivalent, d. h. gleichbedeutend im Sinne der Grundidee, sie entsprechen dem gleichen »Nenner«.

Abb. 268. Tierdarstellungen auf dem runden Felsblock von Cemmo.

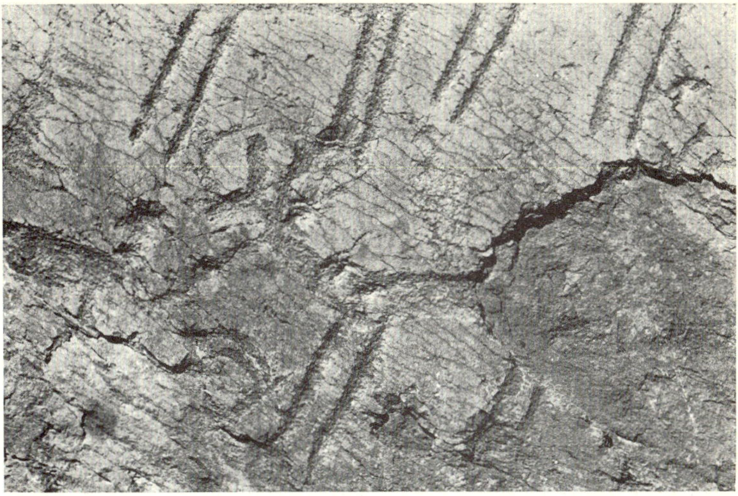

Abb. 269. Beschädigtes Stierbild auf dem runden Felsblock von Cemmo. Zwischen den Hörnern steht ein ovales Zeichen.

Auf beiden Felsen ist die Art der Darstellung schematisch. Das Zeichen wurde viel früher entwickelt und ist hier nur wiederholt. Gleichförmig steht ein Hirsch neben dem anderen, ein Dolch gleicht dem nächsten, unverbunden füllen sie die Fläche. Eine Ausnahme machen die beiden Gefährte auf dem ersten Felsen. Sie sind aus verschiedenen bekannten Symbolen zusammengesetzt und bringen doch zusammen ein neues Bild. Die Bedeutung der einzelnen Teile bestimmte den Stil der Darstellung. Den Wagenkasten bildet das Viereck, es muß deshalb von oben gesehen werden. Der Ring trug immer den Sinn des Umlaufs *(Abb. 266)*. Auch als Rad durfte er seine Form nicht verlieren und mußte hochgeklappt als Rundung neben dem Viereck stehen. Die Deichsel formt das Dreieck, und die lunarsymbolischen Stiere bilden die Bespannung. Doch man konnte zu jener Zeit ihre Aussage noch lesen und wußte, daß ein solches aus kosmischer Symbolik zusammengesetztes Gefährt nicht einen gewöhnlichen Bauernwagen darstellte; jeder Teil beschwört die Weltordnung, und so konnte es nur der »Himmelswagen« sein, und als solcher war er gleichbedeutend mit anderen Sinnbildern.

Dieses Gefährt setzt einen Fortschritt der Technik voraus, die Erfindung des Wagens. Die geistige Bewegung verlieh auch der Weltordnung neue Ausdrucksformen. Es gab kein Zurück zu den undifferenzierten Anfängen, aus vielem Bekannten ist etwas Neues geworden. Wieder versuchte man, die Differenzierungen zu überwinden und dem Weltbild einheitliche Züge zu verleihen, und doch setzt das Neue die geistigen Leistungen aller vorhergehenden Generationen voraus. Mit diesem »Himmelswagen« deuten sich neue Denk- und Ausdrucksformen an. Es ist der Aufbruch in eine neue Zeit.

Bis jetzt wurde an einzelnen Beispielen das geistige Erbe verfolgt, das auf den Felsen von Valcamonica zum Ausdruck kam. Nun müssen wir nach den geistigen Fortschritten suchen, die sich hier abzeichnen.

2. Geistiger Zuwachs

Der Anfang der geistigen Entwicklung lag weit zurück, als der Kult in Valcamonica begann. Die Bevölkerung muß schon eine bestimmte Weltsicht mitgebracht haben, von der hier ausgegangen wurde. Ursprünglich sah man die Welt als Sphäroid. Seine Entwicklung lieferte den Plan zum Bau der Megalithkultstätten. Auf den Steinen der Megalithbauten in Morbihan, Bretagne, ist er graphisch festgehalten worden. Ein Beispiel liefert der Dolmen der L'Île Longue im Morbihan, wo der Plan in die Steinplatten gehauen wurde. Er besteht aus einem Viereck, über dessen Oberkante, doch deutlich davon abgesetzt, sich der Bogen wölbt. Er ist strahlenförmig von Linien umgeben (*Abb. 270*). Nach diesem Plan wurde gebaut. Ein Beispiel dafür ist auch der Megalithbau von Newgrange in Irland. Von außen, also objektiv gesehen, war es ein runder Berg, der, mit weißen Quarzplatten belegt, strahlend hell geleuchtet haben muß. Auf der Spitze stand wahrscheinlich ein Omphalosstandbild, das den Zenit bezeichnete. War man im Innern, so ergab sich die subjektive Sicht. Die viereckige Kammer ist geortet, und über ihr wölbt sich die Kuppel.

An die graphisch dargestellte Weltformel der Megalithzeit knüpfte man in Valcamonica an. Das Labyrinth auf dem Felsen von Naquane zeigte schon, wie bedeutungsvoll die Abseite der Welt, das Jenseits, war, das man immer mit der Existenzfrage verknüpfte. Es scheint, daß man sich in Valcamonica darum bemühte, die Aussage der graphischen Darstellung der Weltbilder entsprechend zu erweitern.

Abb. 270. Ideogramm aus dem Dolmen der L'Ile-Longue, Morbihan, Bretagne. Abguß aus dem Museum in Carnac, Bretagne.

Diese Aufgabe wurde in Angriff genommen. Es gab noch kein fertiges Schema, es mußte gefunden werden. Wie man mit dem Gedanken gerungen hat, zeigen die vielen Variationen, die auf dem Felsen Naquane zu finden sind. In ihnen zeigen sich die Spuren der geistigen Entwicklung. Drei Typen sind zu unterscheiden.

Der erste Typ lehnte sich noch an das angeführte Vorbild der Megalithzeit an. Der Bogen mit den Strahlen blieb erhalten, doch das Viereck wurde verändert. Man konnte es sich in vier Vierecke unterteilt denken, und es entstanden zwei obere und zwei untere Vierecke. Letztere wurden schmaler, dafür länger dargestellt. Im Gegensatz zur oberen Wölbung streckte sich die Figur sozusagen in die Tiefe *(Abb. 271)*. Neu hinzugetreten ist die Mittellinie, die den Zenit mit dem Nadir verbindet, also den höchsten und tiefsten Punkt des Ideogramms.

Abb. 271. Ideogramme auf Felsen von Naquane, Valcamonica.

Wie ein anderes Modell zeigt, straffte sich die Figur durch die bestimmende Mittellinie immer mehr *(Abb. 272)*. Auch in den unteren Vierecken stehen senkrechte Linien. Die Wölbung erhebt sich im Kulminationspunkt zur Spitze, die durch zwei Bogen wie durch Hörner gekrönt ist. Der Himmelsbogen besteht bei dieser Darstellung aus zwei Dreiecken. Der benutzte Fels trug schon ältere Tierbilder, die durch ihren Charakter als Ordnungssymbole durchaus in die Welt des Geistes gehören.

Die Idee der senkrechten Weltachse wurde im dritten Typ zur Weltsäule *(Abb. 273 a, b)*. Sie gründet in einem unteren Viereck, das durch feine, sorgfältige Punzung dunkel erscheint, und sie trägt ein helles Viereck, von dem nur der Umriß gegeben ist. Sie steht damit in der Mittelachse der Welt und zwischen der Polarität von Oberwelt und Unterwelt. Diese Mittelachse wurde in der nordischen Mythologie zur Weltesche Yggdrasill, dem Baum, der in der Mitte der Welt stand. Seine Wurzeln reichten in die Unterwelt und seine Zweige in den Himmel, und dort lebten die vier »Hirsche«, das Sternbild.

Abb. 272. Ideogramme in gestraffter und verlängerter Form von Felsen bei Naquane, Valcamonica. Höhe 45 cm.

Die Idee der Mittelachse der Welt als tragende Säule wurde in etruskischen Gräbern in Stein ausgeführt. In der Tomba della Pietrera bei Vetulonia steht im Zentrum der Grabkammer ein Steinpfeiler und trägt die Mittelplatte der Wölbung.

Die mittlere Weltachse wurde bei den Ideogrammen der Megalithzeit nicht angegeben; es ist ein Fortschritt, daß ihr in Valcamonica besonders Ausdruck verliehen und die Welt hier in ihren zwei polaren Teilen, der Ober- und Unterwelt, prägnanter dargestellt wurde.

Auch der von Strahlen umgebene obere Teil des megalithischen Ideogramms wurde allmählich verändert. Diese Umwandlung ist nur verständlich, wenn wir die Bedeutung des Bogens als Aufriß des Himmels annehmen. Der Himmel ruhte auf den vier Kardinalpunkten. Im Aufriß gesehen, können davon nur zwei in Erscheinung treten, so wie bei dem Ideogramm in Naquane nur zwei große Punkte am »Grunde« des Himmels zu erkennen

Abb. 273 a. Eine Schiffsdarstellung mit Halbmond am Vordersteven, vier Parallelen am Bug und den Spiralen. Es ergibt sich wohl die Aussage, daß hier das »Mondschiff« gemeint ist, dessen Lauf Weltordnung bedeutet und das durch die Spiralen als Auferstehungssymbol gekennzeichnet ist.
Felszeichnung aus Himmelstalund, Östergötland, Schweden.

sind *(Abb. 273 b)*. Von den Kardinalpunkten gehen die Weltachsen aus, die sich im Mittelpunkt kreuzen. Um diesen bedeutungsvollen Gedanken unverzerrt sichtbar zu machen, wurde hier die Sicht von oben verwendet, so daß der Mittelpunkt scheinbar zum Zenit aufrückt *(Abb. 273 a)*. Erhalten sind die Strahlen, aber die einst als Wölbung dargestellte Fläche ist dreieckig. Im Dreieck erscheint das Grundprinzip der Zeitordnung, die schon früh zur bunten Palette der Lunarsymbolik entwickelt worden war. Den Zusammenhang zwischen Raum- und Zeitordnung zeigten schon die Megalithbauten. Zum Ideogramm von Grund- und Aufriß der Welt traten dort Stierbilder, Beile, Hörner, auch Zahlenwerte. Hier in Naquane wurde die Zeitordnung in das Welt-

Abb. 273 b. Ideogramm mit säulenförmiger Basis, auf Felsen von Naquane.

bild eingegliedert, die Wölbung wird zum dreieckigen Giebel, ihn krönen die Hörner. So zeigen diese und ähnliche Weltmodelle in Valcamonica eine Mischung von Tradition und Fortschritt. Dabei entwickelten sich Formen, die äußerlich gesehen einem Giebelhaus gleichen. Die Idee der Welt wandelte sich zu einem auf Säulen ruhenden Welthaus.

Die geistige Welt hatte schon der Jungpaläolithiker durch symbolische Tierbilder belebt; er begann auch damit, anthropomorphe Gestalten zu entwerfen. Diese Tradition wurde in Valcamonica aufgegriffen und fortgesetzt.

Abb. 274. Anthropomorphe Figur, der Leib ist ein Viereck mit drei Achsen, vom Felsen Nr. 50 in Naquane.

Die Felsbilder zeigen, daß man von den alten Ideogrammen ausging. Der Leib ist meist viereckig, es gibt auch Gestalten, bei denen das Viereck wie in den Kulthöhlen der Île-de-France durch drei Weltachsen geteilt ist *(Abb. 274)*. Der Kopf ist rund und trägt keine Gesichtszüge. Die Oberschenkel sind dreieckig, sie werden von kräftigen Unterschenkeln getragen, und Füße deuten das Schreiten an. Obwohl Ähnlichkeiten mit Menschen vorhanden sind, wurden keine natürlichen Lebewesen dargestellt. Die Figuren verkörperten

Abb. 275. Anthropomorphe Figuren mit rechtwinklig gebogenen Armen und Füßen. Felsen Nr. 50 in Naquane.

die Weltordnung, sie entliehen Teile der menschlichen Figur, um handelnd, wirkend auftreten zu können.

Das Viereck, das zum Körper der anthropomorphen Figur wurde, konnte, wie viele Ideogramme in den Kulthöhlen der Île-de-France zeigen, von netzförmig sich kreuzenden Linien überzogen sein.

Bedeutsam war vor allem der rechte Winkel, der im Viereck, aber auch beim Ansatz der Arme und der Beine und durch die Beugung der Unterarme vielfach zum Ausdruck kam. Der rechte Winkel war ältestes Kulturerbe, ihn hatte der Mensch gefunden, der das erste Linienkreuz zog. Aus der Steigerung dieses Ordnungsprinzips entstanden Figuren, deren ganzer Körper nur noch aus rechten Winkeln bestand *(Abb. 275)*. In diesem Sinne ist die Weiterentwicklung zum sogenannten »Knieläufer« zu verstehen, der in Naquane auf dem gleichen Felsen eingepickelt wurde *(Abb. 276)*.

Das Viereck des Leibes konnte bei anderen Figuren auch dadurch hervorgehoben werden, daß es unbearbeitet, also hell gelassen wurde. Die Figur auf der Felsplatte Nr. 50 in Naquane hat vom »Knieläufer« noch die bewegten Beine übernommen *(Abb. 277)*. Sie läuft über dem Bild eines Pferdes. Diese Darstellung hat große Verehrung genossen, zahlreiche Spuren von Kultschlägen umziehen den Umriß und stehen im Viereck. Dabei zeichnen sie die dreifache Wiederholung auf die helle Fläche.

Die meisten Figuren in Naquane personifizieren nicht nur die Raumordnung, sie geben auch die Macht über das Zeitliche durch Attribute kund. Die

Abb. 276. Anthropomorphe Figur mit rechtwinklig gebogenen Gelenken und dreiteilige Fußsohle. Felsen Nr. 50 in Naquane.

Abb. 277. Anthropomorphe Figur, auf einem Pferde stehend. Der Leib ist als helles Viereck wiedergegeben. Zahlreiche Kultschläge. Felsen Nr. 50 in Naquane.

Lunarsymbolik hatte als Lanze, als Dolch oder Beil Ausdruck gefunden. Diese Symbole wurden wie Waffen in der Hand getragen, und die Form des Schildes konnte den Ausdruck ergänzen. Auf dem großen Felsen von Naquane steht solch eine Gestalt mit viereckigem Leib, sie trägt die Lanze mit ovaler Spitze in der einen Hand und schwingt mit der anderen den zum Halbmond gebogenen Schild *(Abb. 278).*

Mit der Lunarsymbolik war immer der Glaube an die Kraft zur Regeneration verbunden. Wie auf dem Kultfelsen in Schweden, so wurde auch hier diese Potenz durch das Zeugungsorgan wiedergegeben.

Die häufige Übereinstimmung der schwedischen Felsbilder mit denen in Valcamonica muß nicht bedeuten, daß der Norden unmittelbaren Kontakt

Abb. 278. Menschliche Figur mit viereckigem Körper, sie hält übergroße Lanze und einen Mondbogen. Felsen Nr. 50 in Naquane.

mit dem Süden hatte, noch müssen sie zur gleichen Zeit angefertigt worden sein. Die Anfänge der Kultur liegen weit zurück, wir verdanken sie dem Menschen des Altpaläolithikums. Die Differenzierung in verschiedene Kulturprovinzen erfolgte gegen Ende des Jungpaläolithikums und im Mesolithikum. Zur Zeit der Spaltung waren aber die Grundprinzipien der Kultur schon festgelegt. Als in verschiedenen Teilen der Welt besondere Kulturprovinzen entstanden, nahmen diese, die aus einer gemeinsamen Wurzel stammten, oft das ererbte Geistesgut in der alten Ausdrucksweise wieder auf.

Abb. 279. Zwei antithetische Steinböcke vom Felsen Himmelstalund bei Norrköping in Schweden.

Abb. 280. Fußsohlen und andere Ideogramme auf der Felsplatte von Hemsta, Boglösa socken, Schweden.

Wie von einem unterirdischen Fluß gespeist, gab es in verschiedenen Teilen der Welt analoge Bilder. Ein Beispiel dafür bietet das Bild der beiden einander gegenüberstehenden Steinböcke. Es ist schon im Jungpaläolithikum zu finden im Quergang der Kulthöhle Lascaux, auf dem Reliefblock in Le Roc, Dép. Charente. Die gleiche Anordnung ist ein altmesopotamisches Motiv, das sehr häufig anzutreffen ist und seine glänzendste Ausformung in den beiden antithetisch angeordneten Widderfiguren fand, die aus dem Königsgrab von Ur stammen und in der ersten Hälfte des 3. Jahrtausends v. Chr. angefertigt wurden. Das gleiche Bild der einander gegenüberstehenden Steinböcke trägt aber auch der Felsen von Himmelstalund bei Norrköping in Schweden, wo es vielleicht zur Wikingerzeit eingehauen wurde *(Abb. 279).*

Abb. 281. Fußsohle, doppelte Fußsohle und Ringkreuze in Hemsta, Boglösa socken, Schweden.

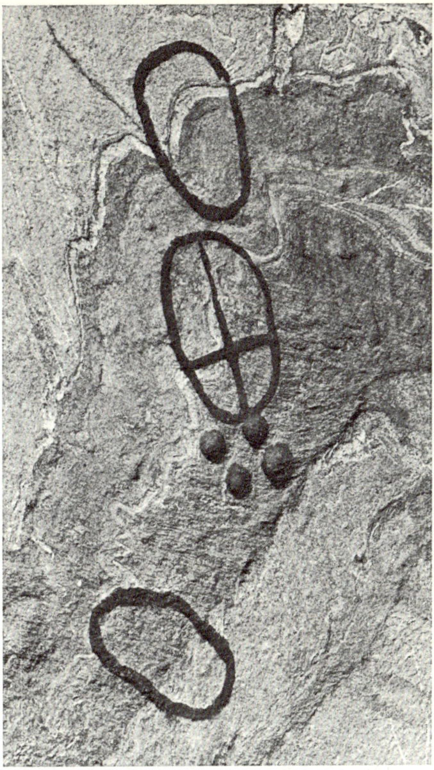

Abb. 282. Ringe, Ringkreuz und Schälchen zu viert
in Hemsta, Boglösa socken, Schweden.

Auch spätere Zeugnisse können manchmal das Verständnis schon früher bekannter Zeichen erleichtern. Das bezeugten bereits die Münzbilder der Kelten. In diesem Sinne helfen auch schwedische Darstellungen zur Interpretation der so oft abgebildeten Fußsohlen weiter. Auf dem Felsen von Hemsta, Boglösa socken, sind einzelne und paarweise stehende Fußsohlen wiedergegeben *(Abb. 280)*. Zwei Sohlen nebeneinandergestellt verbinden sich dort

Abb. 283. Fußsohle mit Diagonalkreuz neben Reiter mit Lanze. Felsen Nr. 50 in Naquane, Valcamonica.

zum bekannten Symbol des Ringkreuzes *(Abb. 281)*. Dieses Zeichen bezieht sich auf die Weltordnung und ist zusammengesetzt aus dem Ring und dem Kreuz. Beide Teile wurden auch getrennt angebracht. Ein Ausschnitt aus der großen Platte bringt das Ringkreuz und außerdem zwei Ringe und – den vier Himmelsrichtungen, die das Kreuz angibt, entsprechend – die vier Kardinalpunkte im Geviert der Schälchen *(Abb. 282)*.

Die Fußsohlensymbolik war auch in Morbihan, Bretagne, bekannt, als dort die Großsteingräber errichtet wurden. Eine Steinplatte im Dolmen du Petit Mont trägt das Bild von zwei Fußsohlen, die hier, dem viereckigen Weltbild entsprechend, zusammen in einem Viereck stehen.

Wenn wir erkennen, daß auch die Fußsohlen die Weltordnung symbolisieren, gewinnen wir Verständnis für die gleichen Bilder in Valcamonica, die dort mit genaueren Angaben versehen sind. Manche von ihnen sind in Quadratfelder unterteilt. Über andere ziehen sich Strichgruppen und das Linien-

Abb. 284. Größte anthropomorphe Figur mit viereckigem Leib, 0,98 m groß. Felsen Nr. 50 in Naquane, Valcamonica (Anati, Fig. 10).

kreuz *(Abb. 283).* Als Zeichen der Weltordnung können solche Fußbilder neben dem Reiter stehen, dem mit den Attributen ausgestatteten Weltordner. Das Bild des Reiters ist durch zahlreiche Kultschläge beschädigt, aber ihre große Zahl läßt erkennen, daß sich der Mensch dieser Zeit mit seinen Bitten dem ansprechbaren Bild zuwendete. Mit der Vermenschlichung der bis dahin unsichtbaren Macht tritt diese in den Mittelpunkt des Kultes. Die dominie-

Abb. 285. Oberkörper der großen anthropomorphen Gestalt, rechtwinklige Beugung der Arme (Anati, Fig. 10).

rende Bedeutung zeigt sich in den zunehmenden Dimensionen der Darstellungen. Sie treten damit auch visuell hervor.

Die größte anthropomorphe Gestalt in Naquane befindet sich auf dem Felsen Nr. 50. Sie mißt 0,98 m. Die Felsplatte fällt steil ab, die Person scheint fast darauf zu stehen *(Abb. 284)*. Der Leib der Figur ist rechteckig, seitlich zeichnet sich der Penis ab. Der Kopf ist rund und trägt keine Gesichtszüge *(Abb. 285)*. Durch den starken, dreieckigen Hals ist er vom Körper abgesetzt. Die vier Gliedmaßen gehen von den vier Ecken des Vierecks aus. Die Arme strecken sich waagerecht vom Körper ab, die Unterarme beugen sich senkrecht nach oben. Die rechte Hand hält ein ovales Kurzschwert, die Linke den gebogenen Schild. Alle Einzelheiten der Darstellung sind symbolträchtig.

Seit der Megalithzeit stand über dem viereckigen Grundriß der Welt der Aufriß des Himmels als Bogen. Dieses Abbild der Welt blieb erhalten, doch wandelte sich in Naquane das Viereck zum Leib einer Figur, und der Bogen stand dann sozusagen auf den Achseln. Das zeigt das Bild eines Reiters auf der großen Felsplatte von Naquane *(Abb. 286)*. Der Bogen wölbt sich über den Kopf, von ihm gehen strahlenförmig angeordnete Linien aus, innen ist er getüpfelt, und mit einiger Phantasie ließe sich ein von Helligkeit getränkter Raum ablesen, der Himmel. Die Figur des Reiters umgibt nicht die Erde, sie steht im Himmel. Diese Symbolik lebte im Strahlenschein weiter, der einzelne Figuren krönt; durch diese Aureole sind sie als die Himmlischen gekennzeichnet. Solche Figuren trägt die Felsplatte Nr. 50 *(Abb. 284)*.

Auch über dem Kopf der großen Gestalt wölbt sich ein Bogen. Er ist in Vierecke gegliedert. Diese Quadratfelderordnung ist in einem Ideogramm besonders hervorgehoben, das über dem Kopf der großen Figur steht. Es erteilt ihr das Signum des Gesetzgebers *(Abb. 284)*.

Die anthropomorphe Figur in Naquane hebt sich durch das, was sie vom naturalistisch dargestellten Menschen unterscheidet, über den Rang irdischer Vergänglichkeit hinaus. Sie ist Ordner und Ordnung zugleich, Gesetzgeber und Gesetz, sie war das Maß aller Dinge.

Abb. 286. Reiter mit strahlendem Bogen um den Kopf, rechtwinklige Beugung der Arme und Lanze mit dreieckiger Spitze. (Anati, Fig. 74) auf der Zone Nr. 1 auf der »Großen Felsplatte« von Naquane, Valcamonica.

Die im Paläolithikum entwickelten Ordnungsprinzipien ließen ihre Spuren in allen Kulturen zurück, sie prägten auch das Bild der späteren Götter. Ein Beispiel dafür ist das große Gottesbild aus Tell Halaf aus dem 10. Jahrhundert v. Chr. Die Gestalt ist vom Würfel bestimmt, nur der Oberkörper hebt sich als menschliche Form aus dem Kubus hervor.

In der Natur gibt es fast nie Rechtecke, Würfel oder rechte Winkel, sie sind eine Kulturschöpfung. Wenn wir von Naquane aus den Blick über das Tal schweifen lassen, so sehen wir noch heute in der Anlage der Felder, der Gebäude die Quadratordnung durchschimmern, die der »Himmlische« einst auf der Höhe des Berges vorschrieb.

Neben der großen anthropomorphen Gestalt lief früher eine Quelle die Felsplatte hinab. Der Lauf des Wassers läßt sich verfolgen, er zieht wie ein helles Band über den Stein *(Abb. 288)*. Andere Figuren standen im Wasser, das sie im Laufe der Zeit abgeschliffen hat. Im Rinnsal stand auch die große Figur auf dem schwedischen Felsen von Backa *(Abb. 198)*. Damit wurde ihr chthonischer Charakter angegeben. Sie beherrschte die Unterwelt und das Reich der Toten. Wahrscheinlich wurde die gleiche Macht der Gestalt in Naquane zugeschrieben, die im oder am Wasser stand. Durch das große Zeugungsorgan versprach auch die Allmacht in Naquane die Lebenserneuerung.

Wenn hier der Herrscher über Tod und Leben dargestellt wurde, dürfen wir dann von einem Gottesbegriff sprechen? Oder ist er nur dann ein Gott, wenn das Ebenbild des Menschen wiedergegeben ist? Sind wir nicht auf dem Wege, diese aus der Antike abgeleitete Vorstellung zu korrigieren?

Auf dem obersten Abschnitt der mehrfach gespaltenen Felsplatte Nr. 50 in Naquane wurde das sogenannte »Mühlebrett« in den Felsen geschlagen *(Abb. 238)*. Wir erkannten seine Bedeutung als Weltbild. Mit diesem Zeichen erhielt der Fels mit allen Bildern den Stempel der geistigen Existenz, den Charakter der Kulturwelt. Dieser Berg war damit keine gewöhnliche Naturerscheinung mehr, er war der »Weltberg«, der Sitz des Regenten.

Damit waren die Fäden gesponnen, die es ermöglichten, daß später die »Götter« die Berge bestiegen und von diesen »Thronen« aus die Welt regierten. Besonders hohe Berge wurden bevorzugt, und im weißen Mantel der Schneefelder konnte sich dann das Licht spiegeln, wie in den weißen Quarzplatten auf dem Tumulus von Newgrange in Irland.

Mit der Entwicklung der Gottesbegriffe wurde der »Weltberg« zum

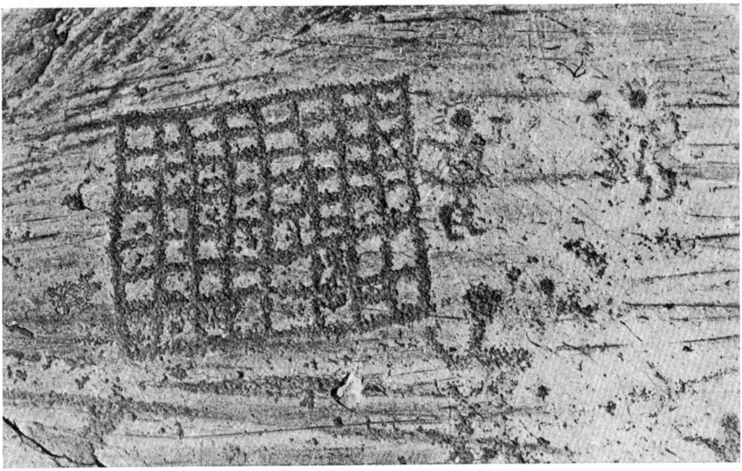

Abb. 287. Netzförmiges Ideogramm über der großen anthropomorphen Gestalt (Anati, Fig. 10) auf dem Felsen Nr. 50 in Naquane, Valcamonica. 7 × 8 cm.

Abb. 288. Alter Wasserlauf über den Felsen Nr. 50 in Naquane, Valcamonica.

Abb. 289. Blick über die »Große Felsplatte« von Naquane auf die Bergspitze Pizzo Badile Camuno, Valcamonica.

»Götterberg«. Es gibt zahlreiche alte Götterberge, vielleicht hatte jede Landschaft ihren eigenen. Wo keine entsprechenden Erhebungen zu finden waren, wurden sie gebaut, wie z. B. die Tempelberge, auch Zikkurat genannt, im alten Mesopotamien. Die Götter, so glaubte man, betraten vom Zenit, also von der Spitze des Berges aus, die Welt. In der nachaltbabylonischen Dichtung »Beschwörung bei Utu« heißt es: »Utu, wenn Du aus der Mitte des heiligen Himmels kommst.« Wie in Delphi fand der Kult auf der Flanke des Berges statt, dort wurde der Ewige im irdischen Bild verehrt.

Auch die Kultstätten von Naquane *(Abb. 289)* und Bedolina liegen am Abhang hoher Berge. Viele Gläubige sind in die Höhen gestiegen, um dort, bei den Bildern, um die Erfüllung ihrer Hoffnungen und Wünsche zu flehen. Viele Generationen haben diesen Weg genommen, zahllose Kultschläge auf den Felsen legen dafür Zeugnis ab.

3. Die Anordnung der Weltordnung zum mythischen Bericht

Wie wir sahen, hatte die Menschheit aus der Beobachtung die Weltordnung gewonnen und die dabei erworbene Kenntnis in Ideogrammen und Ikonogrammen festgehalten. Als Spezialisierungen des ursprünglich einheitlichen Begriffs war ihr Ausdruck verschieden, aber im Charakter entsprachen sie dem Grundbegriff. Diese äußerlich so verschiedenartigen Gestalten konnten, da ihr Nenner, das Weltbild, gleich war, wieder vereint werden. Diese Verbindung begann sehr früh. Wie schon oben ausgeführt, kannte der Jungpaläolithiker die Grundprinzipien der Drei und der Vier und schuf daraus die Sieben. Er baute auch neue symbolische Bilder aus sinntragenden Teilen zusammen, z. B. zeichnete er in der Höhle »Les trois Frères« bei Montesquieu-Avantès, Dép. Ariège, eine Figur, die menschliche Füße und Gesichtszüge besitzt, aber einen Tierkörper hat und ein Hirschgeweih trägt, dazu die betonte Zeugungskraft. Mischwesen gibt es in allen Kulturen, meist spielt wie bei den erwähnten anthropomorphen Gestalten das Viereck oder das Netz eine Rolle. O. Blasi entdeckte neolithische Hirschbilder in Brasilien, deren Körper viereckig oder netzförmig unterteilt ist (88), K. Kromer sicherte bei Sayala in Nubien Stierbilder, deren Innenzeichnung aus Vierecken besteht (89). Aber auch daraus spricht eine sehr alte Tradition, denn schon in der jungpaläolithischen Kulthöhle La Clotilde bei Santander in Spanien ist ein Stierbild in den Lehm der Höhlenwand geritzt, dessen Hörner von vorn gezeigt sind, während der Körper durch senkrechte und waagerechte Linien netzförmig aufgeteilt ist. Jeder Teil der zusammengesetzten Figur hatte besondere Bedeutung; so sagen die Flügel aus, daß diesem Wesen die Fähigkeit zu fliegen innewohnt, daß es dem Himmel angehört. In der Frühzeit stellte man in Mesopotamien Stiere geflügelt dar, die Etrusker und die Kelten gaben den

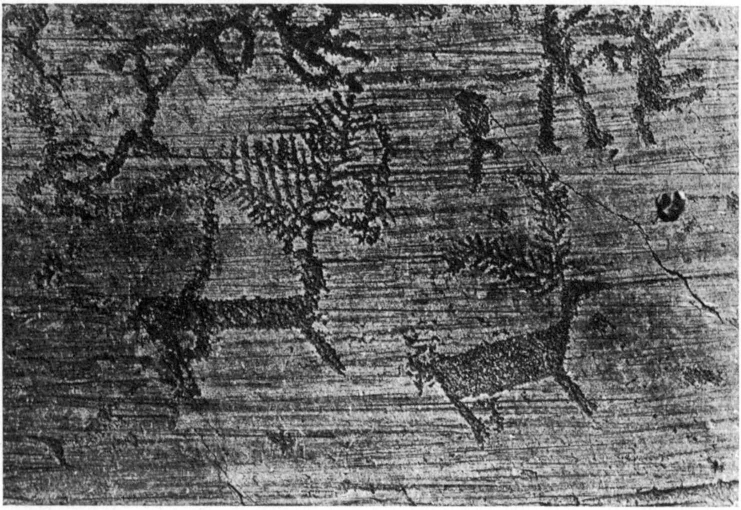

Abb. 290. Hirsche mit stilisierten Hörnern und vielen Kultschlägen. Fels Nr. 50 in Naquane, Valcamonica.

Pferden Flügel. Es waren damit keine gewöhnlichen Tiere gemeint, sondern der Himmelsstier, der Mond, und das Sonnenpferd.

Die Zusammensetzung des Mischwesens in der Kulthöhle »Les trois Frères« deutet auf seine Natur. Es vereint in sich die Macht des Hirsches und des Stieres, die Fähigkeit der Lebenserneuerung und die Handlungsfreiheit des Menschen. Es kann aber nur im Rahmen des Kultes verstanden werden und stellt einen weiten Begriff dar, wie er dem paläolithischen Denken entsprach. Wurde diese Figur in einen mythischen Bericht eingeflochten? Es ist heute nicht mehr festzustellen, wie weit die Wurzel des Mythos zurückreicht. Vielleicht setzt jedes paläolithische Bild und auch die Anlage der Kulthöhlen einen solchen voraus. Sind die Sinnzeichen in ihrem graphischen Ausdruck jedesmal ein verfestigter Mythos?

Erst als die menschliche Figur gezeichnet wurde, konnte eine Handlung dargestellt werden, die einen mythischen Bericht festhielt. Ein Beispiel dafür liefert die Geschichte des Hirschbildes.

Abb. 291. Hirsch, der von der Lanze getroffen wird, dahinter ein Hund. Auf der »Großen Felsplatte« in Naquane (Anati, Fig. 216, 217).

Es hatte schon im Jungpaläolithikum kultische Bedeutung, das beweisen die Bilder in den Höhlen, doch läßt bereits eine altpaläolithische Stapelung und Behandlung von Hirschschädeln in Achenheim im Elsaß auf religiöse Hintergründe schließen.

In Valcamonica wurden die dargestellten Hirschgeweihe verändert, das Abbild gleicht nicht mehr dem Vorbild und verrät dadurch besondere Gedanken. Manchmal sind die Geweihenden so regelmäßig angeordnet, daß die Vermutung naheliegt, daß damit die alles durchdringenden Zahlenwerte angegeben wurden. Bei anderen Bildern sind aus den Geweihen die oben besprochenen »Fischgrätenmuster« geworden *(Abb. 290)*. Die schräggestellten Enden berühren von beiden Seiten her die Stangen und bilden jeweils die nach unten weisenden Winkel. Es ist der Gedanke des Sterbens dargestellt, dem oft das große Zeugungsorgan als Zeichen der Erneuerung gegenübersteht. Dadurch konnte im schlichten Bild das Kommen und Gehen, der ganze Zyklus der Bewegung des Sternhimmels angegeben sein. Wie bei den paläolithischen Bildern, so steht auch auf dem großen Felsen von Naquane die Lanze mit dreieckiger Spitze wie ein unabwendbares Schicksal über dem Hirsch *(Abb. 291).*

Mit dem Auftreten des Menschenbildes trat die bis dahin unsichtbare Macht in Erscheinung, die das Schicksal bestimmte. Sie ist es, die jetzt die Lanze führt *(Abb. 292).* Doch damit gleicht das Bild einer Szene, scheint das Abbild einer auf die irdische Ebene verlegten Handlung zu sein. Es ist ein Hund gezeigt, der den sterbenden Hirsch treibt, und man könnte an eine Jagdszene denken. Dazu würde indessen die Figur des Jägers nicht passen. Sein rechteckiger Körper, die betont rechtwinklig gehaltenen Arme, das alles offenbart seine Natur als Gesetzgeber. Als Abbild der kosmischen Ordnung müssen deshalb auch der Hirsch und die Handlung verstanden werden. Der Eingeweihte kannte und tradierte ihre Bedeutung. Er wußte, daß der Sternhimmel des Sommers zur Zeit der Äquinoktialstürme versinkt und deutete das Brausen der Winde als die »wilde Jagd«. Diesen Mythos kennen wir noch aus der Überlieferung.

Der »wilde Jäger« hat auf einem anderen Bild eine Lanze mit doppelter Spitze in der Hand. Sie zielt auf den Mond und auf die Hirsche, beide müssen »sterben« *(Abb. 293).* Die Gestalt des Jägers ist nach dem überlieferten Schema dargestellt, er ist also kein gewöhnlicher Sterblicher. Es ist die Ordnungsmacht wiedergegeben, die den Zyklus des Mondes und der Gestirne bestimmte. Es ist eine Allmacht gemeint, die Tod und Regeneration schickte.

Diese anthropomorphe Gestalt steht oft im Zusammenhang mit einem Pferd. Auch dieses muß als Symbol verstanden werden. Wahrscheinlich sah schon der Jungpaläolithiker in der flatternden Mähne des Tieres die Strahlen der Sonne. In Naquane ist der Machthaber oft stehend auf dem Rücken des Tieres dargestellt, denn auch das Tagesgestirn unterstand den kosmischen Gesetzen. Er ist in Vordersicht wiedergegeben, weil die Bedeutung der einzelnen Teile seiner Gestalt gezeigt werden sollten, während das Tier in Seitenansicht dargestellt ist.

Der überirdische Machthaber und das Pferd konnten zu einer Figur verschmelzen, zum »Reiter«. Es ist ein Schritt zur Naturnähe, die einen Verlust an Symbolwert bringt. Wer allerdings die Darstellung in Naquane genauer betrachtet, erkennt, daß die Gestalt auf dem Pferd viereckig ist *(Abb. 294).*

Die ostkeltischen Münzbilder gingen vom antiken Vorbild aus, das einen Epheben zu Pferde zeigt. Da die Kelten den griechischen Mythos nicht kann-

Abb. 292. Stilisierte menschliche Figur mit viereckigem Körper und rechteckig gewinkelten Armen, die mit der Lanze einen Hirsch berührt, dahinter ein Hund (Anati, Fig. 55, 56, 57). Auf dem Mittelteil der »Großen Felsplatte« in Naquane.

ten, sahen sie darin nur eine alltägliche Szene. Sie wollten aber kosmische Wahrheiten darstellen und veränderten auf ihrer Eigenprägung entsprechend das Vorbild. Den Raum des keltischen Münzbildes füllt dann das Sonnenpferd *(Abb. 295)*. Als Kennzeichen steht an seinem Kopf wie ein Auge ein Ring mit Mittelpunkt. Dieses Zeichen ist aus vielen Kulturkreisen bekannt. Es gehört zu den Elementen, aus denen sich die Bilderschrift entwickelte und ist ein Bestandteil der großen Schriftsysteme sowohl im alt-ägyptischen als auch im hethitischen und alt-chinesischen Kulturkreis, es bedeutete »Sonne« (87). Zum keltischen Sonnenpferd treten als genauere Angaben das Ringkreuz, das Dreieck und der hier nur noch schwach erkennbare viereckige Körper des »Reiters«.

Im Paläolithikum hatte das Rätsel des Todes das Denken beherrscht. Es war im Stierbild verdichtet worden. Das Pferd wurde meist in kleinerem Maßstab wiedergegeben. Spätere Generationen orientierten sich im Zeitablauf nach der Sonne und fanden das Sonnenjahr. Nun herrscht die lebens-

Abb. 293. Stilisierte menschliche Figur mit viereckigem Körper, rechteckig gewinkelten Armen, Zeugungsorgan und mondförmigem Schild, der mit der einen Spitze seiner Lanze auf den Mond zielt, mit der anderen Spitze die Hirsche verfolgt (Anati, Fig. 43). Auf dem Mittelteil der »Großen Felsplatte« in Naquane.

bejahende Sonne vor und ihr Symbol, das Pferd. Der lunarsymbolische Stierwagen wurde durch den solarsymbolischen Pferdewagen ergänzt.

Solche von Pferden gezogenen Himmelswagen wurden in Naquane dargestellt. Ein Beispiel zeigt, daß der Wagen selbst wenig verändert ist. Er besteht noch immer aus dem viereckigen Wagenkasten mit der dreieckigen Deichselführung und den abgewinkelten Rädern. Sie stehen an den vier Ecken und bringen durch die Rundung den Umlaufgedanken ins Bild. Die Zahl der Quadratfelder im Wageninnern ist erhöht, und auch dort treten Dreiecke in Erscheinung. Im Gegensatz zu dem aus Ideogrammen zusammengesetzten Wagen sind die Pferde natürlich wiedergegeben. Sie stehen mit den Füßen auf der Erde, aber ein Tier befindet sich weiter vom Betrachter entfernt hinter dem anderen, es ist perspektivisch verkleinert und von der Deichsel halb verdeckt. Es besteht eine Diskrepanz zwischen der Darstellung der Tiere und der des Wagens. Aber dieser mußte den Bezug auf den Kosmos bringen, der den naturalistischen Bildern versagt war *(Abb. 296)*.

Abb. 294. Stilisierter Reiter auf dem Pferd. Körper des Reiters ist viereckig, Arm rechtwinklig gebeugt, Schild rund. Auf der Felsplatte Nr. 50 in Naquane.

Abb. 295. Ostkeltischer Silberstater, Pink (95) Nr. 80/81.

Die Gläubigen von Valcamonica sahen im Geist zwei Wagen über den Himmel ziehen. Aus der Schlucht bei Cemmo stieg der mit Stieren bespannte Mondwagen auf und begegnete auf der Höhe dem mit Pferden bespannten Sonnenwagen. Wohl hatten diese Wagen noch keine Lenker, aber sie ließen sich gut in einen Mythos eingliedern. Als Apollon in Griechenland als Sonnengott verstanden wurde, leitete er den Wagen mit den feurigen Rossen über das Firmament. Davon gibt es zahlreiche Bilder. Da aber der Umlauf der Gestirne immer mit dem Gedanken an das Tod-Lebenproblem verbunden wurde, finden wir das Bild der beiden Wagen auch auf römischen Sarkophagen und auf Mithrasaltären wieder.

Um Tod und Leben kreisten auch die Gedanken der Christen, und sie konnten ihnen durch die alten Symbole Ausdruck verleihen. Ein Beispiel dafür befindet sich über dem Südportal der Taufkapelle in Parma *(Abb. 297)*. Im Tympanon dieser Tür steht ein Relief von B. Antelami aus dem 12. Jahrhundert. Es stellt das alte Motiv der Wagenfahrt dar, bringt aber genaue Einzelheiten der Symbolik, die damit verbunden wurde.

In der Mitte des Bogenfeldes des Tympanon ragt der Weltbaum. Seine Wurzeln reichen in die Unterwelt, die hier durch eine Wellenlinie als im Wasser liegend dargestellt ist. Der Mensch sitzt noch im Diesseits, im Geäst des Baumes. Aber an den Wurzeln nagen Mäuse und ein Drache – ist es der aus dem nordischen Mythos bekannte Nidhögg oder der Höllenschlund der christlichen Mythologie? Der Drache hat den feurigen Rachen schon aufgerissen, um den Menschen, dessen Stunden gezählt sind, zu verschlingen. Der Sterbende wird ins Wasser stürzen, ins Reich der Toten nach altem Glauben. Diese Abseite ergänzt den sichtbaren Halbkreis zum Weltbild der Kugel.

Im Bogenfeld über dem Wasser tut sich der Himmel auf. Zwei Gefährte beginnen die kosmische Fahrt. Jedes von ihnen ist in einen Ring gestellt. Das zeigt an, daß mit dem Bild nicht nur die augenblickliche Situation gemeint ist, sondern der Umlauf der Himmelswagen. Auf der linken Seite taucht das Gefährt der Sonne aus dem Wasser. Der Sonnengott im Strahlenkranz lenkt die Pferde. Das Rad seines Wagens ist besonders groß dargestellt. Es ragt über den Kreis hinaus, der die Figuren umschließt. Es mag dabei auf seine symbolische Bedeutung hingewiesen worden sein, doch es füllt zugleich die sonst leere Ecke. Durch diese Hervorhebung ist es mehr als nur ein Wagenteil, der eigene Aussagewert ist betont. Darüber steht in einem zweiten Kreis der gleiche Gott mit der Strahlenkrone und neben ihm sein altes Symbol, der

Abb. 296. Stilisierter Wagen mit zwei Pferden bespannt. Auf der Felsplatte Nr. 23 in Naquane, Valcamonica.

Pferdekopf. Er hält die Zügel des Tieres. Die Sonne verspricht das Licht des Tages, das Diesseits, das Leben. Aber wo findet der Bedrängte Hilfe in der Todesnacht, die ihm gewiß ist?

Den Trost im Sterben findet er auf der anderen Seite des Tympanon. Hier erscheint ein Wagen, der mit Stieren bespannt ist. Die Mondgöttin mit der Mondsichel im Haar treibt sie an. Auch diese Darstellung bewegt sich im Ring und bezeugt damit die Endlosigkeit des Umlaufs. Der Mondzyklus wird immer von der Dunkelzeit unterbrochen, der Zeit des »Mondtodes«. Diese Periode ist hier nicht mehr durch den todbringenden Pfeil oder die Lanze angegeben, sondern, der antiken Tradition gemäß, durch die gesenkte Fackel, das Symbol erlöschenden Lichtes. Zwei kleine menschliche Figuren, die auf beiden Seiten unter dem Ring stehen, halten die Fackeln zum Boden gerichtet. Wie über dem Sonnenwagen steht auch über dem Mondwagen ein zweiter Kreis. In ihm ist die Mondgöttin erschienen, begleitet von dem lunarsymbolischen Stierkopf mit den Hörnern. Die Göttin hebt die Fackel in die Höhe und verkündet durch diese Geste das neue Licht, die Wiedergeburt. Zwei kleine, nackte menschliche Gestalten (die eine davon ist beschädigt) blasen die Posaunen und verkünden damit, gemäß der christlichen Symbolik, die Auferstehung.

Zweifellos ist im Relief ein Weltbild dargestellt, aber wir sehen schon den Gegensatz zwischen Oberwelt und Unterwelt. Wann mag dieser Gedanke zuerst aufgetaucht sein? Senkrecht im Raum steht der Baum, das Geäst reicht bis zum höchsten Punkt, dem Zenit, seine Wurzeln suchen wahrscheinlich den tiefsten, den Nadir. Gewiß kannte schon Homer diese beiden Kardinalpunkte, aber woher stammte das Wissen? Dann tauchen die Gestirne auf in den symbolischen Bildern von Stier und Pferd. Wessen schöpferische Phantasie hatte ihnen diese Gestalt verliehen? Wer schuf den Glauben an den Tod des Mondes, der immer mit der Erneuerung verbunden war? Wer bettete zuerst die Toten nach dem Lauf der Gestirne in ost-westlicher Richtung? Wer fand den graphischen Ausdruck für die Orientierung im Raum und in der Zeit und verband ihn mit der Idee des Rundlaufs? Wer schuf das Ringkreuz, aus dem das Rad, der Wagen werden konnten? Welche geistigen Etappen mußten bewältigt werden, ehe dieses Relief in Parma möglich war? Gewiß ließen sich noch viele Fragen aufwerfen, und die Anfänge werden im Dunkeln bleiben. Es scheint aber, daß nicht im Orient, sondern schon viel früher im Abendland die geistigen Voraussetzungen geschaffen wurden für das, was wir, auch ohne schriftliche Erklärung, der Bildersprache des Reliefs entnehmen können.

Diese Szenen stehen nicht zufällig über dem Eingang zum Baptisterium. Man sah im Eintauchen den Tod des alten Adam und im Auftauchen das Erwachen zum neuen Leben als Christ, dem das ewige Leben sicher war. Dieser Gedanke wurde hier durch eine Symbolik ausgedrückt, die sich bis in die Altsteinzeit zurückverfolgen läßt. Es ist erstaunlich, wie reibungslos sich älteste Sinnbilder mit antikem und christlichem Glauben verschmelzen ließen. Wie schon C. Arambourg ausführte, haben die gleichen Daseinsfragen die Menschen zu allen Zeiten beschäftigt, vor allem hat das Sterben geschreckt, und man klammerte sich an die Verheißung der Auferstehung und konnte diesem Gedanken immer durch das Symbol des wechselnden Mondes Ausdruck geben, das der Himmel allen vor Augen stellte.

Der gleiche Gedanke konnte auf verschiedene Art dargestellt werden; auf dem Relief von Parma herrscht die antike Tradition, es sind Menschen und

Tiere abgebildet, denen wir auf der Erde begegnen könnten. Nur die Embleme und die Anordnung im Bogenfeld erheben die Darstellung in die himmlische Sphäre. Dagegen gibt es Wagen, wie sie in Valcamonica dargestellt sind, in Wirklichkeit nicht. Allerdings beginnt bei dem Pferdewagen von Naquane sich ein Umbruch abzuzeichnen. Während der »Wagen« dort nur

Abb. 297. Lunette des Lebens über dem Südportal der Taufkapelle in Parma, Italien. Relief von B. Antelami, 12. Jh.

Gedanken wiedergibt und keine irdischen Funktionen ausüben könnte, verraten die Pferde schon irdische Maßstäbe und eine perspektivische Anordnung. Sie stehen fest auf dem Boden der Wirklichkeit *(Abb. 296)*.

Der Jungpaläolithiker war von der Naturbeobachtung ausgegangen, kennzeichnete die symbolische Bedeutung der Tierbilder durch Drehung der Hörner, der Hufe, durch beigefügte Ideogramme und füllte die Wölbungen der Kulthöhlen mit deren Darstellungen. Diese Tendenz wurde im Prinzip beibehalten, auch als die Welthöhle gebaut und der Weltberg zum Kultplatz wurde. Doch die Pferde in Naquane, die den Himmelswagen ziehen, sind mit anderen Augen gesehen worden. Sie sind so dargestellt, wie ein einzelner sie von einem irdischen Punkt aus sichtet. Das kosmische Symbol wurde ins Diesseits herabgeholt, die Kulturwelt als Naturwelt wiedergegeben. Dadurch zeichnete sich eine neue Bewußtseinsstufe ab, die neue Denkformen erforderte.

Neue geistige Impulse verändern auch das Weltbild. Dafür liefert die Felsplatte von Bedolina ein Beispiel. Dort sind mehrere Weltmodelle angegeben worden, es beherrscht aber nicht mehr das Problem von Oberwelt und Unterwelt, von Weltachse oder Weltsäule die Darstellung. Das Diesseits rückte stärker in den Vordergrund. Der Weltraum ist viereckig und nach dem Quadratschema geordnet. Der dreieckige Giebel ist wie der eines Hauses, nur Strahlen weisen noch auf seine kosmische Natur. Das Ideogramm der Weltordnung sieht nun wie ein Fachwerkbau aus. Die »Weltidee« wurde zum »Welthaus« *(Taf. IV, Abb. 2)*.

Danach richtet sich auch das Verhalten seines Bewohners. Um den Giebel der irdischen Behausung zu erreichen, war eine Leiter nötig, genau wie für die Sterblichen. Man mußte hinaufklettern können. Zu diesem Zweck wurde ein Ideogramm verwendet, die Reihung von Vierecken. Auch sie gehört ins Reich der Ideen, wurde aber zum Hilfsmittel umfunktioniert. Erinnert dieses Bild der zum Himmel führenden Leiter nicht an die biblische Jakobsleiter, die auch Himmel und Erde verband und doch nur eine Idee war?

Hier in Bedolina ist eine Person diese Leiter hinaufgeklettert und hat im dreieckigen Giebelfeld Platz genommen. Die Strahlen zeigen an, daß sie im Himmel sitzt, wo sich nur die Himmlischen aufhalten können. Sie hat keine viereckige Gestalt mehr, sorgfältig sind gerundete Schultern gezeichnet, die sich beim Aufstützen heben. Die Bande der Symbolik sind abgestreift. Sie ist wie ein Wesen aus Fleisch und Blut dargestellt und gleicht damit den antiken Göttern, die als richtige Menschen im Giebelfeld der Tempel wiedergegeben sind. Für diese Figur in Bedolina dürfen wir wohl den Terminus Gott verwenden. Damit ist aus dem Welthaus das Gotteshaus geworden.

Von der hohen Warte blickte der Gott herab. Was sah er von dort aus? Er schaute nicht auf eine natürliche Landschaft, sondern auf die ihm adäquate Kulturwelt, auf das Reich des Geistes. Dort herrschte die von ihm geforderte Ordnung. Jeder Gedanke tut sich im Viereck kund, ist im Prinzip Weltordnung, die, wie oben ausgeführt, in Zahlen näher angegeben wurde. Diese Vierecke stehen nicht mehr im unmittelbaren Kontakt vereint, wie im Netz über der großen Gestalt in Naquane, hier hat sich das Gefüge gelockert, es wirkt wie auseinandergezogen und hängt doch durch verbindende Linien noch zusammen. War das Netz der universale Ausdruck der Weltordnung gewesen, so konnte nun jedes einzelne Rechteck genauere Angaben bringen. Dieser Fortschritt zeigt die steigende Genauigkeit im einzelnen. Damit bestand die Gefahr, daß die Zusammengehörigkeit aller Darstellungen auf der Felsplatte übersehen werden konnte. Ihren Charakter als weltanschauliche Symbolik betont deshalb das Signum der Kardinalpunkte am oberen Ende der Platte *(Abb. 229)*.

4. Der Mythos als unglaubwürdige Wirklichkeit und die Suche nach einem neuen Weltbild

Mit der Personifizierung der Allmacht konnte die Phantasie des Menschen ihre bildschöpferischen Kräfte wieder entfalten, die so lange in der Enthaltsamkeit der Ideogramme gestaut gewesen waren. Der Boden war vorbereitet durch die zu Bildern kombinierte Symbolik, wie z. B. durch die Himmelsgefährte, die auf den Felsen in Cemmo, in Naquane eingehauen sind. Zum Gefährt war jetzt der Führer gefunden, wir sehen, daß auf dem Felsen in Bedolina im Bild ein Lenker den Pflug treibt. Die bedeutungsvolle Aussage der einzelnen Teile ist verblaßt, und die Darstellung wirkt wie eine alltägliche Handlung. Dieses Bild erforderte eine – wahrscheinlich mündliche – Erklärung seiner kosmischen Bedeutung. So könnte ein Mythos die Symbolik allmählich ergänzt haben.

Das All ist voller Gegensätze, und daraus ließen sich viele Bilder entwerfen. Jeder konnte z. B. sehen, daß die zunehmende Mondsichel in umgekehrter Richtung wie die abnehmende am Himmel stand. Daraus ergab sich das Bild von zwei gegensätzlich angeordneten Männern, von denen jeder wie einen Schild einen Halbmond in der Hand trug, der nun entsprechend gedreht war *(Abb. 298)*. Beide halten die lunarsymbolische Lanze, der eine hebt sie über den Kopf, der andere, im Gegensatz dazu, trägt sie vor den Hüften.

Da die alte Symbolik vielfach die Form von Waffen angenommen hatte, sei es als Beil, Lanze, Pfeil und Bogen, so sah es nun aus, als ob die dargestellen Figuren sich bekämpften. Die Welt war vordem voller Gegensätze, jetzt schien sie voller Kampf zu sein. Von Schweden bis ins Valcamonica finden

298. Antithetisch angeordnete Figuren, die die beiden Bogen des zunehmenden und abnehmenden Mondes wie »Schilder« in der Hand halten. Übergroße Lanzen. Kultschläge. Vom Felsen Nr. 50 in Naquane, Valcamonica.

wir solche Paare. Der Betrachter fragte wohl nach der Ursache dieser Kämpfe, und man suchte sie nicht in genetischer Hinsicht, sondern ging von irdischen Konfliktsituationen aus. Damit war eine unerschöpfliche Quelle für die mythische Phantasie gegeben.

Mit der Zeit wurden alle kosmischen Erkenntnisse auf die Ebene wirklicher Begebenheiten verlagert, der Mythos schilderte in Form von irdischen Vorgängen kosmische Ordnungen. Er war also im Grunde eine zur Erzählung ausgerollte Weltsicht, nur daß man die geistige Hintergründigkeit zu vergessen begann und nur noch Fakten erkannte. Das gilt auch für die Darstellung der Gottesbegriffe. Sie wurden als Menschen abgebildet, nur die Attribute gaben noch Hinweise auf ihren Machtbereich. Als man aber die Götter als Menschen dachte, war ihre Entstehung kein geistiger Prozeß mehr, sondern ein biologischer Akt. Wir sahen, daß am Anfang eine Allmacht stand. Als Begriff entwickelte sich diese Idee durch Spezialisierung weiter, aber in der Gestalt mythischer Wesen zeugte sie Kinder. Man war also gezwungen, den geistigen Fortschritt in Form einer Genealogie zu schildern. Diese Entwicklung der Gottesbegriffe liegt in einer bunten Bildersprache verborgen. Welche merkwürdigen Situationen mußten doch erfunden werden, um die Spezialisierung in Form von Geburten zu zeigen, und in welches, menschlich gesehen, bedenkliche Licht mußte z. B. Zeus geraten, um das Vorhandensein so vieler Kinder zu erklären! Wohl gab diese Mythologie eine unerschöpfliche Quelle von Anregungen für das künstlerische Schaffen, und doch wurde schon zur Zeit der Griechen der Mythos nur noch oberflächlich verstanden. Er war zu einer Fülle unglaubwürdiger, kurioser Fabelgeschichten degeneriert.

Die mythische Denkart kennzeichnet eine bestimmte geistige Entwicklungsschicht. Wie vorher gab es Bilder, aber sie waren nicht wie im Jungpaläolithikum stilisiert und in Form von Bildsymbolen an der Decke der Kultstätten angebracht. Es wurden scheinbar naturwahre Begebenheiten dargestellt. Erhalten blieben dagegen die Grundprinzipien, die das Kulturleben regelten. Als Überlieferung wurden sie beibehalten, aber ihr Ursprung und ihre Bedeutung waren vergessen. Schon Aristoteles fragte sich vergeblich, weshalb religiöse Handlungen dreimal wiederholt wurden, weshalb Theben sieben Tore haben mußte.

Erst die griechischen Naturphilosophen verurteilten die Auswüchse des mythischen Denkens. Sie begannen, ein neues Bild vom Kosmos zu entwerfen und leiteten damit eine neue geistige Entwicklungsstufe ein. Diese Zeit wird gern als der Anfang des europäischen Denkens angesehen, im Gegensatz zum mythischen Denken, das unwissenschaftlich, ungeistig und unrealistisch zu sein schien. Weiter als bis zur Mythologie reichte weder das Gedächtnis der Menschheit noch das Zeugnis der Schriftquellen zurück, und man suchte den Anfang der Kultur dort, wo die Schrift begann, also in den orientalischen Hochkulturen, die in Wirklichkeit einer hochentwickelten geistigen Entwicklungsstufe zuzurechnen sind.

Damit verlor unsere Kultur eine Dimension der Tiefe. Wir hatten unseren geschichtlichen Ursprung verloren. Doch inzwischen hat die Erde eine reiche Vergangenheit und zahlreiche großartige Kultstätten wieder freigegeben, die verschollen waren. Es blieb nicht bei einer vor der Geschichte liegenden Entwicklungsschicht, auf die Bachofen, der nur antike Quellen und die römische Gräbersymbolik kannte, glaubte schließen zu dürfen. Darunter stufen sich noch andere bis tief in das Paläolithikum hinab. Jede von ihnen setzt die vorhergehende voraus und leitet zur nächsten über. Sie liegen, jede von ihnen, im Spannungsfeld zwischen früher und später. Eine historische Entwicklungsschicht, die aus dem Zusammenhang gerissen ist, bleibt unverständlich, denn es lebt in ihr, wie am Beispiel von Valcamonica gezeigt wurde, immer das Wissen aller früherer Generationen, das die Voraussetzung für den Fortschritt bildet. So ist die Kultur von Valcamonica ein Glied in einer langen Kette der Entwicklung, die letzte Stufe vor dem mythischen Denken.

Noch die Romantiker wie C. G. Heyne und J. H. Voss wollten im Mythos die eigentliche Schöpfung des Weltgeistes sehen. Die archäologischen Dokumente bezeugen dagegen, daß der Mensch immer wissenschaftlich denken konnte, wobei der Grad der Intelligenz des einzelnen in allen Zeiten verschieden war. Dumme gibt es auch heute noch. Die Begriffe der Frühzeit waren, dem Stand der Erfahrungsmöglichkeiten entsprechend, richtig. Deshalb konnte sich auf diesem Fundament die Kultur entwickeln. Erst die neuzeitlichen Fortschritte der Naturwissenschaften und der Technik erweiterten den Erfahrungsbereich. Wir stehen heute vor der Aufgabe, ein dem heutigen Wissen entsprechendes neues Weltbild zu entwerfen.

Mit der Verbreitung der Menschengruppen nahm jede das Wissen ihrer Zeit mit. Dieses konnte verkümmern oder in speziellen Formen weiterentwickelt werden. Da alle Kulturprovinzen von den gleichen ältesten Grundprinzipien ausgingen, zeigen sich in weit auseinanderliegenden Gegenden eigenartige Übereinstimmungen, die schon oft Rätsel aufgaben. Der Auswanderer, der seine Heimat verließ, vergaß leicht seine Vergangenheit. Im Gegensatz dazu blieben diejenigen, die im Lande verweilten, immer mit der Vorzeit in Verbindung. Das war in Europa der Fall, und so war es möglich, daß noch die Kelten, wie ihre Münzbilder bezeugen, das gesamte Wissen aller vorhergegangenen Geschlechter besaßen. In keinem anderen Teil der Welt birgt der Boden so reiche Schätze kultureller Vergangenheit, und nirgends ist der kontinuierliche Rückblick bis in die Altsteinzeit so lückenlos erhalten. Solange nicht entsprechende Dokumente aus anderen Gegenden der Welt vorliegen, müssen wir annehmen, daß die Wiege der Kultur im Abendland stand.

Schlußbetrachtung

Bei der Untersuchung der frühesten faßbaren Spuren des menschlichen Geistes mußte zuerst dessen Genese geklärt werden. Daraus ergaben sich das Schema der Begriffspyramide und die Methode für die folgenden Arbeiten. Es wurde angenommen, daß, von der Beobachtung ausgehend, sich der Mensch den universalen Begriff der Welt, die Kulturwelt schuf. Sie ist eine Idee und entwickelte sich deshalb nach dem geistigen Gesetz der fortschreitenden Prägnanz. Die im Bilde der Kulturpyramide dargestellte Entwicklung des vorzeitlichen Menschengeistes macht deutlich, wie diese Genese verlaufen ist. Durch Längs- und Querschnitte wurde die »Pyramide« genauer untersucht. Als Beispiel wurde die Entwicklungsschicht, von der die Felsbilder in Valcamonica Zeugnis ablegen, eingehend dargestellt.

Die Kulturpyramide gliedert sich in eine Reihe von Entwicklungsschichten oder Entwicklungsstufen, die mit der steigenden Genauigkeit der an Zahl zunehmenden Begriffe zu den Denkkategorien der durch die Schrift überlieferten Kulturen führten.

Diese Untersuchungen gingen vor allem von europäischen Funden aus. Übereinstimmungen mit anderen Hochkulturen zeigten, daß das primäre Weltbild auch ihnen zugrunde liegt. Ob dort die Kultur autochthon entwickelt wurde, bleibt zu überprüfen. Es ist möglich, daß direkte oder indirekte Einflüsse fremdes Geistesgut ins Land brachten. Auch die historische Ethnologie suchte nach den Wurzeln der Kulturzustände. Ad. E. Jensen führt in seinem Buch »Das religiöse Weltbild einer frühen Kultur« aus, daß auch den ethnologischen Kulturerscheinungen die Idee eines einheitlichen Weltbildes zugrunde liegt. Die Entwicklung kontinuierlich zu verfolgen, scheint nur in Europa möglich zu sein. Das erlaubt es uns, unsere Vergangenheit in neuer Sicht zu sehen.

Wir stehen nicht mehr auf einem Scherbenhaufen von Spuren vergangener Kulturen, mit denen uns nur das Band der biologischen Herkunft verbindet. Wir sehen bis zu den Anfängen zurück, in denen die schöpferischen Impulse zum Aufbau der Kultur begründet sind. Aus dieser weiten historischen Sicht gewinnen wir neue Maßstäbe für alle kulturellen Gegebenheiten und auch für unser Bewußtsein als Mensch.

ZEITBESTIMMUNG

Die Anfänge der Kultur liegen im Dunkeln, auch Zeitbestimmungen späterer Epochen weisen oft Fehlerquellen auf. Alle Übergänge sind fließend, und es gibt bestimmte Kulturstufen in verschiedenartiger Ausprägung. Diese Datierungen hier sind als Versuch einer Orientierung im westeuropäischen Raum gedacht.

1. Das *Paläolithikum* oder auch Altsteinzeit genannt. Datierung nach Paolo Graziosi.
   Das *Altpaläolithikum,* die ältere Altsteinzeit mit den Kulturstufen des Préchelléen, Chelléen, Acheuléen. Es endet gegen 180 000.
   Das *Mittelpaläolithikum,* auch mittlere Altsteinzeit. Ca. 180 000–30 000 mit den Kulturstufen Levalloisien, Micoquien, Moustérien. Es ist die Zeit der Neandertaler.
   Das *Jungpaläolithikum,* auch jüngere Altsteinzeit. Ca. 30 000–ungefähr 10 000. Kulturstufen Aurignacien, Périgordien, Magdalénien.
   Gegen Ende des Jungpaläolithikums differenzieren sich die Kulturprovinzen und ihre zeitliche Entwicklung.
2. Das *Mesolithikum* oder auch Mittelsteinzeit genannt. Ca. 10 000–4000 oder 3000 (Historia Mundi). Kulturstufen Azilien, Tardenoisien.
3. Das *Neolithikum* oder auch Jungsteinzeit genannt. 3000 – ungefähr 1000 v. Chr.
4. *Metallzeit.* Kupfer-Bronze-Eisenzeit. Ca. 1000 bis zur Zeitenwende. Kulturprovinzen La Tène, Keltische Epoche.

LITERATURVERZEICHNIS

1. *Adama van Scheltema, E.:* Die geistige Wiederholung. Bern 1954
2. *Verworn, Max:* Die Entwicklung des menschlichen Geistes. Jena 1915
3. *Baege, M. H.:* Soziologie des Denkens. Jena 1929 S. 41
4. *Menghin, Oswald:* Urgeschichte der bildenden Kunst in Europa. Wien 1924 S. 117
5. *Ozols, Jakob:* Vorgeschichtliche Tierdarstellungen und frühe Bildmagie. Kölner Jahrbuch für Vor- und Frühgeschichte Bd. 11. Berlin 1970
6. *Frobenius, Leo:* Kulturgeschichte Afrikas. Zürich 1933 S. 127–128
7. *Daniel, Glyn:* The Idea of Prehistory. Pelican-Buch A 650, 1964
8. *Ucko, P. J. und A. Rosenfeld:* Felsbildkunst im Paläolithikum. München 1967
9. *von Däniken, E.:* Erinnerungen an die Zukunft. Düsseldorf 1968
10. *Childe, Gordon:* Stufen der Kultur. Zürich 1952
11. *Spengler, Oswald:* Der Untergang des Abendlandes. München 1918
12. *Menghin, Oswald:* Historia Mundi. Urgeschichtliche Grundfragen. Bern 1952
13. *Bursch, C. F.:* Ethnologie und Vorgeschichte. Saeculum 5, Heft 3 S. 292
14. *Wahle, Ernst:* Wahle-Festschrift, H. Kirchner. Ur- und Frühgeschichte als historische Wissenschaft. Heidelberg 1950
15. *Plessner, Helmut:* Die Absage an den Fortschrittsglauben. Propyläen Weltgeschichte Bd. 1. Berlin 1961
16. *Nougier, Louis-René:* Congrès de la Société Préhistorique Française. Straßburg 1953
17. *Arambourg, C.:* La Genèse de l'Humanité. Paris 1943 S. 116
18. *Portmann, A.:* Die werdende Menschheit. Historia Mundi Bd. 1. Bern 1952 – Vom Ursprung des Menschen. Basel 1958
19. *Siegmund, Georg:* Die seelisch-geistige Sonderstellung des Menschen. Handbuch der Urgeschichte Bd. 1. Bern 1966
20. *James, E. O.:* Religionen der Vorzeit. London 1957
21. *Leroi-Gourhan, A.:* Les Religions de la Préhistoire. Paris 1964
22. *Hentze, Carl:* Bronzegerät, Kultbauten, Religionen im ältesten China der Shang-Zeit. Antwerpen 1951
23. *König, M. E. P.:* Das Weltbild des eiszeitlichen Menschen. Marburg 1951
24. *Marshack, A.:* Notation dans les Gravures du Paléolithique Supérieur. Bordeaux 1970
25. *Jensen, Ad. E.:* Das religiöse Weltbild einer frühen Kultur. Stuttgart 1948
26. *Holm, Erik:* Die Felsbilder Südafrikas. Tübingen 1969
27. *Bachofen, J. J.:* Mutterrecht und Urreligion. Stuttgart 1954 Kröners Taschenbuchausgabe Bd. 52 S. 299
28. *Jung, C. G.:* Bewußtes und Unbewußtes. Fischer Bücherei 1957
29. *Schwabe, Julius:* Archtetyp und Tierkreis. Basel 1951
30. *Jaspers, Karl:* Vom Ursprung und Ziel der Geschichte. München 1963, Piper-Paperback S. 54

31. *Dennert, E.:* Das geistige Erwachen des Urmenschen. Weimar 1929
32. *Pittioni, Richard:* Vom geistigen Menschenbild der Urzeit. Wien 1952
33. *Kraft, Georg:* Der Urmensch als Schöpfer. Tübingen 1948
34. *Anati, Emmanuel:* Archaeology, Vol. 22 Nr. 3, 1969 S. 246
35. *Jensen, Ad. E.:* Mythos und Kult bei Naturvölkern. Wiesbaden 1951
36. *Kern, Fritz:* Die Lehren der Kulturgeschichte über die menschliche Natur. Historia Mundi Bd. 1. Bern 1952
37. *Böhm, J.:* Interpretation und historischer Wert archäologischer Quellen. Atti I. Rom 1962
38. *Pittioni, R.:* a. a. O.
39. *Rust, Alfred:* Der primitive Mensch. Propyläen Weltgeschichte Bd. 1. Berlin 1961
40. *Zotz, Lothar:* Altsteinzeitkunde Mitteleuropas. Stuttgart 1951
41. *Jouillié, H.:* Les sphéroides de la Vallée de l'Aisne aux environs Vailly-sur-Aisne. Bulletin de la Soc. Préh. Française Tome LX, 1963
42. *Wernert, Paul:* Les boules de Loess d'Achenheim et les »Lihtte Mirr«. Cahiers Alsaciens d'Archéologie, d'Art et d'Histoire. Strasbourg 1961
43. *de Lumley, Henry:* Une cabane acheuléenne dans la grotte du Lazaret. Soc. Préh. Française, Tome 7, 1969
44. *Rust, A.:* Der primitive Mensch. Berlin 1961 S. 175
45. *Gruet, M.:* Amoncellement pyramidal de sphères calcaires dans une source fossile à El Guettar (Sud Tunesien). Actes du Congr. Panafricain de Préhistoire. Alger 1952
46. *Leroi-Gourhan, A.:* Les religions de la Préhistoire. Paris 1964
47. *Blanc, A. C.:* Les gisements préhistoriques du Mont Circé. IV. Congrès intern. INQUA 1953
48. *Jaspers, K.:* Psychologie der Weltanschauungen. Berlin 1919
49. *Schwabe, Julius:* Zur Symbolik des Urmenschen. Symbolon Bd. 7
50. *Matthes, Walter:* Zum Verständnis der älteren Eiszeitkunst. Antaies Bd. IX, Nr. 3, 1967
51. *Leroi-Gourhan, Arlette:* Le Néanderthalien IV de Shanidar. Bulletin de la Soc. Préh. Française Tome LXV, 1968
52. *Bergounioux, F. M.:* »Spiritualité« de l'Homme de Néandertal. Hundert Jahre Neanderthaler. Köln 1958
53. *Vértés, L.:* TATA, eine mittelpaläolithische Travertin-Siedlung in Ungarn. S. 141
54. *Baudet, J. L.:* L'Art rupestre préhistorique de l'Île-de-France. Inst. Français d'Anthrop. 4e Fasc. Nr. 71, 1951
55. *von Hesse-Wartegg, E.:* Die Wunder der Welt Bd. 2. Stuttgart 1919 S. 224
56. *Hawkins, G. S.:* Stonehenge Decoded. London 1966
57. *Baudet, L. L.:* Les gravures, les peintures rupestres et les enceintes anciennes du Massiv Stampien. Inst. Français d'Anthrop. 4e Fasc. Nr. 71, 1951
58. *Baudet, J. L.:* Les Industries des Grottes ornées de l'Île-de-France. Congr. Préh. de France, XIII Session, Paris 1950
59. *Mellaart, James:* Çatal Hüyük, Stadt der Steinzeit. Bergisch-Gladbach 1967
60. *Piggott, Stuart:* Prehistoric India. London 1962 S. 168, 195
61. *Schäfer, Edward, H.:* Das alte China. Time-Life Bücher 1967 S. 109
62. *Ghirshman, Roman:* Iran. München 1964, Bild 1
63. *Piette, E. D.:* Les Galets colories du Mas d'Azil. Masson, Paris 1896
64. *Gaussen, Jean:* La Grotte ornée de Gabillou. Bordeaux 1964

65. *Falkenstein, F. und Soden, W.:* Sumerische und akkadische Hymnen und Gebete. Stuttgart 1953 S. 115
66. *Kühn, H.:* Die vorgeschichtliche Kunst Deutschlands. Berlin 1935 S. 240
67. *Bergounioux, F. M.:* »Spiritualité« de l'Homme de Néandertal. Hundert Jahre Neanderthaler. Köln 1958
68. *König, M. E. P.:* Das Weltbild des eiszeitlichen Menschen. Marburg 1954 S. 67, 68
69. *Frobenius, L.:* Kulturgeschichte Afrikas. Zürich 1933
70. *Jeremias, A.:* Handbuch altorientalischer Geisteskultur. Berlin und Leipzig 1929
71. *Kühn, H.:* Vorgeschichtliche Kunst Deutschlands. Propyläenverlag, Berlin 1935 S. 358
72. *Breuil, H.:* Quatre cents siècles d'art pariétal. Paris 1952 S. 218
73. *Courty, G.:* Sur les signes rupestres de Seine-et-Oise. Congrès de Montauban 1902 S. 2
74. *Riemschneider, M.:* Augengott und heilige Hochzeit. Leipzig 1953 S. 106
75. *Bosinski, Gerhard:* Magdalenian Anthropomorphic Figures at Gönnersdorf (Western Germany). Bollettino del Centro camuno di studi prehistorici Vol. V 1970
76. *Windels, F.:* Lascaux, »Chapelle sixtine« de la Préhistoire. Centre d'Etudes et Documentation, Montignac-sur-Vézère, Dép. Dordogne 1948
77. *Graziosi, P.:* Die Kunst der Altsteinzeit. Stuttgart 1956 S. 95
78. *Bursch, F. C.:* Labyrint, geschiedenis van een symbol
79. *Gandert, O. F.:* Lausitzer Opferbecher. Märkisches Museum Berlin 1928
80. *König, M. E. P.:* IPEK, Jahrbuch für Prähistorische und Ethnographische Kunst Bd. 21, 1964/65 S. 65–77 »Keltische Münzbilder«
81. *Riemschneider, M.:* Augengott und heilige Hochzeit. Leipzig 1953 S. 64
82. *Baudet, J. L.:* l'Art rupestre préhistorique de l'Île-de-France. Inst. Français d'Anthrop. 1951 S. 20
83. *Anati, E.:* Capo di Ponte, centro dell'arte rupestre camuna. Breno, Brescia 1963
84. *Bicknell, C.:* Una incisione di Monte Bego: scala del Paradiso o scala proto-aritmetica? Bollettino del Centro camuno di studi preistorici Vol. III, 1967 S. 186
85. *Fenn, W.:* Grafica prehistorica. Palma, Menorca 1950
86. *Anati, E.:* I Massi di Cemmo. Pubblicazione del Centro camuno di studi preistorici, Nr. 3 1967
87. *Földes-Papp, K.:* Vom Felsbild zum Alphabet. Stuttgart 1966 S. 47
88. *Blasi, O.:* Aspectos da arte pré-historica no Sul Brasil. Curitiba, Paraná, Brasil. Symposium international d'art préhistorique, Valcamonica 1968 S. 463, Abb. 220
89. *Kromer, K.:* Österreichische Felsbilderaufnahmen in Sayala, Ägyptisch-Nubien. Symposium international d'art préhistorique, Valcamonica 1968 S. 321, Abb. 154
90. *De la Tour, Henri* (übliche Abkürzungen L. T. oder D. L. T. oder Latour oder Muret-de La Tour etc.), Atlas de Monnaies Gauloises. Paris 1892. Die Nummern des »Atlas« stammen aus dem Katalog der Bibliothèque Nationale
91. *Blanchet, Adrian:* Traité des Monnaies Gauloises. Paris 1905
92. *Forrer, Robert:* Keltische Numismatik der Rhein- und Donaulande. Bd. I. Graz 1908. Bd. II. von Castellin 1968/69, Graz
93. *Ratto, R.:* Monnaies Byzantines. Versteigerungskatalog von 1930
94. *Lengyel, Lancelot:* L'Art Gaulois dans les Médailles. Montrouge 1954
95. *Pink, Karl:* Die Ostkelten und ihre Nachbarn. Budapest 1939
96. *Ratto, R.:* Monnaies Byzantines. Amsterdam 1959

BILDNACHWEISE

Eigene Aufnahmen: Abb. 3–7, 9–38, 40–49, 51–67, 69–97, 99–101, 103–111, 113–118, 123–130, 132–143, 146–147, 151–155, 157–159, 163–178, 182–183, 185–188, 192–199, 201–207, 211–298, Abb. Seite 2 und zwischen den Seiten 72/73.

Abb. 1. Geologisches Institut der Universität Louis Pasteur, Straßburg, Aufnahme Joseph Grunner.

Abb. 2. L. Vertés, Tata. Budapest 1964.

Abb. 39, 50. Georges Courty.

Abb. 98, 119, 145, 180, 190, 191, 200. Archives Photographiques, Paris.

Abb. 160, 161. H. Breuil et F. Windels, Quatre Cents Siècles d'Art Pariétal. Paris 1952.

Abb. 179 a, b. Encyclopédie de l'Art »Tel« Paris.

Abb. 68, 121, 122. Museo Provinvial de Prehistoria, Santander.

Abb. 102. H. Kühn. Vorgeschichtliche Kunst Deutschlands, S. 240. Berlin 1935.

Abb. 112. Museo Prehistorique, Les Eyzies.

Abb. 120, 162. E. Hernandez-Pacheco, La Caverna de la Peña de Candamo. Madrid 1919.

Abb. 131. André Parrot, Mari. Fig. 60. Paris 1953.

Abb. 144. Württembergisches Landesmuseum Stuttgart.

Abb. 148. Naturhistorisches Museum Wien, Prähistorische Abteilung.

Abb. 150, 181. Institut für Ur- und Frühgeschichte der Freien Universität Berlin. Dr. Gerhard Bosinski.

Abb. 156. F. Trombe et G. Dubac, Le Centre Préhistorique. Paris 1947.

Abb. 184. Jean Gaussen, La Grotte Ornée de Gabillou, Pl. 24, 1.

Abb. 189. Corpus des Signes Gravés du Morbihan. M et S–J. Péquart et Z. Le Rouzic. Pl. 56, dessiné J. Keller.

Abb. 208, 209, 210. The Green Studio Ltd. Dublin.

Abb. 149. P. Graziosi, Die Kunst der Altsteinzeit, Taf. 1.

Abb. 8. Michael Klock.